高职高专“十二五”规划教材

21 世纪高职高专能力本位型系列规划教材 · 物流管理系列

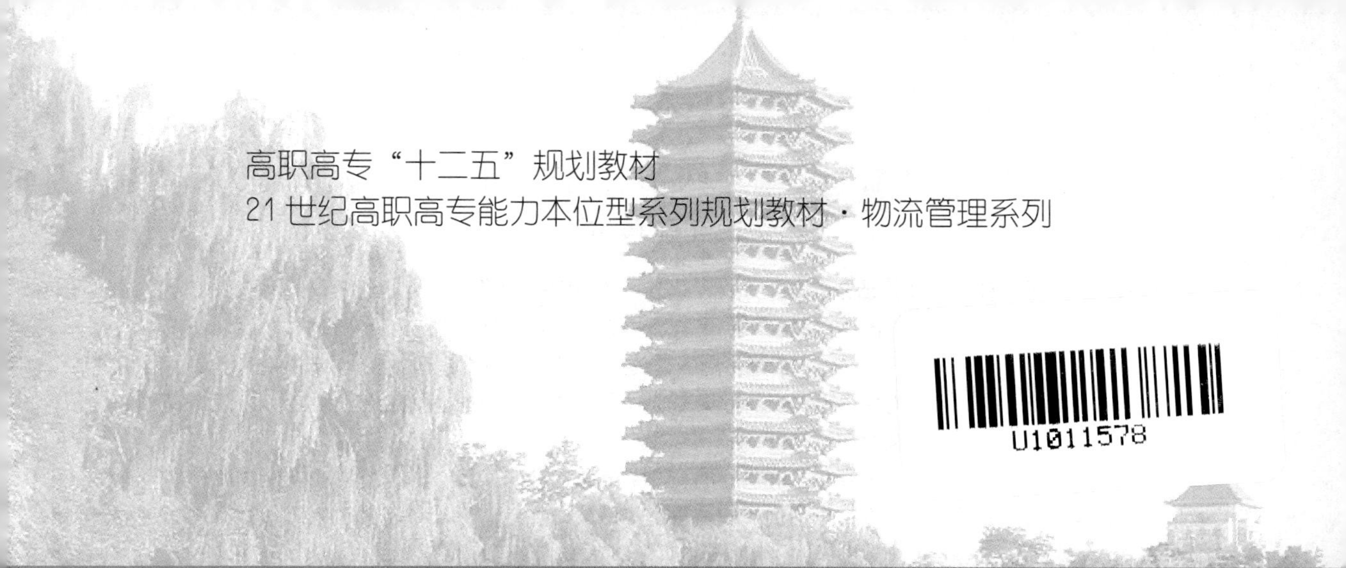

物流基础理论与技能

主　编　周晓利

副主编　郭　芳

参　编　孙阁斐　刘正君　刘　丹

康　勇　王　艳　苗任苒

董险峰　邵　晴

主　审　雷丽萍

北京大学出版社
PEKING UNIVERSITY PRESS

内容简介

本书本着科学性和实用性相结合的原则，共设计了10个模块，主要内容包括全面认识现代物流、掌握现代物流的基本职能、了解现代物流设施设备、现代物流组织与控制、现代物流信息管理、全面认识第三方物流、企业物流管理、国际物流管理、初步了解供应链管理、了解现代物流管理创新。本书在理论方面，以专业的实践性、应用性和普及性为主，集实践与理论于一体；在技能实操方面，每个模块后面都附有详细的实训任务，使学生能系统地自学及复习。

本书可以作为物流管理、电子商务、市场营销、工商企业管理、国际经济与贸易和供应链管理等专业的教学用书，也可以作为其他专业人员学习现代物流管理知识或参加助理物流师及物流师职业资格考试的参考用书。

图书在版编目(CIP)数据

物流基础理论与技能/周晓利主编．—北京：北京大学出版社，2015.6

（21世纪高职高专能力本位型系列规划教材·物流管理系列）

ISBN 978-7-301-25697-8

Ⅰ.①物…　Ⅱ.①周…　Ⅲ.①物流—高等职业教育—教材　Ⅳ.①F252

中国版本图书馆CIP数据核字（2015）第084335号

书　　名	物流基础理论与技能
著作责任者	周晓利　主编
责任编辑	李　辉
标准书号	ISBN 978-7-301-25697-8
出版发行	北京大学出版社
地　　址	北京市海淀区成府路205号　100871
网　　址	http://www.pup.cn　　新浪微博：@北京大学出版社
电子信箱	pup_6@163.com
电　　话	邮购部62752015　发行部62750672　编辑部62750667
印 刷 者	北京鑫海金澳胶印有限公司
经 销 者	新华书店
	787毫米×1092毫米　16开本　16.25印张　377千字
	2015年6月第1版　2015年6月第1次印刷
定　　价	33.00元

前　言

进入21世纪以来，中国物流产业总体规模快速增长，物流服务水平显著提高，发展的环境和条件不断改善，为服务中国经济大发展打下了坚实的基础。总体来说，中国现代物流发展呈现3个趋势：一是物流产业体系日益完善；二是物流理论成果不断丰富；三是物流人才需求持续扩大。

物流人才需求一直是我国物流产业发展的瓶颈，也是当前我国教育界和物流产业迫切需要攻克的难题。为了满足物流产业发展对物流人才的需求，高等院校需要大力发展高职高专物流教育，培养大批物流运作与管理实用型人才，构建多层次、全方位的物流人才教育培养体系。

针对我国高职物流教材理论烦冗、实训任务缺乏、教学内容针对性不强等问题，编者组织一批多年从事物流教学和实践的专家、教授，以及物流企业的经营管理人员，共同编撰了本书，旨在提高物流管理专业学生和从业者的专业素质，更好地服务于我国迅速发展的物流产业。

本书吸取了物流产业最新科研成果，依照物流活动的过程和规律，全面贯彻国家“十二五”教育发展规划，遵从物流企业对人才的需求模式，并注重教学内容和教材结构的创新。在总体设计上，本书采用模块化教学体系，把物流管理基础理论分成10个模块，在每一个模块中设置若干单元。每个模块后设置了实训任务，并对学生完成实训任务的具体步骤、教学要求及评分标准都进行了详细的描述，便于学生复习时使用。为了提高学生的学习积极性和拓宽眼界，还增加了物流管理案例和知识链接，并且提出问题供读者进行分析研究。

本书由周晓利担任主编，郭芳担任副主编，雷丽萍教授担任主审，审读了全书。本书编写具体分工如下：周晓利编写了模块1，郭芳编写了模块2，孙阁斐编写了模块3、模块4，刘正君编写了模块5、模块10，邵晴编写了模块6，刘丹、康勇编写了模块7，王艳编写了模块8，苗任苒编写了模块9，由董险峰进行统稿和版式修改。

在本书的编写过程中，编者参考并引用了物流管理领域的部分著作、研究成果及相关案例，在此向有关作者和单位表示感谢。

由于编者水平有限，书中难免存在不足和疏漏之处，敬请广大读者及各界专家批评指正。

编　者

2015年1月

目　录

模块 1

全面认识现代物流

QUANMIAN RENSHI XIANDAI WULIU

【技能目标】

(1) 具有设计调查问卷进行物流企业调研的能力。
(2) 具有对物流企业进行岗位设计和人才素质需求的能力。
(3) 具有分析物流企业发展现状及分析问题和提出改进方案的能力。

【知识目标】

(1) 了解现代物流的含义、职能等基本概念。
(2) 了解现代物流学的重要发展历史。
(3) 了解现代物流企业人才岗位的设置及要求。
(4) 了解现代物流行业在我国的发展现状和趋势。
(5) 了解各种物流学说的基本内容。

【工作任务】

肖阳、王琳和赵宁三名同学毕业于物流管理专业，毕业后在广州市的通达物流公司工作，工作 5 年来，他们在公司多个不同的操作岗位、管理岗位上任职，经受了大量的锻炼并得到成长。他们目睹了公司快速的发展历程，从当初的一个小公司发展到在全国 5 个省有分公司、600 多个营业网点，公司每年的业务增长率超过 30%。经过 5 年的历练，他们已经成为公司的骨干。2014 年年初，他们代表公司来到自己的家乡——河南省郑州市开设通达物流公司河南分公司。在开设分公司之前，请你帮他们做以下工作内容。

(1) 进行市场调研，了解郑州市物流企业发展现状。

(2) 走访当地物流企业，深入了解当地具有代表性的物流企业的组织结构、岗位设置、人才素质要求等。

单元 1.1　了解物流的发展历程及重要学说

在经济全球化的今天，现代物流作为“第三利润源泉”和提高企业竞争力的重要手段，受到了经济界和企业界的广泛关注。物流作为一个现代概念，其本质体现了一种新的思维模式和管理方式。

物流概念作为舶来品，引入我国的时间并不长，但物流各环节的运动及物流思想很早就存在于我国国民经济的各个领域。中华民族五千年的文明史无处不闪现出“物流思想”的火花，一项项人类历史上的宏伟工程无处不体现物流的思想。如丝绸之路就是我国最早的供应链雏形，丝绸之路实际上是一个由东方中国通往西方世界的交通网络，它从陆地到海洋构成了世界最早、最长的物流通道和范围最广的物流网络。又如，世界上工程量最大、修建时间最长的万里长城工程，在规划设计、劳动力调配、材料来源、物料的运输、后勤服务等方面都是“物流思想”的真实写照。最著名的是汉武帝时派张骞出使西域，建立连通欧洲的丝绸之路，西域 36 国与中原的商品往来，延续了二千多年。珠玉、马匹、丝绸、茶叶、瓷器、米、麦、棉、布都成了商品，在交通能达到的区域内进行交流。尽管中国古代的“物流”含义和今天的物流概念不同，但物的流动确实存在，而且具有相当大的规模，物流管理的知识与技能世代相传，延续了几千年。

由此可见，物流活动自古有之，只是名称和概念有所不同，在现代，物流不管是内涵还是外在表现形式都比古代有了长足的发展。

将物流作为一门科学，从系统的观点进行研究，还是近几十年的事。物流(Physical Distribution)(也称为配送)一词最早出现于美国，1915 年阿奇·萧在《市场流通中的若干问题》中提到物流一词，被称为物流的萌芽。“二战”中美国军队围绕战争供应建立了“后勤”(Logistics)理论，在第二次世界大战后期，美国军事后勤的需求，更是使物流的发展有了较大的突破。

知识链接

由于美国的战线拉得比较长，并且当时前方战线变动很快，如何组织军需品的供给，对军需品的供应基地、中间基地、前线供应点合理配置，各级供应基地合理库存量的确定，由后方向各级供应基地运输的路线和运输工具的合理使用，这些形成了综合性的研究课题。军需品的供应不足将影响战争的顺利进行，而军需品的过量储存又将造成浪费。为了合理解决这些问题，美国军事部门运用运筹学和当时刚刚问世的电子计算机技术进行了科学规划，较好地解决了这一问题。

20世纪50～80年代，发达国家的企业为了追求利润而将竞争焦点放到产品质量上，各企业千方百计降低生产成本，提高产品质量以提高市场竞争力，此时企业管理者将物流概念引入生产领域，开始注重生产领域内的物流业发展。

从20世纪80年代开始，竞争焦点逐渐又转向非生产领域，从产品质量竞争转移到服务质量竞争上。如何降低物流系统的成本，提高效益与服务质量成为竞争的新焦点，物流管理因此产生，并且物流战略被视为获得市场优势的主要战略。

20世纪90年代后，随着高新技术的发展和计算机信息网络的普及，传统物流业开始向现代物流业转变。综合物流发展包括运输合理化、仓储自动化、包装标准化、装卸机械化、加工配送一体化、信息管理网络化等。在市场全球化和世界经济一体化发展趋势下，综合物流业越来越为人们所重视，并且其发展水平成为衡量国家综合国力的重要标志之一。

【案例1-1】

戴尔物流电子商务化的成效

Dell公司成绩的取得用其总裁迈克尔·戴尔的话而言，是归功于物流电子商务化的巧妙运用。Dell通过国际互联网和企业内部网进行销售，在日常的经营中，Dell仅保持两个星期的库存(行业标准超过60天)，其存货一年可周转30次以上。基于这些数字，Dell的毛利率和资本回报率也是相当高的：分别是21%和106%。这些都是Dell实施电子商务化物流后取得的物流效果。

思考：物流到底是什么？在当代经济发展的浪潮中，物流扮演了什么样的角色？

1.1.1 美国物流的发展历程

在美国，一般将物流的发展过程划分为3个阶段，表1-1。

表1-1 物流的发展过程

阶段	时间	描述
实体分配阶段(Physical Distribution，PD)	20世纪70年代前	对物流最早的研究局限于销售范畴，这一阶段，物流管理的特征是注重产成品到消费者的物流环节
综合物流阶段(Integrated Logistics Management，ILM)	20世纪70年代～80年代	随着国际经济一体化的发展，全球性竞争加剧，企业认识到只有把物料管理(Material Management)与实体分配(PD)结合起来管理，把物流系统中的各个环节作为统一的连续过程来看，才可以更有效进行物流运作并提高企业效益
供应链管理阶段(Supply Chain Management，SCM)	20世纪80年代～90年代	由于一系列外部因素的变化，企业特别是许多大型跨国公司把着眼点放在物流活动的全过程，包括原材料的供应商和制成品的分销商在内的整个生产过程和流通过程，这就形成了所谓的供应链或物流管道(Logistics Pipeline)的概念

1.1.2 我国物流的发展历程

新中国成立后，物流不是独立存在的，物流功能大多是按行业、部门划分形成条块分割。在企业设立的采购供应、销售和生产组织部门，完全是被动地执行各级的计划，企业物流的各个环节处于各自为政的状态。在流通部门，只建立了为数不多的储运公司和功能单一的仓库。在交通运输部门，也投入了大量的人力、财力和物力修建了公路和铁路，但整体运输能力和水平仍然落后，也不能适应当时国家经济发展的速度和要求，成为我国经济发展的瓶颈。在 20 世纪 70 年代前，我国物流业还很落后，不能根据工农业生产和人民生活水平发展的要求对物流进行调控，往往依照纵向行政管理原则对物流进行调控。

20 世纪 70 年代末，中国物资工作代表团赴日本参加第二届国际物流会议，回国后在撰写的考察报告中，论述了日本国内的物流情况及大会会议内容。1981 年，北京物资学院王之泰教授撰写的《物流浅谈》一文，第一次较为完整地将物流概念引进我国。

从 1949 年新中国成立以来，中国物流的发展大体上经历了 4 个时期，见表 1 - 2。

表 1 - 2 中国物流发展的 4 个时期

发展时期	发展特点
初期发展阶段（1949～1965 年）	初步建立了物资流通网络系统，在物流管理方面也采取了一些新的措施，如组织定点供应、试行按经济区域统一组织市场供应等，但物流业远远不能适应工农业生产和人民生活水平发展的需要
停滞阶段（1966～1977 年）	物流流通渠道单一，基础设施建设基本上处于停滞状态，物流理论和物流实践基本上也处于停顿状态
较快发展阶段（1978～1990 年）	进入了改革开放时期，国民经济及物流业得到了快速发展，尤其是运输业、仓储业和包装业的发展较快。兴建了大量的铁路、公路、港口、码头、仓库、机场等，开始建设立体自动化仓库，开展国内国际物流学术交流活动，促进了我国加快吸收国外先进的物流理念和技术
高速发展阶段（1991 年以后）	国内出现了不同形式的物流企业，少数物流企业开始根据物流运作规律进行组织与管理，同时对物流的研究也从流通领域向生产领域渗透。网络技术、电子商务等发展对物流业的发展提出了新的要求，我国物流业发展开始走向国际化、全球化。对外开放进一步加大，跨国公司进入中国，将现代物流的理念传播到中国，同时外资企业、三资企业对现代物流产生了需求，催生出一批现代物流企业，而其中大部分是传统储运业转型而来

【案例 1 - 2】

宝供的成长历程

宝供是我国第三方物流行业的排头兵，物流服务理念、物流运作网络、质量保证体系、信息管理系统、物流管理模式都非常超前。它为全球 500 强中的宝洁、飞利浦、联合利华等 50 多家著名企业提供了长达十几年的专业物流服务，在国内外 50 多个城市设有子公司、分公司和办事处，网络遍及中国、美国、澳大利亚、泰国、中国香港等很多国家和地区。1994 年，宝洁公司进军中国市场，在广州建立了大型生产基地。当时最关键的是产品是否能及时、快速、保质、保量地运送到全国各地，宝洁公司首先联系的是大型国有储存和运输公司，但是国有企业当时的经营作风是：单一的储或运、管理混乱、服务质量差、每天 8 小时服务。经过一段时间的了解，宝洁公司选择了宝供集团的前身开始了第一次合作。宝供现在的总裁刘武，当时是一名个体户，1992 年，他在广州承包了一个铁路货物转运站。当时他的货运任务大多能够及时完成，运输质量较好，仓库比较干净，是当地唯一能够提供24小时货运仓储服务的企业。当时，刘武接地第一单宝洁的业务是4个集装箱，要求通过铁路从广州运到上海。刘武敏锐地嗅到了商机，他对这单业务提出了严格的标准和要求，并亲自督战。他把集装箱送到火车上后，立即乘飞机去上海，一方面现场指挥，一方面考察每个环节，保证以后发运的顺利进行，以满足客户的要求。这次虽然没有赚到什么钱，但是却得到了宝洁的认可，为刘武的货运站带来了机遇，同时也为宝供集团的产生和飞跃发展打下了良好的基础。后来，刘武注册成立了"宝供集团"，并且经过持续不断的发展，使宝供成为中国最出色的第三方物流公司之一。

（资料来源：张鹏，等．IT：宝供的成长之路 [J]. 中国储运. 2000年03期，有删改．）

思考：宝供物流公司发展历程给你什么收获呢？

20世纪末至今，随着世界经济一体化进程的推进，国际经济、政治、管理和技术对中国经济产生了深刻的影响，促进了中国物流业的发展。同时，中国市场经济体制建设的进程加快，现代物流发展的客观需求和市场环境基本具备，现代物流在中国进入到了全面发展的新阶段。目前国内的物流市场，面临着很大的威胁和挑战，同时也是发展的好契机。因为大批世界500强的物流企业进驻中国，纷纷抢占中国市场，采用的是与中国国内物流企业合资或独资的方式。

1.1.3 物流学说介绍

1. 第三利润源学说

目前，在物流行业最著名的学说就是第三利润源学说。"第三利润源"的说法主要源于日本。"第三利润源"是对物流效益潜力的描述，从经济发展历程来看，能够大量提供利润的领域主要有两个，第一个是资源领域，第二个是人力领域。在这两个利润源潜力越来越小、利润开拓越来越困难的情况下，物流领域的潜力开始被人们重视，按时间序列排为"第三利润源"。

"第三利润源"理论的最初认识基于以下两个前提条件。

（1）物流可以完全从流通中分化出来，自成一体独立运行，有本身的目标和管理，因而能对其进行独立的总体判断。

（2）物流和其他独立的经营活动一样，它不是总体的成本构成因素，而是单独赢利因素，物流可以成为"利润中心"型的独立系统。

"第三利润源"理论把物流不仅看成是直接谋利的手段，而且特别强调它的战略意义，是在经济领域中利润潜力将尽的情况下的新发现，是经济发展的新思路。因此，"第三利润源"的真正价值就在于它具有从直接利润延伸的战略。

2. 商物分离学说

商物分离学说是指流通中两个组成部分：商业流通和实物分配，它们各自按照自己的规律和渠道独立运动。第二次世界大战以后，流通过程中就出现了两种不同形式的流通方式：一种是"商流"，主要是指商业性交易的过程，也是商品的所有权转让的过程，是通过"货币"实现的。另一种就是"物流"，主要是指商品的实体流动。所以"商物分离"实际是流通总体中的专业分工，这是物流科学中重要的新观点。物流科学正是在"商物分离"基础上才得以对物流进行独立的考察，进而形成的科学。

3. 物流冰山学说

物流冰山学说是日本早稻田大学教授、日本物流成本研究的权威学者西泽修先生在研究物流成本时提出的。他发现：现行会计制度核算方法都不可能掌握物流费用实际情况，人们对物流费用的了解有很大的虚假性，他把这种情况称为“物流冰山”，如图 1.1 所示。

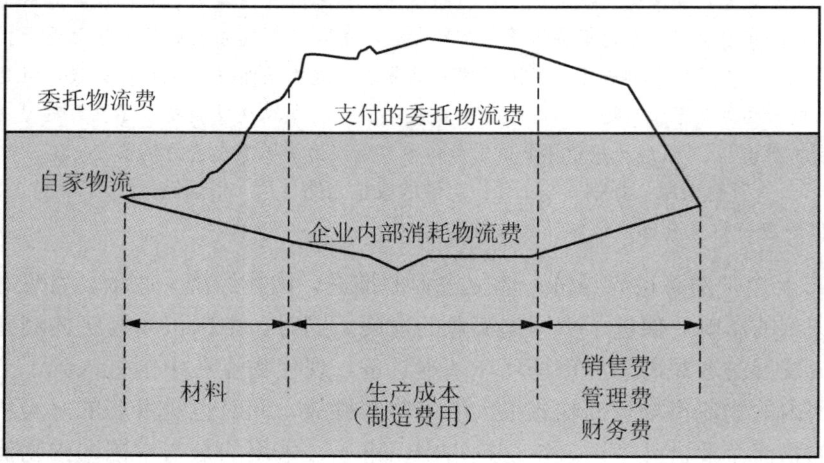

图 1.1 “物流冰山”图

一般情况下，在企业的财务统计数据中，只能看到支付给外部运输和仓库企业的委托物流费用，而实际上，这些委托物流费用在整个物流费用中犹如冰山的一角。因为物流基础设施的折旧费、企业利用自己的车辆运输、利用自己的库房保管货物、由自己的工人进行包装、装卸等物流费用都计入了原材料、生产成本(制造费用)等科目中。一般来说，企业向外部支付的物流费用是很小的一部分，真正的大头是企业内部发生的物流费用。

特别提示

从现代物流管理的需求来看，当前的会计科目设置使企业很难准确把握物流成本的全貌。美国、日本等国家的实践表明，企业实际物流成本的支出往往要超过企业对外支付物流成本数量的 5 倍以上。

4. 效益背反说

效益背反说是指物流的若干功能要素之间存在着损益的矛盾，某一个功能要素的优化和利益发生的同时，必然会存在另一个或另几个功能要素的利益损益，反之亦然。效益背反是物流领域中经常出现的普遍现象，是这一领域中内部矛盾的反映和表现。以包装问题为例，包装方面每少花一分钱，从表面上看这一分钱就必然转到收益上来，包装越省，利润越高。但是，一旦商品进入流通之后，如果简省的包装降低了产品的防护效果，造成了大量损失，就会造成储存、装卸、运输功能要素的工作劣化和效益大减，如图 1.2 所示。

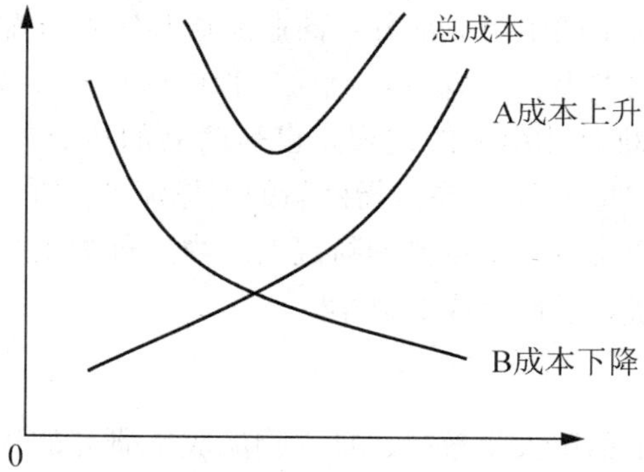

图 1.2 效益背反示意图

单元 1.2 掌握现代物流的基本概念

现代物流(Modern Times Logistics)指的是将信息、运输、仓储、库存、装卸搬运及包装等物流活动综合起来的一种新型的集成式管理，其任务是尽可能降低物流的总成本，为顾客提供最好的服务。现代物流的产生，基于两种观点：一种是经济动因，即起源于人们对协调经济活动中物的相关活动，主要有运输、仓储、包装等。另一种是基于军事动因，第二次世界大战期间积累的大量军事后勤保障理论、经验，形成和丰富了“运筹学”的理论和方法，并在战后被运用到商业领域，从而促使现代“物流学”理论的形成与发展。

1.2.1 我国对物流的定义

20 世纪 70 年代末，“物流”作为一个新概念传入中国，物流业作为一个新产业登上商业舞台。随着物流业的发展和不断地完善，物流管理在国民经济中占有越来越重要的地位，对国民经济的发展也起到了积极的促进作用，但由于目前在物流问题的许多方面还有空白，造成人们对物流概念理解偏激以至在物流管理的应用上出现很多问题。

中华人民共和国国家标准《物流术语》(GB/T 18354—2006)中定义：“物流是物品从供应地向接收地的实体流动过程。根据实际需要，将运输、储存、装卸、搬运、包装、流通加工、配送、信息处理等基本功能实施有机结合。”

1.2.2 物流的分类

社会经济领域中的物流活动无处不在，许多领域都有自己特征的物流活动，虽然物流的基本要素都共同存在，但是出于物流对象不同、物流目的不同、物流范围、范畴不同，形成了不同类型的物流。尽管目前还没有统一的物流分类标准，但为了便于研究，按照物流系统的作用、属性及作用的空间范围，可以从不同角度对物流进行分类。

1. 按照实用价值分类

1）宏观物流

宏观物流是指从社会再生产总体角度认识和研究的物流活动，这种物流活动的参与者是构成社会总体的大产业、大集团，宏观物流也就是研究社会再生产总体物流，研究产业或集团物流活动和物流行为。宏观物流是在很大空间范畴内的物流活动，具有宏观性。宏观物流也指物流全体，从总体看物流而不是从物流的某一个环节来看物流。因此，在物流活动中，社会物流、国民经济物流、国际物流属于宏观物流。

宏观物流研究的主要特点是综合性和全局性。主要研究物流总体构成、物流与社会关系在社会中的地位、物流与经济发展的关系、社会物流系统和国际物流系统的建立和运作等。

2）微观物流

消费者、生产者所从事的实际的、具体的物流活动属于微观物流，在整个物流活动中的一个局部、一个环节的具体物流活动属于微观物流，在一个小地域空间发生的具体的物流活动也属于微观物流，针对某一种产品所进行的物流活动也是微观物流。因此，企业物流、生产物流、供应物流、销售物流、逆向物流、废弃物物流、生活物流等均属于微观物流。

微观物流研究的特点是具体性和局部性。由此可见，微观物流是更贴近具体企业的物流，其研究领域十分广阔。

2. 按照流程分类

按照物流在企业运作中的物流流程可以分为供应物流、生产物流、销售物流、逆向物流和废弃物物流，见表 1-3。

表 1-3　按照流程的分类

类　别	定　义	特　征
供应物流	提供原材料、零部件或其他物料时所发生的物流活动	供应物流包括原材料等一切生产物资的采购、进货运输、仓储、库存管理、用料管理和供应管理
生产物流	企业生产过程发生的涉及原材料、在制品、半成品、产成品等所进行的物流活动	生产物流是在生产工艺中的物流活动。 一般是指：原材料、燃料、外购件投入生产后，经过下料、发料，运送到各加工点和存储点，以在制品的形态，从一个生产单位(仓库)流入另一个生产单位，按照规定的工艺过程进行加工、储存，借助一定的运输装置，在某个点内流转，又从某个点内流出，始终体现着物料实物形态的流转过程
销售物流	企业在出售商品过程中所发生的物流活动	销售物流是企业为保证本身的经营利益，不断伴随销售活动，将产品所有权转给用户的物流活动
逆向物流	物品从供应链下游向上游的运动所引发的物流活动	与传统供应链反向，为价值恢复或处置合理而对原材料、中间库存、最终产品及相关信息从消费地到起始点的有效实际流动所进行的计划、管理和控制过程
废弃物物流	将经济活动或人民生活中失去原有使用价值的物品，根据实际需要进行收集、分类、加工、包装、搬运、储存等，并分送到专门处理场所的物流活动	妥善处理生产和流通中产生的无用废弃物，虽没有经济效益，但具有社会效益

3. 按照物流系统性质分类

1）企业物流

生产和流通企业在经营活动中所发生的物流活动，如一个工厂，要购进原材料，经过若干工序的加工，形成产品销售出去，运输公司要按客户要求将货物输送到指定地点。在企业经营范围内由生产或服务活动所形成的物流系统称为企业物流。

2）行业物流

在一个行业内部发生的物流活动被称为行业物流。在一般情况下，同一行业的各个企业往往在经营上是竞争对手，但为了共同的利益，在物流领域中却又常常互相协作，共同促进物流系统的合理化。

在国内外有许多行业均有自己的行业协会或学会，并对本行业的行业物流进行研究。在行业的物流活动中，有共同的运输系统和零部件仓库以实行统一的集体配送；有共同的新旧设备及零部件的流通中心；有共同的技术服务中心对本行业的维护人员进行培训；有统一的设备机械规格、采用统一的商品规格、统一的法规政策和统一的报表等。行业物流系统化的结果使行业内的各个企业都得到相应的利益。

3）社会物流

社会物流一般指流通领域所发生的物流，是全社会物流的整体，所以有人称之为宏观物流。社会物流的标志是：伴随商业活动(贸易)发生。社会物资流通网络是国民经济的命脉，流通网络分布的合理性、渠道是否畅通至关重要，所以必须进行科学管理和有效控制，采用先进的技术手段，保证高效率、低成本运行，这样可以带来巨大的经济效益和社会效益。

特别提示

就物流的整体而言，可以认为主要研究对象是社会物流。

4. 按照从事物流的主体分类

如果按照从事物流的主体进行划分，可以分成4类，见表1-4。

表1-4 按照从事物流的主体划分

类别	定义
第一方物流	指需求方(生产企业或流通企业)为满足自己企业在物流方面的需求，由自己完成或运作的物流业务
第二方物流	指供应方(生产厂家或原材料供应商)提供运输、仓储等单一或某种物流服务的物流业务
第三方物流	指由物流的供应方与需求方以外的物流企业提供的物流服务，即由第三方物流企业以签订合同的方式为其委托人提供所有或一部分的物流服务，所以第三方物流也可以称为合同制物流
第四方物流	是一个供应链的集成商，是供需双方及第三方的领导力量。它不是物流的利益方，而是通过拥有的信息技术、整合能力及其他资源提供一套完整的供应链解决方案，以此获取一定的利润。它是帮助企业实现降低成本和有效整合资源，并且依靠优秀的第三方物流供应商、技术供应商、管理咨询及其他增值服务商，为客户提供独特的和广泛的供应链解决方案

特别提示

除了上述分类之外，还有绿色物流、军事物流、定制物流、虚拟物流等。

1.2.3 现代物流的主要特征

根据国外物流发展情况，将现代物流的主要特征归纳为以下5个方面。

1. 物流过程一体化

现代物流具有系统综合和总成本控制的思想，它将经济活动中所有供应、生产、运输、销售、库存及相关的信息流动等活动视为一个动态的系统总体，关心的是整个系统的运行效能与费用。物流一体化的一个重要表现是供应链(Supply Chain)概念的出现。供应链把物流系统从采购开始经过生产过程和货物配送到达用户的整个过程，看作是一条环环相扣的“链”，物流管理以整个供应链为基本单位，而不再是单个的功能部门。在采用供应链管理时，世界级的公司力图通过增加整个供应链提供给消费者的价值、减少整个供应链成本的方法来增强整个供应链的竞争力，其竞争不再仅仅是单个公司之间的竞争，而是上升为供应链与供应链之间的竞争，例如：Dell公司的供应链，物流讲究一体化的运作。

【案例 1-3】

戴尔的一体化物流

1996 年，戴尔的销售额只有 25 亿美元，到了 2005 年，戴尔的年收入达到 542 亿美元，已经连续数年在全球计算机厂商中名列第一。在中国，戴尔也获得了成功：1998 年 8 月进入中国后，戴尔一直保持高速增长，短短 7 年后在中国市场的份额已接近 10%，排名第三。戴尔在中国的利润率是最大竞争对手的 2～3 倍。

无论是竞争对手还是戴尔自己都把取得成功的很大一部分原因归结为有一条令人羡慕不已的供应链。Dell 公司通过供应链管理平台整合外部资源。Dell 公司的高层负责将 Dell 公司的成功归功于独特的直接运营模式及其背后支撑的基于现代化的高效供应链，认为这个供应链管理平台使 Dell 公司在供应商、客户之间构筑一个"虚拟整合的平台"，保证整个供应链的无缝集成。Dell 公司前期本希望通过实施 ERP 来达到这一目的。在投入了 2 亿美元巨资，经历了 2 年努力之后，发现 ERP 项目并不能帮助 Dell 公司实现外部资源整合的目标，于是毅然决定中止 ERP 项目，转而投巨资建设了全球著名的供应链管理平台。目前超过 50% 的客户订单是通过互联网发出的，在客户发出订单 50 秒内，供应链管理平台控制中心就会收到信息。工作人员借助供应链管理平台，把收到的订单信息迅速传递给各个配件供应商，通知他们 Dell 公司所需配件的数量、规格、型号、装配和运输，供应商则根据相关信息迅速组织运货到装配厂，从而保证在最短的时间、最少的开支制造出更好的产品。通过供应链管理平台，Dell 公司已经把客户、配件生产厂家、供应商、装配线等连结成一个整体。

（资料来源：张从忠．戴尔：供应链的虚拟整合[OL]. 2006. Richard Li. 揭开戴尔供应链的秘密[J]. 中外物流．2006，3.）

思考：一体化物流对企业现代化发展的意义和作用是什么？

2. 物流技术专业化

现代技术在物流活动中得到了广泛的应用，例如：条形码技术、EDI 技术、GPS 技术、RFID 技术、智能化和柔性化技术等。运输、装卸、仓储等也普遍采用专业化、标准化、智能化的物流设施设备。这些现代技术和设施设备的应用大大提高了物流活动的效率，扩大了物流活动的领域。

3. 物流信息化

物流信息化是整个社会信息化的必然需求。现代物流高度依赖于对大量数据、信息的采集、分析、处理和即时更新。在信息技术、网络技术高度发达的现代社会，从客户资料取得订单处理的代码化、数据库化，到信息传递的实时化和标准化，信息化渗透至物流的每一个领域。为数众多的第三方物流经营者正是依赖其信息优势展开全球经营的。从某种意义上来说，现代物流竞争已成为物流信息的竞争和技术的竞争。

4. 物流服务社会化

物流服务社会化突出表现为第三方物流与物流中心的迅猛发展。随着社会分工的深化和市场需求的日益复杂，生产经营对物流技术和物流管理的要求也越来越高。众多工商企业逐渐认识到依靠企业自身的力量不可能在每一个领域都获得竞争优势。它们更倾向于采用资源外取的方式，将本企业不擅长的物流环节交由专业物流公司，或者在企业内部设立相对独立的物流专业部门，而将有限的资源集中在自己的优势领域。

5. 物流活动国际化

在产业全球化的浪潮中，跨国公司普遍采取全球战略，在全世界范围内选择原材料、零部件的来源，选择产品和服务的销售市场。因此，其物流的选择和配置也超出国界，着眼于全球市场。大型跨国公司通行的做法是选择一个适应全球分配的物流中心及关键供应物的集散仓库，在获得原材料及分配新产品时使用当地现存的物流网络，并且把这种先进的物流技术推广到新的地区市场。例如耐克公司，他们通过全球招标采购原材料，在东南亚生产，再将产品分别运送到欧洲、亚洲的几个中心仓库，然后就近销售。同样，汽车行业在全球采购原材料和零部件，大大降低了汽车的成本，改变了汽车生产线的位置。

单元 1.3 现代物流的功能与价值

1.3.1 现代物流的功能

现代物流的功能是指物流活动应该具有的基本能力，以及通过对物流活动的有效组合，达到物流的最终经济目的。物流的功能一般由运输、仓储、包装、装卸搬运、流通加工、配送，以及与上述功能相关的物流信息等构成。

1. 运输

运输是指通过运输手段使货物在不同地域范围间以改变“物”的空间位置为目的的活动。运输创造场所效用，是实现空间效果的主要手段，是物流系统中最为重要的功能要素之一。运输在物流活动中占有重要的地位，是社会物质生产的必要条件之一，是“第三利润源”的主要源泉。

2. 仓储

仓储就是在指定的场所储存与保管物品的行为。“仓”即仓库，为存放、保管、储存物品的建筑物和场地的总称，可以是房屋建筑、大型容器或特定的场地等，具有存放和保护物品的功能。“储”即储存、储备，表示收存以备使用，具有收存、保管、交付使用的意思。

3. 包装

包装是指为保护“物”，或使之单元化，以利于运输、装卸搬运、保管和销售等的技术。“物”在进入物流系统之前，一般要进行一定程度的捆扎、包装或装入适当的容器。因此，包装被称为生产的终点、物流的起点，具有保护性、单位集中性和便利性 3 大特性，同时具有保护商品、方便物流、促进销售、方便消费 4 大功能。

4. 配送

配送是物流中一种特殊的、综合的活动形式，它几乎包括了物流的所有职能，是物流的一个缩影或在某一范围内全部物流活动的体现。一般来讲，配送是集包装、装卸搬运、保管、运输于一体，并通过这些活动完成将物品送达的目的。配送问题的研究包括配送方式的合理选择，不同物品配送模式的研究，以及与配送中心建设相关的问题的研究。

5. 装卸搬运

装卸搬运是指在同一范围内进行的、以改变“物”的存放状态和空间分量为主要内容和目的的活动。在生产领域中，装卸搬运常称为物料搬运，物流的各个主要环节和生产过程的各个阶段都要依赖装卸搬运活动进行衔接。装卸搬运是劳动密集型作业，内容复杂，消耗的人力与财力在物流成本中占有相当大的比重，常常是物流系统改善的难点之一。

搬运是指在物流过程中，对货物进行装卸、搬运、堆垛、取货、理货分类等，或与之相关的作业，是应物流运输和保管的需要而进行的作业。搬运本身不创造价值，但搬运的质量影响着物流成本和物流效率。

6. 流通加工

流通加工是流通中的一种特殊形式。它是指在物品从生产领域向消费领域流动的过程中，为促进销售，维护产品质量和提高物流效率，而对物品进行加工，使物品发生物理、化学或形状变化的活动。流通加工的主要作用是优化物流系统，表现为：增强物流系统服务功能；提高物流对象的附加价值，使物流系统可以成为“ 利润中心”；降低物流系统成本等。

7. 物流信息

物流信息是指获取表达物流活动的有关知识、资料、消息、情报、数据、图形、文件、语言和声音等信息，以及信息加工与处理的技术。信息流先于“物”流，信息流不仅伴随“物”流的全过程，而且贯穿始终。与其他领域信息相比，物流信息有其特殊性，表现在：物流信息源多，信息量大，信息缺乏通用性，这是由物流活动范围的广阔性及物流管理未统一化、标准化决定的；物流信息动态性能特别强，决定了信息的收集、加工、处理应及时、快速；物流信息种类繁多，不仅要收集处理本系统内部的各类信息，还要收集与之相关的生产、销售等系统的信息，这样物流信息的分类、研究、筛选难度加大。物流信息具有中枢神经作用和支持保障作用 。因此，物流信息也是物流的重要组成部分。

1.3.2 现代物流的价值

现代物流所创造的价值可以概括为以下 3 点。

1. 物流从时间上创造价值

(1) 物流能够节约时间，在这个过程当中，利用计划、组织、控制等管理手段，使物品从出发地向目的地流动的过程中能够节约时间。在现在的市场竞争中，通过时间的节约，在生产资料的物流过程中可以加快资本的周转速度、充分利用机器及人力资源，从而创造更多的价值，在销售当中，同样也能够加快周转速度，从而创造价值。

(2) 维持物原来的状态来创造价值，严格地说，物品在时间维度上的流动也应该是一种物流。例如，新鲜的水果储藏在冷库中延长新鲜的状态，春节时再卖，从而创造了价值。

2. 物流从空间上创造价值

物品在空间维度上的转移，从拥有地到需求地的转移过程中，必将存在一种需求的压力差(指在完全开放的市场条件之下)，这种压力产生的“势差”使得物品向需求强烈的地域流动，在流动的过程中，发生了劳动，当然也存在剩余价值。在物品的稀缺性下，物品的价值发生了改变，新的价值也就开始显现。

3. 物流从加工上创造价值

流通加工是物流的一个基本功能，在这个功能的作用下，物品在性质上发生了一些简单地改变，通过这种改变，物品增加了自己本身的价值，例如大的物品通过分割变为了小的物品，小的物品通过包装或者组合又变成了大的物品，从而改变了自己的价值属性。物流创造价值，不是物品本身创造了价值，而是通过劳动作用于物，使物品在属性(时间、空间、物理)上发生了改变，从而创造了价值。物流新价值的创造才使得物流成为第三利润源泉。

单元 1.4 了解现代物流从业者

1.4.1 现代物流从业者的素质要求

在中国经济迅猛发展的今天，国内物流业迫切需要与国际接轨，现代物流人才的匮乏已经成为制约我国物流业发展的瓶颈。据了解，一些大型物流公司中，专业人才缺口就达到30%。

目前中国物流人才已被列入中国12种短缺人才之一。在需求结构方面，中、高级物流管理人才与初级物流人才的比例为1∶50。由此可见，物流行业人才的就业前景一片大好，同时由于身处中国物流业高速发展阶段，也面临日趋国际化的挑战。

1. 物流人才的素质结构——需求复合型人才

物流行业急需掌握现代物流管理理论、信息系统的手段、方法，具备物流管理、规划、设计等较强实务运作能力的复合型物流人才。现代物流业是一个兼有知识密集和技术密集、资本密集和劳动密集特点的外向型和增值型的服务行业，其涉及的领域十分广阔，在物流运作链上，商流、信息流、资金流贯穿其中，物流管理和营运工作需要各种知识和技术水平的劳动者。由于物流具有系统性和一体化，以及跨行业、跨部门、跨地域运作的特点，同时企业面临降低成本的压力而增加对岗位多面手的需求，因此具有较为广博的知识面和具备较高综合素质的复合型人才，日益受到企业的青睐。

2. 物流人才的知识结构

1）国际贸易和通关知识

国际贸易包括国际采购、国际结算等。物流是商流的载体，物资的流动事实上是贸易活动的货物交付活动。随着改革开放的日益加快，特别是我国加入WTO后，外资企业“请进来”和国内企业“走出去”已是大势所趋，我国与境外的商贸往来日益增加，外资企业在境内的生产性投资也日益增多，国内企业也加大了在海外投资的力度，而这一类企业又大都是跨国的大型企业，其原料供应地和产品销售地散布于不同国家不同地区，为了降低生产成本和经营风险，其采购方式有向即时化、零库存的采购方式转化的趋势，因此，提供综合性物流服务的企业，就成为一个采购和供给双方的货物交接和结算点，多家供货商通过物流企业向采购方供货，并通过物流企业向采购方结算。物流企业的业务人员，也必须具有相关的国际贸易知识和国际结算知识及国家对外汇管理的有关法律法规知识。

在通关方面：国际贸易活动必然要涉及通关作业，涉及通关环节的相关政策和法规对物流方案的设计和物流流程的制定具有重要的影响。譬如，贸易性质是一般贸易下的出口还是进口；是来料加工还是进料加工；是否涉及退税；报关方式是进口保税、出口监管还是转关运输；以及在通关环节可能要产生的各种费用等。物流从业人员如果对通关环节的相关政策和法规没有清楚的了解，就不可能制定出合理的、可行的物流方案和有效的成本预算，在作业过程中必将发生异常事故，不仅影响物流作业的有效执行，同时给物流企业和货物的买卖双方造成重大的经济损失和信誉影响。

2）仓储运输专业知识

综合性物流企业所从事的业务通常要涉及多种运输方式和手段，多式联运的执行水平也是衡量企业综合能力的指标之一。在一单业务中，可能要涉及海运、空运、铁路运输和公路运输多种方式和手段。业务人员在与客户洽谈和进行物流方案设计及任务执行的时候，只有在熟练掌握了多种交通工具使用的有关知识，才有可能设计出切实可行、安全快速、经济有效的运输方案，才能为服务需求方提供恰当的物流服务。为了具有开拓这方面业务的能力和提供这种综合性强的物流服务的能力，基于成本控制的因素，企业不可能在人员编制中设置多个细分专业的岗位，如铁路运输、公路运输、海运等。这就要求从业人员具有灵活运用各种交通运输工具的知识和合理调配、组合各种运输工具的能力。

在仓储管理方面：随着物流服务需求的个性化和信息技术的发展，仓储管理已不是简单的货物进出仓、堆码摆放等简单活动，它将可能涉及库存控制、自动化技术、包装、加工、检验、维修等相关作业。一个合格的仓库保管员，不仅能够履行收发、保管货物的职能，同时能够担负起作业流程优化、硬件设施设备有效利用、库存合理控制及其他增值服务职能。

3）财务成本管理知识

综合性的物流服务往往涉及多种交通工具，涉及各种不同的费用，有些是物流企业的成本，有些是外部发生的费用，如停车费、路桥费、保险费、报关费、检验检疫费、装卸费、订仓费、理货费、提货费、海关查车费等，了解这些费用发生的原因、种类和数量是对业务人员的基本要求。同时业务人员需要具有进行物流项目成本分析的能力，针对一个物流方案，成本分析包括分析企业需要外包的业务类型、业务量、向分包方支付项目、支付数额，企业内部需要投入的资源、执行该项物流服务资源的消耗和占用状况以及资产的折旧、运作成本等，只有通过细致的成本核算，才能最后向客户提出有针对性和说服力、客户易于接受的合理的解决方案。要顺利完成这一任务，需要业务人员具有一定的财务知识。

4）外语知识

物流活动伴随着商流活动区域的扩展日趋国际化，英语也广泛应用在物流活动中的各个领域，从商务谈判、合同签订到日常沟通、单据书写、信息传递等各个环节都能见到英语的影子。跨国公司的商流活动遍布多个国家和地区，对物流服务的需求也是全程化、一条龙和门对门的。虽然国内物流企业目前所做的业务大多局限在国内区域，但是作为整个门对门物流方案的一个组成部分，必须符合全程跨国的整体方案，因此信息的传递就要求必须是外文的，这就要求物流业务人员，不但能够熟练使用英语与客户进行口头和书面准确地沟通，还要具有草拟和设计外文合同的能力。

5）安全管理知识

一般情况下，物流企业即不是买方，也不是卖方，而是买方或者卖方委托执行的货物代理人，接受买方或者卖方的委托，按照委托方的要求执行物流作业。在作业过程中，如果管理不善，安全隐患无时不在。若发生安全事故，必然会影响买卖双方之间合同的顺利执行，影响到买卖双方的利益。比如在货物保管所涉及的防火、防潮、防盗、防虫、防霉变、防静电、防粉尘、防污染、防风、防雨、防雷电、温湿度控制等内容，任何方面出现失误都将可能发生如货物损坏、丢失等安全事故，造成的损失将不仅仅限于货物等价赔偿的范围，由于物流企业处于供应链的中间环节，事故的影响将蔓延到企业的上下游各个环节，引起交货延迟、船期航班延误、人员加班、生产线停产等一连串的问题，一个看似很小的事故最终造成的损失将无法估量。

6）法律知识及其他

物流业是一个服务行业，物流企业的运作不是一个企业内部的行为，而是涉及多个企业之间的经济行为，任何一种物流服务都是一种承诺，一种用合同形式表现出来的承诺。一般情况下，物流服务供求双方的合同是以法定的形式注明双方权利和义务的法律文书，是受国家法律保护和约束的。物流业务人员，特别是物流市场拓展人员必须具备一定的法律知识，了解国家有关物流行业的法律法规，并在签订合同的时候灵活准确的运用这些知识，比如经济法、海关法、合同法、公司法及国际法等。其他如保险、环保等知识，物流从业人员也应有所了解和掌握。

知识链接

物流人才需求状况

中国物流与采购联合会调研显示，截至2012年，我国有430所大学、824所高职院校(不含独立学院)和2 000多所中职学校开设了物流专业，形成了中职、高职、本科、硕士、博士分层次的物流教育体系，单是职业院校(高职+中职)物流专业的在校生人数就已突破了100万人。从行业对人才需求角度看，“十二五”期间，我国物流行业领域每年大约需要新增就业人员130万人，其中85%是一线操作技能岗位，而目前职业院校物流专业每年的毕业生人数约为40万人，远远无法满足物流一线技能人才的需求。

资料来源：中国物流与采购联合会网站 http：//www.chinawuliu.com.cn.

3. 物流人才的能力要求

1）严谨周密的思维方式

物流服务是一个动态的、连续的服务，服务质量的持续提高是企业生存和发展的基础。要保证货物在规定的时间内以约定的方式送到指定地，过程的设计必须是严谨、科学、合规合法的。

2）团队合作和奉献精神

物流从业人员必须具备一种强烈的团队合作和奉献精神。在作业过程中，不仅能够做好本职工作，同时，能够为相关岗位多想一点和多做一点，使上下游协调一致。

3）信息技术的学习和应用能力

目前，信息技术已受到物流企业的广泛重视，并被应用在订单处理、仓库管理、货物跟踪等各个环节。作为一个合格的物流从业人员，必须熟悉现代信息技术在物流作业中的应用状况，能够综合使用这一技术提高劳动效率。

4）组织管理和协调能力

物流的灵魂在于系统化方案设计、系统化资源整合和系统化组织管理，包括客户资源、信息资源和能力资源的整合和管理。物流从业人员更需要具备较强的组织管理能力，在整合客户资源的前提下有效地贯彻企业的经营理念，充分利用设备、技术和人力等企业内部资源，来满足外部客户的需求。

5）异常事故的处理能力

从业者须具备随时准备应急作业的意识，以及对资源、时间的合理分配和充分使用的能力。

6）物流质量的持续改进能力

科技的发展、社会的进步，要求各级从业人员有能力不断发现潜在问题及时采取措施，优化作业流程持续改进作业方式，提高作业效率和服务水平。

1.4.2 物流人才的就业岗位

目前，随着物流行业的蓬勃发展，物流专业毕业生已经成为相关企业热捧的招聘对象，物流专业就业选择面也非常广泛，具体见表1－5。

表1－5 物流就业岗位解读

工作岗位	岗位任务	岗位职业能力要求与素质
客户拓展	(1)挖掘客户，与客户建立沟通渠道 (2)针对客户需求进行方案设计 (3)与客户沟通谈判签订合同	(1)熟悉公司业务 (2)熟练掌握物流专业知识 (3)具有市场信息收集能力 (4)具有敏锐的客户需求捕捉能力 (5)具有项目管理和方案设计能力 (6)懂得经济法律知识，能利用合同保护公司利益 (7)具有良好的语言表达能力
物资管理	(1)分析企业库存物资情况 (2)编制采购计划	(1)具有信息收集和处理能力 (2)了解公司的资源情况并会进行资源均衡分析 (3)科学的编制采购计划 (4)熟练使用ERP系统软件操作 (5)具有良好沟通协调能力
采购	(1)寻找合适的供应商 (2)组织询价和报价工作 (3)与供应商进行谈判并签订合同 (4)对供应商关系进行维护与管理	(1)收集信息和处理信息的能力 (2)对相关信息敏感，及时作出判断和决策的能力 (3)熟悉物资消耗特点及市场供应特点，具有对供应商进行分析的能力 (4)能够进行采购的招投标组织管理工作 (5)懂得法律知识，具有拟定和把握合同条款的能力 (6)良好的沟通协调能力
仓库管理	(1)商品入库前的准备 (2)入库操作 (3)保管 (4)盘点 (5)出库	(1)熟悉仓库作业的基本流程 (2)具有商品检验的能力 (3)具有针对商品特性和仓库功能科学合理地进行仓储空间规划和优化的能力 (4)针对不同商品选择装卸搬运设备的能力 (5)具有组织入库能力 (6)具有合理的安排储位的编制能力 (7)针对商品特性进行科学保养 (8)能对盘点结果进行分析处理，并对库存成本进行优化的能力 (9)具有物流系统相关软件的操作能力 (10)能对储存商品进行相关信息的处理
配送	(1)接受并处理配送请求 (2)制定配送计划 (3)组织配送活动 (4)执行过程中的信息反馈	(1)熟悉当地地理位置和路线情况 (2)掌握车辆调度原则，具有车辆合理调度的能力 (3)具有合理选用包装材料的能力 (4)具有货物合理配载的规划设计能力 (5)具有物流系统软件操作能力 (6)具有配送过程的信息及时反馈并监控的能力 (7)具有良好的客户服务意识和高度的工作责任感

续表

工作岗位	岗位任务	岗位职业能力要求与素质
客户服务	(1)倾听客户投诉 (2)处理客户待解决的问题 (3)获取客户的反馈信息 (4)介绍本公司的业务及特色服务 (5)接受客户需求订单 (6)订单实施的组织和监控 (7)对配送，运输过程中出现的异常情况进行跟踪处理	(1)熟悉本公司的配送、运输作业流程 (2)懂得商务礼仪，具有客户联络跟踪能力 (3)具有客户管理的专业知识和素养 (4)具有及时果断地处理问题的能力 (5)具有良好的沟通和语言表达能力 (6)具有耐心、仔细的品行
运输调度	(1)调配、指挥送货的车辆 (2)与供货方目的站的协调 (3)运输计划的制定与装载安排 (4)运输业务相关单据的填写与归档保存 (5)车辆设备及耗材，维修的记录和保管 (6)司机的调配管理	(1)具有严谨、认真、踏实和吃苦耐劳的工作态度，能够适应物流行业工作的操作时间 (2)熟悉当地运输路线和运输市场供求信息 (3)熟悉货物特性，具有货物配载、加固规划和设计能力 (4)具有独立处理突发事件的能力 (5)有较强的协调能力和较好的团队精神，能够服从上级的安排，能够协助上级制定工作计划和工作方案
货代	(1)收集客户信息 (2)发掘和维护客户 (3)线路选择 (4)成本分析 (5)制定方案 (6)系统录入 (7)对单核单 (8)签发运输单证 (9)验放单证	(1)熟悉货物运输特性 (2)具有熟练使用自动化办公设备的能力 (3)具有相关软件系统的操作能力 (4)具有运输成本核算能力 (5)具有对运输供应商的选择和监控能力 (6)具有组织国际货代的能力 (7)具有处理买各种单证的能力 (8)具有英文交流和良好沟通的能力

知识链接

物流人才的职业道路：操作人员→中层管理人员→高级管理人才。

操作人员：不同职位的薪资待遇也是不同的，对于报关员、货运操作人员等，一般月薪在2 000～3 000元，市场人员包括销售、客服等，由于其职位的重要性，薪资相对要较高，可以达到4 000元以上，有的甚至要高于一般的管理人员。

对于操作人员来说，拥有相关的证书，有相关从业经验，英语达到国家四级以上，薪资会比较高，上升空间也较大。同一职位，大型物流公司要比小型公司月薪高出1 000～2 000元，而有大型公司工作经验的人，跳槽到小公司，职位和薪水也能得到一定的提升。

中层管理人员：部门主管或者经理，包括业务经理、生产经理、操作主管等。一般要求是大专以上学历，有3年以上的从业经验，对于本部门的操作流程非常熟悉，具有大型物流公司工作经验会非常吃香。目前上海物流企业的人才薪酬状况，一般的业务主管月薪在3 000元左右，部门经理在5 000～8 000元，有的能够达到1万元以上，高级物流经理年薪可以达到几十万元。

高级管理人才：企业执行总监、公司副总、高级行政管理人员等，这些是站在物流行业金字塔塔尖的人才，属于高价难求的稀缺资源。对于这类人才，除了要求基本素质高，具备硕士以上学历以外，还要有丰富的行业经验、出色的策划组织能力、良好的沟通能力等。

薪资从 10 万～150 万元不等。根据公司的性质和规模而定，一般来说，中外合资的物流企业待遇最高，年薪能够达到百万元以上，除了薪资收入以外，部分企业还会提供一部分股份给这些高层管理人员，年底可以获得分红。

实训任务

任务 1：地区物流业现状调查

1. 任务目标

（1）使学生能够运用自己设计的调查表格进行市场调查。

（2）培养学生具有人际沟通和团队合作协调能力。

2. 案例引入

为通达物流公司河南分公司的开设进行前期的物流市场调研工作，要求首先进行郑州市物流发展现状的调查，并提供调查报告。

3. 任务完成

1）完成步骤

（1）将学生分成 5～6 组，每组 5～10 人。

（2）将本地区划分为 5～6 个区域，每一组分配一个区域。

（3）制定调查方案。小组成员通过实地考察了解该区域物流企业发展状况，制订调查方案初稿，内容包括调查目的、调查对象、内容、方式、组织安排、调研过程的各个阶段的具体工作等。

（4）设计调查表。小组根据调查目的设计出物流仓储业问卷调查表，内容包括企业性质、业务功能、仓库设施设备、信息系统建立、客户分布和满意度、物流服务收费、物流企业组织机构和岗位设置、物流人才需求状况等问题。

（5）市场调研实施。每组成员合理分工，协同合作，采取现场访谈、电话询问等方式对区域内企业进行调查。

（6）完成整理表和分析表。小组成员对问卷进行回收、整理、分析，形成整理表和分析表。

（7）以小组形式撰写调研报告。各组上交的调研报告后必须有附录，附录内容包括调研实施计划、调研问卷、调研原始资料、调研整理资料等，并在调研报告中列出附录清单。

（8）在各组推荐的基础上，选定学生在全班进行交流。谈谈对调研工作的心得体会，对这次调研工作的评价(包括成功经验和不足之处)。

2）检查标准

地区物流业现状调研检查标准表

检查标准	考评标准	分　值	实际得分
地区物流业现状调研	调研方案目的、对象、方法明确	10	
	调查问卷表设计符合调研目的	20	

续表

检查标准	考评标准	分　值	实际得分
地区物流业现状调研	整理表和分析表反映调查对象特征	10	
	调查报告资料全面、分析透彻	20	
	提交的网址(2～3 个)和参考文献适用性强	10	
公开讲解	小组代表讲解生动全面、内容熟练、反应良好	30	

任务 2：物流企业岗位人员招聘

1. 任务目标

通过模拟招聘会，让学生了解物流企业岗位任职条件和职责范围。

2. 案例引入

通过在任务 1 中进行市场调研积累的物流企业岗位需求情况，形成通达物流公司河南分公司的岗位需求情况，并形成岗位说明书，同时根据岗位说明书进行人员招聘。本次招聘岗位是：业务员、仓管员和运输调度员。现要求以该公司人力资源部的名义，完成布置招聘会、公布招聘流程和招聘岗位要求信息发布等工作。

3. 任务完成

1）完成步骤

（1）建议分为 5～6 组，每组再分成两个小组，分别扮演招聘方(3 人)和应聘方 6 人。

（2）招聘方在课前完成公司简介、招聘流程和招聘岗位要求等内容的设计。

（3）招聘方准备笔试和面试考题及评分表。

（4）招聘方布置笔试和面试考题及评分表。

（5）应聘者做好面试前的准备。

（6）招聘会开始。根据招聘流程进行招聘方宣讲、面试、录用等工作。

（7）教师对整个模拟招聘的流程进行点评和总结。

2）检查标准

岗位人员招聘检查标准表

检查标准	考评标准	分　值	实际得分
物流企业岗位人员招聘	公司简介、招聘流程和招聘岗位要求设计方案合理、符合现实要求	20	
	招聘笔试和面试考题及评分表设计适合岗位能力要求	30	
	招聘现场活动真实，招聘方、应聘方表现良好	50	

模块小结

物流是物品从供应地向接收地的实体流动过程。根据实际需要，将运输、储存、装卸搬运、包装、流通加工、配送、信息处理等基本功能实施有机结合。关于物流的研究非常多，目前比较多见的有“第三利润源”说等几种学说。

按照不同的标准，物流可以有各种不同的类别。物流具有物流过程一体化、物流技术专业化、物流信息化、物流服务社会化、物流活动国际化等 4 种不同的特点。物流具有运输、仓储保管、包装、配送、装卸搬运、流通加工、物流信息等 7 种功能，能够分别从时间、空间、流通加工 3 个方面创造价值。

本模块对物流产业的行业组成、物流从业者的知识结构、能力要求、工作职位也进行了简单介绍。另外，对我国物流业发展状况进行了一定的介绍。

模块 2

掌握现代物流的基本职能

ZHANGWO XIANDAI WULIU DE JIBEN ZHINENG

【技能目标】

(1) 具有对现代物流企业职能的分析能力和提出改进建议的能力。

(2) 具有为现代物流企业设计包装、装卸搬运、运输、存储、流通加工、配送、信息处理等功能的能力。

【知识目标】

(1) 了解现代物流包装、装卸搬运、运输、存储、流通加工、配送和信息处理的概念。

(2) 掌握现代物流包装、装卸搬运、运输、存储、流通加工、配送和信息处理的作用。

(3) 掌握现代物流包装、装卸搬运、运输、存储、流通加工、配送和信息处理的合理化原则。

【工作任务】

经过 5 年的历练，毕业于物流管理专业的肖阳、王琳和赵宁作为广州通达物流公司的骨干，于 2014 年年初，代表公司来到自己的家乡——河南省郑州市开设通达物流公司河南分公司。在开设分公司之前，他们经过市场调研，了解了郑州市物流企业的发展现状，并且了解到了郑州作为交通枢纽在整个中国市场中的重要地位。在这样的大环境下，肖阳、王琳和赵宁看到了巨大的商机，竭尽全力地发展公司业务，希望能够将通达物流公司河南分公司发展成为郑州当地知名的物流企业。现在，就请同学们帮助他们进行下列问题的探讨。

(1) 通过理论学习，了解物流行业各项职能的特点和用途，以便为客户的产品提供更好、更合适的服务。

(2) 通过理论学习和案例分析，掌握各项职能的目标和流程规范等。

单元 2.1　包装认知

2.1.1　包装的概念和作用

1. 包装的概念

无论是产品或是材料，在搬运输送以前都要加以某种程度的包装捆扎或装入适当容器，以保证产品完好地运送到消费者手中，所以包装被称为生产物流的终点，同时也是社会物流的起点。

我国国家标准《物流术语》中对包装的定义是：为在流通过程中保护产品、方便储运、促进销售，按一定技术方法而采用的容器、材料及辅助物等的总体名称。也指为了达到上述目的而采用容器、材料和辅助物的过程中施加一定技术方法等的操作活动。

所以，包装是包装物和包装操作的总称。

2. 包装的作用

1）保护物品，便于储运

保护物品，使物品的形状、性能、品质在物流过程中不受损坏，这是包装的主要目的。完善的包装可以在一定程度上防止散包、破损、雨淋、受浸、变质、串味、溢泄、变形、撞裂等现象发生。通过包装还可以使物品形成一定的单位，作业时便于处置。如果包装规格尺寸不标准，不能进行集装单元化保管和运输，或者降低运输工具的装载效率，说明包装设计考虑不周。包装直接影响装卸搬运、运输、仓储的质量和效率，关系到整个物流成本。

2）刺激消费，促进销售

产品包装的装潢设计是促销手段之一，精美的包装能唤起人们的消费欲望。包装的结实程度、美观与否和标准化程度，决定了产品是否能以完美的使用价值满足用户需求。包装直接影响销售效果。

3）传递信息

包装传递信息的功能日益重要，已成为企业物流渠道畅通的必要和重要环节。传递信息的功能主要体现在商品识别和跟踪等方面，还有包装上的指示标志，例如商品的性质、堆放、开启、装卸搬运等的方法，在维持产品的存在价值和实现产品的使用价值方面都在发挥作用。

2.1.2 包装的分类与包装材料

1. 包装的分类

包装的分类方法很多，通常人们习惯把包装分为工业包装和商业包装两大类。工业包装又称为运输包装，工业包装的目的是保证商品在运输、保管、装卸搬运过程中不散包、不破损、不受潮、不污染、不变质、不变味、不变形、不腐蚀、不生锈、不生虫，即保持商品的数量和质量不变；商业包装又称为销售包装，商业包装的目的是为了促进销售，讲究包装外形美观，具有商业吸引力。包装的分类见表2－1。

表2－1 包装的分类

类别		功能
工业包装	内包装	将物品或单个包装，或一个至数个归整包装，置入中间容器中，为了对物品及单个包装起保护作用，中间容器内有时采用一定保护措施
	外包装	是基于物品输送的目的，要起到保护作用并且考虑输送搬运作业方便，一般置入箱、袋之中，根据需要对容器有缓冲防震、固定、防温、防水的要求。一般外包装有密封、增强功能，并且有相应的标识说明
商业包装	单个包装	又称为小包装，是物品送到使用者手中的最小单位。用袋或其他容器对物体的一部分或全部包裹起来的状态，并且印有作为商品的标记或说明等信息资料。这种包装注重美观，能起到促进销售的作用

内包装和外包装属于工业包装，更着重于对物品的保护，其包装作业过程可以认为是物流领域内的活动。而单个包装作业一般属于销售领域活动，是商业包装。本书中主要讨论的包装是指工业包装，不再另加说明。

2. 包装材料

包装材料与包装功能存在着密切的联系。按照包装材料的不同划分为纸制品包装、木制包装、金属包装、塑料制品包装、玻璃陶瓷容器包装、纤维容器包装、复合包装和其他材料包装。包装材料的选择十分重要，因为它直接关系到包装质量和包装费用，有时也影响运输、装卸搬运和仓储环节作业的进行。

1）纸制品包装材料

利用纸制品进行包装的商品非常广泛，用量最多，品种最杂，这是由于纸制品包装材料耐摩擦、耐冲击、质地细腻、容易黏合、无味、无毒、价格相对较低的缘故。运输用大型纸袋可用3～6层牛皮纸叠合而成，也可用牛皮纸和塑料薄膜做成复合多层构造。

纸箱的原料是各种规格的白纸板和瓦楞纸板，瓦楞纸板箱应用广泛，是因为它重量轻、耐冲击、容易进行机械加工和回收，价格也便宜。但要求其强度和耐压能力必须达到一定指标，在选材和尺寸设计时应加以注意。

2）木质包装材料

木质包装材料一般用于外包装，因为木材具有抗压、抗震、抗挤、抗冲撞能力。木制容器包括木箱、胶合板箱及木桶等。为了节省木材，常使用框架箱、栅栏箱或木条胶合板箱，为了增加强度也有加铁箍的。对于重物包装，常在底部加木制垫货板。

3）金属包装材料

饮料、煤气、天然气等液体和气体一般用金属片或金属板做包装材料，其中，镀锡薄钢片(俗称马口铁)和金属箔两大品种用量较大。马口铁坚固、耐腐蚀，容易进行加工，而且防水、防潮、防摔，应用十分广泛。金属箔即金属压成的薄片，适合奶油、乳制品、糖果和肉类食品的包装。输送用的金属容器有罐、箱和桶等。罐、箱常用于食品、化学药品、牛奶、油质类物品，而桶则主要用于以石油为主的非腐蚀性的半流体及粉体、固体的包装。

4）塑料制品包装材料

塑料制品包装是指以人工合成树脂为主要原材料的高分子材料制成的包装。主要材料有聚乙烯(PE)、聚丙烯(PP)、聚苯乙烯(PS)、聚氯乙烯(PVC)及钙塑材料等。例如高压聚乙烯制成的薄膜，因透气性好、透明结实，适用于蔬菜、水果的保鲜包装；聚丙烯的优点是无毒，可制成薄膜、瓶子、盖子，用于食品和药品包装；聚苯乙烯可用来制作罐、盒、盘等包装容器和热缩性薄膜；发泡聚苯乙烯塑料，大都用来做包装衬垫和内装防震材料；聚氯乙烯可以用来制作周转塑料箱和硬质泡沫塑料，但在高温下可能分解出氯化氢气体，有腐蚀性；钙塑材料可用来制造钙塑瓦楞纸板、钙塑包装桶和包装盒等。塑料包装制品的应用日益广泛，塑粒及塑料交织袋已成为牛皮纸袋的代用品。

知识链接

由东洋制罐开发的塑胶金属复合罐——TULC(Toyo Ultimate Can)罐，以 PET 及铁皮合成二片罐，主要使用对象是饮料罐。这种复合罐既节约材料又易于再循环，在制作过程中低能耗、低消耗，属于环境友好型产品。东洋制罐还研发生产一种超轻级的玻璃瓶。用这种材料生产的 187mL 的牛奶瓶的厚度只有 1.63mm，重 89g，比普通瓶轻 40%，可反复使用 40 次以上，普通牛奶瓶厚度为 2.26mm，重 130g。该公司还生产不含木纤维的纸杯和可生物降解的纸塑杯子。东洋制罐为了使塑料包装桶、瓶在使用后方便处理，减少体积，在塑料桶上设计几根环形折痕，废弃时可很方便折叠缩小体积，这类塑料桶(瓶)种类有从 500mL 到 10L 容积等多个品种。

5）玻璃陶瓷容器包装材料

用玻璃或陶瓷材料制成瓶、罐、坛子，用来盛装食品、饮料、酒类、药品等十分适宜。因为玻璃和陶瓷不仅不怕腐蚀、强度高且能进行装潢和装饰，有利于促进销售。

6）复合包装材料

常见的复合材料有几十种，被广泛应用的包括塑料与塑料复合、塑料与玻璃复合、金属箔与塑料复合、纸张与塑料复合及金属箔、塑料、玻璃复合等。

7）包装用的辅助材料

包装用的辅助材料主要有粘合剂、粘合带和捆扎材料。粘合剂用于材料的制造、制袋、制箱及封口作业，粘合剂有水型、溶液型、热融型和压敏型的区分。近年来，由于普遍采用高速制箱及封口的自动包装机，所以大量使用短时间内能够粘结的热融粘合剂。粘合带有橡胶带、热敏带、粘结带 3 种。橡胶带遇水可直接溶解，结合力强，粘结后完全固化，封口很结实；热敏带一经加热活化便产生粘结力，一旦结合，不好揭开且不易老化；粘结带是在带的一面涂上压敏性结合剂，如纸带、布带、玻璃纸带、乙烯树脂带等，也有两面涂胶的双面胶带，这种带子用手压便可结合，十分方便。

捆扎材料主要用来打捆、压缩、缠绕、保持形状、提高强度、封口防盗、便于处置和防止破损等。

【案例 2-1】

FRUIT TREE 公司对产品的多种包装处理

十几年前，FRUIT TREE 公司的产品线是瓶装果汁和罐装水果的独立包装，所有的标签都是相同的，并且只有两种标准容器：瓶和罐。然而，在过去十几年中发生了许多变化，对果汁产品的要求也越来越多元化，这些多元化要求包括：世界各地的顾客需要不同的品牌；顾客不全是英语语种的消费者，因此需要有新的品牌和标签；顾客的消费习惯要求容器大小能有一个可变的范围；顾客的包装需要从独立的包装变为 24 罐的不同包装；顾客对个性化品牌包装需求呈现上升趋势；大量商品不再接受标准的托盘式装卸，而要求被重新托盘化。在这种趋势下，公司的库存和销售出现了一些问题。单一的包装形式很难适应多元化的市场需要，从而出现了有些产品库存过多而同类的其他产品却缺货的情况，因此公司需要寻求另一种方法来解决问题。

于是，FRUIT TREE 公司认识到，传统的生产、装箱、包装、打包、集合及运输入库的方法并不有效，问题的解决方式是重新设计仓库的责任。这一战略将生产环节设计成为生产产品并将之放于未包装的罐或瓶上，这种产品被称为“裸装产品”。这种“裸装产品”相关的各种瓶和罐一起被送入仓库，在仓库实现产品的包装。在确定了每月的购买意向后，直到货物装车前两天，公司才会确认订单，并立即将订单安排到仓库 4 条包装线的其中一条上，完成最后的包装和发运工作。为了保证包装生产线的利用率，当生产线有闲余时，将生产需求最大的产品，并将其入库以备后用。

（资料来源：广东外语外贸大学《物流管理学》精品课程.）

思考：将包装放到仓库中完成，为什么可以有效地解决库存不均匀问题？

2.1.3 包装合理化原则

包装是一个重要产业，随着经济的发展和销售竞争的激烈化，包装所消耗的材料资金越来越多，浪费现象、过剩包装十分严重，因此，科学包装、减少浪费应引起足够的重视。

1. 包装的轻薄化

由于包装只是起保护作用，没有增加产品使用价值的作用，因此，在强度、寿命、成本相同的条件下，更轻、薄、短、小的包装，可以节约材料，提高装卸搬运和运输的效率。而且轻、薄、短、小的包装一般价格比较便宜，如果是一次性包装也可以减少废弃包装材料的数量。

2. 包装的单纯化

为了提高包装作业的效率，包装材料及规格应力求单纯化，包装形状和种类也应单纯化。包装材料品种少易于管理和减少浪费；包装形状和规格单一有利于提高作业效率，实现机械化。有些商品采取无包装或简易包装，比有包装或复杂包装更有利，总物流成本更合理，国外有的商店采取大包装或简易包装的办法，把节约下来的包装费，用来降低商品售价，吸引消费者。实际上，散装水泥、管道运输等都是无包装化物流的例子。无包装化物流既能节约包装费用，降低整体物流成本，又能省去包装物的回收和处理作业。

3. 符合集装单元化和标准化的要求

单元化和标准化是包装过程中必须考虑的问题。因为只有包装规格尺寸一致，才能实行模块化包装；包装实现了单元化和标准化，才能批量化作业；有了批量化装卸搬运、保管和运输，才能提高效率，节约费用，物流才能实现机械化和自动化。包装单元化和标准化是现代化物流的重要标志，也是单元化物流的基础。

推进单元化和标准化的办法之一是多采用集装箱、集装罐、集装袋、集装架、仓库笼、托盘等集装单元器具。多采用通用包装形式，比如按标准模数尺寸制造纸箱、木箱、塑料周转箱；工厂车间、配送中心、仓库尽量多利用通用性周转循环装货的容器；包装的规格和托盘、集装箱关系密切，也应考虑到和运输车辆、搬运机械的匹配，从系统的观点制定包装的尺寸标准。采用托盘一贯化作业，能使商品减少多次单体货物的堆码、拆垛的过程，减轻大量繁重的体力劳动，同时又可节约装卸搬运成本。

托盘化物流要有两个前提条件，一是包装模数尺寸与托盘规格尺寸一致；二是集装箱、车辆、货架、货格、仓库、货场等规格尺寸与托盘相吻合。

4. 包装的机械化与自动化

为了提高作业效率和包装的现代化水平，各种包装机械的开发和应用是很重要的。由于被包装物品种极其繁多，包装材料和包装方法又各不相同，因而出现了各式各样的包装机械。其中有高度自动化的，也有半自动化和手动的。一个相当庞大的包装机械产业为各种产品提供着包装技术装备。

5. 注意与其他环节的配合

包装是物流系统组成的一部分，需要和装卸搬运、运输和仓储等环节一起综合考虑、全面协调。比如包装还是不包装，简单包装还是精细包装，大包装还是小包装，都应该结合商品的装卸搬运、运输、仓储及销售等相关因素综合考虑，只有多种相关因素的协调一致，才能发挥整体物流效果。

在包装便利化要求方面要考虑便于商品流通和消费。比如包装物的大小、形状、重量、体积要符合 3 点要求：一要便于装卸搬运、运输、仓储；二要便于堆码、摆放、阵列、提取、携带；三要便于拆解、回收和再生利用。

在包装配套化要求方面要考虑包装与装卸搬运、运输、仓储相配套。比如采用单元化包装可以顺利实现铁路、公路、水运等各种运输方式的转换，可以快速、安全地入库、上架、下架、出库作业，可以提高装卸搬运效率，减少货物破损。

6. 有利于环保

包装是产生大量废弃物的环节，处理不好可能造成环境污染。包装材料最好可反复多次使用并能回收再生利用，在包装材料的选择上，还要考虑不对人体健康产生影响，对环境不造成污染，即绿色包装。在装卸搬运、运输、仓储等环节中实行集装化作业，也可以减少包装材料的使用。

单元 2.2 装卸搬运认知

2.2.1 装卸搬运的概念

1. 装卸搬运基础知识

装卸搬运是指在同一地域范围内进行的、以改变物品的存放状态和空间位置为主要内容和目的的活动，具体说，包括装上、卸下、移送、拣选、分类、堆垛、入库、出库等活动。

我国国家标准《物流术语》中装卸的定义是：物品在指定地点以人力或机械载人或输出运输工具的作业过程。对搬运的定义是：在同一场所内，对物品进行移动的作业过程。

通常而言，装卸搬运活动在物流过程中多是伴随其他的物流活动，如仓储、配送或是运输，而附带产生的一种服务于物流主要职能的活动。但装卸搬运同样有着不可忽视的地位，正是装卸搬运将物流活动的各个阶段有机地联系起来，成为一个连续和谐的整体。

2. 装卸搬运的重要性

装卸搬运在物流活动转换中起承上启下的联结作用。装卸搬运是伴随输送和保管而产生的必要的物流活动，但是，和运输产生空间效用、保管产生时间效用不同，它本身不具有明确的价值。但这并不说明装卸搬运在物流过程中不占有重要地位，物流的主要环节都是靠装卸搬运活动联结起来的。如运输的起点有"装"的作业，终点有"卸"的作业；仓储的开始有入库作业，最后有出库作业。物流活动其他各个阶段的转换也要通过装卸搬运联结起来。

装卸搬运在物流成本中占有重要地位。装卸搬运不仅发生次数频繁，而且又是劳动密集型、耗费人力的作业，它所消耗的费用在物流费用中也占有相当大的比重。据统计，经铁路运输的货物少则有 6 次，多则有几十次装卸搬运，其费用占运输总费用的 20%～30%。装卸搬运活动频繁发生，作业繁多，这也是产品损坏的重要原因之一。由于是劳动密集型，在人工费用日益上涨的现代，对物流成本的影响尤其值得注意。

装卸搬运是提高物流系统效率的关键。装卸搬运的作业内容复杂，大至数百吨物品的搬运，小至贴标签的轻巧作业；作业对象物品有笨重的钢材、容易破损的玻璃制品，也有需要特殊条件的鲜活物品，有液态、固态之分，也有散料和整件物品之分。因此，在实施机械化、自动化，提高物流系统效率的过程中，装卸搬运环节的问题常常难以解决，形成提高系统效率的瓶颈所在。

2.2.2 装卸搬运的构成

装卸搬运作业包括堆放、拆垛作业，分拣、配货作业，搬送、移送作业等。

1. 堆放、拆垛作业

堆放(或装上、装入)作业是指把货物移动、举升到装运设备或固定设备的指定位置，再按所要求的状态放置的作业；而拆垛(卸下、卸出)作业则是其逆向作业。例如，用叉车进行叉上叉下作业，将货物托起并放置到指定位置场所(如卡车车厢、集装箱内、货架或地面上等)；利用各种形式吊车进行吊上吊下作业，将货物从轮船货仓、火车车厢、卡车车厢吊出或吊进。受经济发展不平均限制，在我国许多车站、码头与货场中，人工作业还很普遍。

2. 分拣、配货作业

分拣是在堆垛作业前后或配送作业之前把货物按品种、出入先后、货流进行分类，再放到指定地点的作业；而配货则是把货物从所定的位置按品种、下一步作业种类、发货对象进行分类的作业。一般情况下，配货作业多以人工进行，但是由于多品种、小批量的物流形态日益发展，对配货速度要求越来越高，以高速分拣机为代表的机械化作业应用逐渐增多。

3. 搬送、移送作业

搬送、移送作业是为了进行装卸、分拣、配送活动而发生的移动物资作业，包括水平、垂直、斜行搬送，以及几种组合的搬送。在水平搬运方式中，广泛应用辊道输送机、链条输送机、悬挂式输送机、皮带输送机、手推车、无人搬运车等设备。从方式来分，有连续式和间歇式。对于粉体和液体物质，也可以用管道进行输送。

4. 其他

如贴标签、拴卡片、分装等。

2.2.3 装卸搬运的合理化

装卸搬运作业应该是一个合理规划、认真执行的过程，一个合理的装卸搬运作业过程可以达到高效、准确地衔接起物流中各个环节的工作。而合理的装卸搬运工作应当考虑的几个主要方面包括以下内容。

1. 防止无效装卸

无效装卸是指消耗在对于物品的必要装卸劳动之外的多余装卸劳动。具体反映在以下几个方面。

1）过多的装卸次数

从发生的费用来看，一次装卸的费用相当于几十千米的运输费用，因此每增加一次装卸，费用就会有较大比例的增加。此外，不合理的装卸会阻碍和减缓整个物流的速度，变成降低物流速度的重要因素。针对这种状况，可以考虑采用集装方式，进行多式联运，这样能够有效地避免对于单件物品的反复装卸搬运处理，是防止无效装卸的办法。

2）过大或过重的包装装卸

包装过大过重，在装卸时会在包装上消耗较大的劳动，这一消耗不是必需的，因而形成无效劳动。

3）无效物质的装卸

进入物流过程的物品，有时混杂着没有使用价值或对用户来讲使用价值不正确的各种掺杂物，如煤炭中的矸石、矿石中的水分、石灰中的未烧熟石灰等，在反复装卸时，实际对这些无效物质反复消耗劳动，因而形成无效装卸。

【案例2-2】

医药公司降低装卸搬运成本的措施

某医药公司是一个以市场为核心、现代医药科技为先导、金融支持为框架的新型公司，是西南地区经营药品品种较多、较全的医药专业公司。中国加入WTO后，大量的医药产品涌入中国市场，给中国的医药产品以巨大的冲击。在这个过程中，受国家关税保护的医药产品不得不降低价格以适应市场竞争的需要，因此，公司必须加大各个方面的力度，降低成本，从而真正降低产品的价格，融入国际医药品市场。

为了控制装卸搬运成本，降低物流总成本，该医药公司采取了一些有效措施。

第一，尽量减少作业环节。每一个作业环节都需要一定的活劳动和物化劳动消耗，采用现代技术手段和实行科学管理的方法，尽可能地减少一些作业环节，既有利于加速作业的进度，又利于降低成本。科学管理的方法如下。

(1) 采用“二就直拨”的方法。

(2) 减少装卸搬运环节。

第二，改善装卸作业。即提高装卸作业的机械化程度，尽可能地实现作业的连续化，从而提高装卸效率，缩短装卸时间，降低物流成本，其合理化措施如下。

(1) 防止和消除无效作业。

(2) 提高物品的装卸搬运活性指数。

(3) 积极而慎重地利用重力原则，实现装卸作业的省力化。

(4) 进行正确的设施布置。

该公司所采取的措施取得了可喜的成绩，降低了该公司的装卸搬运成本。同时，装卸搬运环节充分衔接了物流其他各环节，从而降低了仓储、运输等成本，公司总的物流成本也降下来了。

思考：此公司采取了怎样的措施来减少搬运成本？

2. 进行少消耗的装卸

这主要是指要尽量利用其他方面的力量代替人力或机械力，包括两个方面内容。

1) 利用重力的合理化装卸

在装卸时考虑重力因素，可以利用物品本身的重量，进行有一定落差的装卸，以减少或根本不消耗装卸的动力，这是合理化装卸的重要方式。例如，从卡车、铁路货车卸物时，利用卡车与地面或小搬运车之间的高度差，使用溜槽、溜板之类的简单工具，可以依靠物品本身重量，从高处自动滑到低处，这就无须消耗动力。

2) 尽量消除或削弱重力的合理化装卸

在装卸时尽量消除或削弱重力的影响，也会求得减轻体力劳动及其他劳动消耗的合理性。使物品平移，从甲工具转移到乙工具上，这就能有效消除重力影响，实现合理化。

3. 充分利用机械，实现“规模装卸”

追求规模效益的方法，旨在通过各种集装实现间断装卸时一次操作的最合理装卸量，从而使单位装卸成本降低，也通过散装实现连续装卸的规模效益。

4. 保持物品合理的装卸搬运活性

装卸搬运活性的含义是从物的静止状态转变为装卸搬运运动状态的难易程度。如果很容易转变为下一步的装卸搬运，而不需过多做装卸搬运前的准备工作，则活性就高；如果难于转变为下一步的装卸搬运，则活性低。但是高搬运活性有可能会占用一定的仓库资源，因此对于搬运活性，既不能过高又不能过低，要在方便搬运和节约资源中间加以平衡选取确定。

知识链接

为了对活性有所区别，并能有计划地提出活性要求，使每一步装卸搬运都能按一定活性要求进行操作，对于不同放置状态的物品做了不同的活性规定，“活性指数”就是确定标准活性的一种方法。

单元 2.3 运输认知

2.3.1 运输的概念和作用

运输是物体借助运力在空间上产生的位置移动。我国国家标准《物流术语》中运输的定义是：用专用运输设备将物品从一地点向另一地点运送。其中包括集货、分配、搬运、中转、装入、卸下、分散等一系列操作。由于运输活动时间长、距离远、能源和动力消耗多，运输成本在物流总成本中的比例高达50%。因而，运输活动的费用节约余地大，发展潜力大，无论在物流领域还是国民经济领域都占有举足轻重的位置。

运输的任务是对物资进行较长距离的空间移动。物流部门通过运输解决物资在生产地点和需求地点之间的空间距离问题，从而创造商品的空间效益，实现其使用价值，以满足社会需要。运输是物流的中心环节之一，可以说是物流最重要的一个功能。

现代化大生产的发展，社会分工越来越细，产品种类越来越多，无论是原材料的需求，还是产品的输出量，都大幅度上升，区域之间的物资交换更加频繁，这就促进了运输业的发展和运输能力的提高，所以产业的发展促进了运输技术的革新和运输水平的提高。反之，运输手段的发达也是产业发展的重要支柱。比如现代钢铁企业每日需万吨以上铁矿石原料，往往是从几千里甚至几万里之外用大型货车运来，许多发达国家需要数万吨以至数十万吨级油轮从国外输送石油，没有强有力的输送手段，许多大工业企业就难以存在，甚至国民经济也难以正常运转。

2.3.2 运输的方式及特点

陆地、海洋和天空都可以作为运输活动的空间，运输的主要方式有以下几种，见表2-2。

表2-2 各种运输方式及其特点

运输方式	描　述	优　点	缺　点
铁路运输	货车在固定轨道线路上按时刻表运行行驶，可以自成系统，不受其他运输条件的影响	(1)轨道行驶阻力小 (2)不需频繁地启动制动 (3)可重载高速运行 (4)运输单位大 (5)运费和劳务费低	(1)由于在专用线路上行驶，而且车站之间距离比较远，缺乏机动性 (2)运输的起点和终点常常需要汽车进行转运，增加了装卸搬运次数
公路运输	各类机动车辆通过公路实现旅客或货物的空间位移	(1)点多，线长，面广 (2)机动灵活，能实现门到门的运输	(1)运输成本较高，能耗大 (2)污染环境严重，易发生交通事故
水路运输	利用船舶等浮运工具在江河、湖泊、水库等天然或人工水道和海洋上运送旅客和货物的一种运输方式	(1)运输能力大 (2)能源消耗低 (3)航道投资省 (4)节约土地资源 (5)单位运输成本低	(1)平均航速低，运输速度慢 (2)易受天气影响，航期不能保证 (3)建设港湾也要花费高额费用

续表

运输方式	描　述	优　点	缺　点
航空运输	通过飞机实现旅客和货物的位移	(1)速度快 (2)时间短，货物损坏少	(1)费用高 (2)受气候条件限制
管道运输	由管线、泵站和加压设备等组成的运送气体、液体、固体货物的运输方式	(1)基本没有运动部件，维修费便宜 (2)可以连续不断地输送大量物资，不费人力，运输成本低 (3)管道铺设可以不占用土地或占地较少 (4)安全、事故少、公害少	(1)灵活性差 (2)当运输量降低较多且超出其合理运行范围时，其优越性难以发挥

【案例 2－3】

降低运输成本的经验之谈

运输在整个物流中占有很重要的地位，总成本占物流总成本的 35%～ 50%，占商品价格的 4%～10%。运输对物流总成本的节约起着举足轻重的作用。会计学上将物流成本分为显性成本和隐性成本。在我国，隐性成本占据了很重要的地位。

要想办法提高运输决策的科学性，物流运输决策主要体现在这几个方面：运输方式的选择、运输服务商的选择、运输路线的选择、运输计划编制及运输能力配备等问题。在路线的选择中，大多根据距离来进行，运用最短路算法，但运输路线最短并不是最优的选择，要考虑两地交通便利条件，路面状况，两地距离和运送成本。

在实际的运输过程中可能会遇到下面的一些情况，选择交通工具的时候有着距离上的差距，选择路径要与交通运输工具结合起来，以及运送的速度和成本的关系。因此，选择期望的运输方式时，至关重要的问题就是如何平衡运输服务的速度和成本，计算总的成本，按照成本最低的原则选择合适的路线和运输方式。开展中短距离铁路、水路与公路分流，从而加大这一区段的运输通过能力；充分利用公路从门到门和在中途运输中速度快且灵活机动的优势，实现铁路运输服务难以达到的水平；尽量发展直达运输。直达的优势，尤其是在一次运输批量和用户一次需求量达到了一整车时表现最为突出。

（资料来源：衡水物流网 .）

思考：如何降低运输成本？

2.3.3　运输合理化的原则

1. 一般商品运输原则

企业要合理地组织商品运输，必须遵循“及时、准确、安全、经济”的原则，力求用最快的速度、经最少的环节、走最短的路程、支付最省的费用，把商品运往购货单位，经济合理地完成运输任务。

(1) 及时性原则是指按照商品产、供、运、销的流通规律，根据市场需要，及时发运商品，做好车、船、货的衔接，尽量缩短商品待运和在途时间，加速商品和资金的周转。

(2) 准确性原则是指商品在整个运输过程中切实防止各种运输事故的发生，做到不错、不乱、不差、交接手续清楚、责任明确、准确无误地完成商品运输任务。

(3) 安全性原则是指商品在整个运输过程中不发生霉烂、残损、丢失、污染、渗漏、爆炸和燃烧等事故，保障人身、商品、设备的安全。

(4) 经济性原则是指在商品的运输过程中要采取经济合理的运输方案，合理选择运输路线和运输工具，合理利用一切运输设备，节约人力、物力、财力，减少运输费用开支，提高运输效益。

2. 海上货物运输原则

在受理出口货物的发运时，首先要考虑的是服务对象是否具备发运货物的条件，是否符合我国海关法律规定的要求，以及用户提供的文件和货物是否符合航海运输及海关的规定。即是否符合收运的原则，收运的原则归纳起来有以下几个方面。

(1) 用户有进出口经营权，所有出口的货物在其经营范围之内。

(2) 用户在出口口岸海关注册，如果未注册将不能在此口岸报关。

(3) 如要出口其经营范围以外的商品，需申领出口许可证。

(4) 能向海关提供全套有效单据。

(5) 没有海关注册的单位在具有厅、局级批文的情况下，可以办理以下贸易性质的货物发运：无偿援助、暂时进出口、其他(非贸易性质)等。

3. 集装箱运输原则

(1) 地级道路运政管理机构对可装箱货源的管理，应根据可装箱货的品类结合当地情况拟定具体方案报省级道路运政管理机构批准后执行。

(2) 道路运政管理机构应协调汽车运输企业与集装箱货运站之间的关系，协助集装箱货运站、中转站进行运输工具的组织和计划任务的合理分配。

(3) 协调两种运输工具以上或两程以上集装箱联运工作，实行一票直达，减少中转环节，促进集装箱货运的发展。

(4) 道路运政管理机构要积极鼓励和引导道路运输企业开展集装箱甩挂运输。

单元 2.4 储存认知

2.4.1 储存的概念

储存是物流过程中的一种作业方式，内容包括对物资进行检验、整理、保管、加工、集散等多种作业。储存解决了供需之间和不同运输方式之间的矛盾，为物资提供场所价值和时间效益。储存就是对物品(包括商品、货物、零部件等)的保存、管理、贮藏，是在保证物品品质和数量的前提下，依据一定的管理规则在一定期间内把物品存放在一定场所的活动。在物流系统中，储存起着缓冲、调节和平衡的作用，是物流的一个中心环节。

随着现代科学技术与生产力的进步和发展，储存的概念已不再是单纯地储存、保管物资，还包括拣选、配货、检验、分类等业务在内的配送功能及附加标签、重新包装等流通加工功能。现代物流管理往往由专业物流企业承担这项功能。

2.4.2 储存的功能

1. 供需调节功能

生产和消费不可能完全同步，像电冰箱、空调等季节性商品，其生产是均衡的，而消费是不均衡的；相反，像粮食等产品，生产节奏有间隔而消费则是连续的。这两种情况都产生了供需不平衡，这就需要有储存作为平衡环节加以调控，把生产和消费协调起来。

以人们日常消费的小麦为例，市场对小麦的需求是连续的，而小麦的产出往往集中在每年夏季，因此小麦的供给是集中的。这样，为了使集中产出的小麦能连续地向市场供应，满足人们日常需要，就需要把夏季集中产出的小麦储存起来，在需要的时候投放市场。这种供需调节功能，实际上也是对供给与需求之间时间差的调节。

2. 价格调节功能

由于储存对供需的调节功能，物资才能取得自身的最高价值和理想的效益。还是以小麦为例，如果不经过储存环节，直接把夏季集中产出的小麦全部投放市场，小麦的供给会超过需求，势必引发小麦价格暴跌，这样就会严重影响农民种小麦的积极性，以致减少小麦的种植面积。到了第二年，如果小麦的供给远远落后于需求的话，就会引发小麦价格的暴涨。因此往往把夏季集中产出的小麦储存起来，调节供需之间的平衡，最终起到稳定小麦价格的功效。在这一过程中，储存起到了价格调节的功能。

3. 运力调节功能

各种运输工具的运力相差很大，船舶的运力大，海运船一般是万吨以上，内河船也以百吨或千吨计。火车的运力较小，每节车皮能装 30～60t，一列火车的运力多达数千吨。汽车的运力最小，一般每车只有 4～10t。它们之间进行转运时，运输能力是不匹配的，这种运力的差异可以通过储存来进行调节和衔接。

4. 配送和流通加工的功能

现代储存业务还向流通、销售、零部件供应等方向延伸，用来储存物品的仓库不仅具备储存保管货物的设施，而且增加了分拣、配送、捆包、流通加工、信息处理等，这样既扩大了仓库的经营范围，提高了物资综合利用率，又促进了物流合理化，方便了消费者，提高了服务质量。

【案例 2-4】

富日物流的平面仓

杭州富日物流有限公司于 2001 年 9 月正式投入运营，注册资本为 5 000 万元。富日物流拥有杭州市最大的城市快速消费品配送仓。它在杭州市下沙路旁租用的 300 亩土地上建造了 210 亩现代化常温月台库房，并在九堡镇建造规模更大的 600 亩物流园区。成为众多快速流通民用消费品的华东区总仓。

富日物流通过引入西方先进的第三方物流经营理念，成功地开拓了以杭州为核心的周边物流市场。富日物流的商业模式就是基于配送的仓储服务。制造商或大批发商通过干线运输等方式大批量的把货品存放在富日物流的仓库里，然后根据终端店面的销售需求，用小车小批量配送到零售店或消费地。目前，富日物流公司为各客户单位每天储存的商品量达 2.5 亿元。按每月流转 3 次计，这家公司的每月物流量达 30 亿元左右，成为浙江现代物流业乃至长三角地区的一匹"黑马"。富日物流为客户提供仓储、配送、装卸、加工、代收款、信息咨询等物流服务，利润来源包括仓租费、物流配送费、流通加工服务费等。

富日物流的仓库全都是平面仓，部分采用托盘和叉车进行库内搬运，少量采用手工搬运。月台设计很有特色，适合于大型货柜车、平板车、小型箱式配送车的快速装卸作业。

（资料来源：万联网.）

思考：富日物流有哪些成功之处？

2.4.3 储存合理化原则

1. 对物品实行ABC管理

由于在仓库中一般储存的物资品种非常繁多，在管理过程中必须根据具体情况实行重点管理，才能取得确实的效果，一般采用ABC管理可以达到预期要求。ABC管理就是把物品分为3类，例如把占总数10%左右的高价值的货物定为A类；占总数70%左右的价格低的物品定为C类；A、C之间的20%则为B类。在库存管理中应区别对待各类物品，A类物品应在不发生缺货条件下尽可能减少库存，实行小批量订货，每月盘点；C类则可制定安全库存水平，进行一般管理，订货批量大，年终盘点；对B类则在两者之间，半年盘点一次。

除按价值分类外，还可以根据销售难易程度、缺货产生的后果(重要性)等因素进行ABC分类，或者综合几种因素进行分类。总之，要符合仓库管理的目标和仓库本身的具体情况。有人说库存管理就是ABC管理，ABC管理如能充分发挥其效果，库存管理的问题就解决了一半。

2. 科学的库存管理控制

库存管理控制主要是对库存量进行控制的问题。库存量过多将会导致许多问题，如：占压过多的流动资金，并为此付出相应的利息；存货过多则仓库的各种费用(如仓储费、保险金、劳务费)也随之增加；此外，还会导致物资变质、过时、失效等损失。但是为了避免以上问题，降低库存又会出现缺货率上升的风险。因此，库存控制应综合考虑各种因素，至少要满足以下3个方面要求。

(1) 考虑降低采购费和购入价等综合成本。

(2) 减少流动资金、降低盘点资产。

(3) 提高服务水平、防止缺货。

3. 应用预测技术

销售额的估计和出库量的估计等需要正确的预测，这是库存管理的关键。由于库存量和缺货率是相互制约的因素，所以要在预测的基础上，制定正确的库存方针，使库存量和缺货率协调，取得最好效果。

但是对于预测的数据也不可过分依赖，因为预测总是以过去的数据为基础进行的，预测计算和实际情况有一定出入，为此，在预测时应尽可能依据最新的数据和信息。另外，订货周期和供货延迟期要尽量缩短，这样可以提高预测的可靠性。

单元2.5 流通加工认知

2.5.1 流通加工的概念

1. 认识流通加工

在流通过程中辅助性的加工活动称为流通加工。我国国家标准《物流术语》中流通加工的定义是：根据顾客的需要，在流通过程中对产品实施的简单加工作业活动(如包装、分割、计量、分拣、刷标志、拴标签、组装等)的总称。

流通加工的内容一般包括袋装、定量化小包装、拴牌子、贴标签、配货、拣选、分类、混装、刷标志等。生产的外延流通加工包括剪断、打孔、折弯、拉拔、挑扣、组装、改装、配套及混凝土搅拌等。

流通与加工的概念本属于不同范畴。加工是改变物质的形状和性质，形成一定产品的活动；而流通则是改变物质的空间状态与时间状态。流通加工是为了弥补生产过程加工不足，更有效地满足用户或本企业的需要，使产需双方更好的衔接，将这些加工活动放在物流过程中完成，而成为物流的一个组成部分。流通加工是生产加工在流通领域中的延伸，也可以看成流通领域为了更好地服务，在职能方面的扩大。

生产商品的目的是创造价值，流通加工是在生产的基础上增加商品的附加价值。集中、大批量的生产与分散、小批量的消费之间，存在一定空间，形成规模化大生产与千家万户需要之间的场所价值的空白，促使商品的存在价值和使用价值通过流通加工来实现。流通加工者在生产者和消费者之间，起着承上启下的作用。它是把分散的用户需求集中起来，使零星的作业集约化，作为广大终端用户的汇集点发挥作用。

2. 流通加工与生产加工的区别

流通加工是在流通领域从事的简单生产活动，具有生产加工活动的性质，但又与生产加工有所不同。生产加工改变加工对象的基本形态和功能，是一种创造新的使用价值的活动；而流通加工只是完善商品的使用功能，提高商品的附加价值。两者的具体区别见表2-3。

表2-3 流通加工与生产加工的区别

区别点	流通加工	生产加工	两者的联系
加工对象	对象是进入流通过程中的商品，具有商品的属性	对象不是最终产品，是原材料、零配件、半成品	流通加工的对象是生产加工所形成的最终产品
加工程度	简单加工，而不是复杂加工，它只是生产加工的一种辅助和补充，不需要太复杂的技术装备和工艺流程，其目的只是改变商品的外部形态	如果必须进行复杂加工才能形成人们所需的商品，那么，这种复杂加工应专设生产加工过程	生产过程应完成大部分加工活动，而流通加工则是对生产加工的一种辅助及补充。特别需要指出的是，流通加工绝不是对生产加工的取消或代替
附加价值	完善其使用价值，并在不做大的改变情况下提高价值	目的在于创造价值及使用价值	提高价值，更符合流通的需要和消费的需要
加工组织者	流通加工的组织者是从事流通工作的人，能密切结合流通的需要进行	由生产企业完成	流通加工组织者是对生产加工组织者进行的更深层次补充
加工目的	为了运输方便，节约运输、装卸搬动和保管等费用	为了消费（或者再生产）所进行的加工	流通加工仅仅是从流通的角度出发，它的目的也只是为了给流通创造条件

2.5.2 流通加工的形式及作用

1. 钢卷剪切流通加工

汽车、冰箱、冰柜、洗衣机等生产制造企业每天需要大量的钢板，除了大型汽车制造企业外，一般规模的生产企业如若自己单独剪切，难以解决因用料高峰和低谷的差异引起的设备忙闲不均和人员浪费问题，如果委托专业钢板剪切加工企业，可以解决这个矛盾。专业钢板剪切加工企业能够利用专业剪切设备，按照用户设计的规格尺寸和形状进行套裁加工，精度高、速度快、废料少、成本低。这种流通加工企业不仅提供剪切加工服务和配送服务，还出售加工原材料和加工后的成品。

2. 水泥流通加工

在水泥流通服务中心，将水泥、沙石、水及添加剂按比例进行初步搅拌，然后装进水泥搅拌车，计算好时间，水泥搅拌车一边行走，一边搅拌，到达工地后，搅拌均匀的混凝土直接进行浇筑。

3. 玻璃流通加工

平板玻璃的运输货损率较高，玻璃运输的难度比较大。在消费比较集中的地区建玻璃流通加工中心，按照用户的需要对平板玻璃进行套裁和开片，可使玻璃的利用率从 62%～65%，提高到 90%以上，大大降低了玻璃破损率，增加了玻璃的附加价值。

4. 自行车、助力车流通加工

自行车和助力车整车运输、保管和包装，费用多、难度大、装载率低，但这类产品装配简单，不必进行精密调试和检测，所以，可以将同类部件装箱，批量运输和存放，在商店出售前现组装。这样做大大提高运载率，有效地衔接批量生产和分散消费。这是一种只改变商品状态，不改变商品功能和性质的流通加工形式。

5. 服装、书籍流通加工

这里的服装流通加工，主要指的不是材料的套裁和批量缝制，而是在批发商的仓库或配送中心进行缝商标、拴价签、改换包装等简单的加工作业。近年来，因消费者要求的苛刻化，退货大量增加。从商场退回来的衣服，一般在仓库或配送中心重新分类、整理、改换价签和包装。

书籍的流通加工作业主要有简单的装帧、套书壳、拴书签及退书的重新整理、复原等。

6. 水产品、肉类、蔬菜、水果等食品流通加工

鱼等海产品的开膛、去鳞，猪肉、鸡肉等肉类食品的分割、去骨，常常在运到商店后进行并分类出售。

只要留意超市里的货柜，便不难明白，那里摆放的各类洗净的蔬菜、水果、肉末、鸡翅、香肠、咸菜等无一不是流通加工的产物。这些商品在摆进货柜之前，已经进行了流通加工作业，包括分类、清洗、贴商标和条形码、包装、装袋等多道作业工序。这些流通加工都不在产地，而且已经脱离了生产领域，进入了流通领域。这种加工形式，节约了运输等物流成本，保证了商品质量，增加了商品的附加价值。

7. 酒类流通加工

葡萄酒是液体，从产地批量地将原液运至消费地配制、装瓶、贴商标，包装后出售，可以既节约运费，又安全保险，以较低的成本，卖出较高的价格，附加值大幅度增加。

【案例 2-5】

食品的流通加工

食品的流通加工类型种类很多，主要有以下几种。

(1) 冷冻加工。为了保鲜而进行的流通加工，为了解决鲜肉、鲜鱼在流通中保鲜及装卸搬运的问题，采取低温冻结方式的加工。这种方式也常用于某些液体商品、药品等。

(2) 分选加工。为了提高物流效率而进行的对蔬菜和水果的加工，如去除多余的根叶等。农副产品规格、质量离散情况较大，为获得一定规格的产品，采取人工或机械分选的方式加工称为分选加工。这种方式广泛用于果类、瓜类、谷物、棉毛原料等。

(3) 精制加工。农、牧、副、渔等产品的精制加工是在产地或销售地设置加工点，去除无用部分，甚至可以进行切分、洗净、分装等加工，可以分类销售。这种加工不但方便了购买者，还可以对加工过程中的淘汰物进行综合利用。比如，鱼类的精制加工所剔除的内脏可以制成某些药物或用作饲料，鱼鳞可以制高级粘合剂，头尾可以制鱼粉等；蔬菜的加工剩余物可以制饲料、肥料等。

(4) 分装加工。许多生鲜食品零售起点较小，而为了保证高效输送出厂，包装一般比较大，也有一些是采用集装运输方式运达销售地区。这样为了便于销售，在销售地区按所要求的零售起点进行新的包装，即大包装改小包装，散装改小包装，运输包装改销售包装，以满足消费者对不同包装规格的需求，从而达到促销的目的。

此外，半成品加工、快餐食品加工也成为流通加工的组成部分。这种加工形式，节约了运输等物流成本，保证了商品质量，增加了商品的附加价值。

思考： 1. 对食品进行流通加工，其作用体现在哪些方面？

2. 与生产加工相比，流通加工有哪些特点？

2.5.3 流通加工的目的

流通加工的目的有以下几种。

(1) 为了运输方便，如铝制门窗框架、自行车、缝纫机等若在制造厂装配成完整的产品，在运输时将耗费很高的运输费用。一般都是把它们的零部件，如铝制门窗框架的材料、自行车车架和车轮分别集中捆扎或装箱，到达销售地点或使用地点以后，再分别组装为成品，既运输方便又经济实惠。而作为加工活动组装环节是在流通过程中完成的。

(2) 由于用户需要的多样化，必须在流通部门按照顾客的要求进行加工，如平板玻璃以及铁丝等，在商店根据顾客所需要的尺寸临时配置。

(3) 为了综合利用，在流通中将货物分解，分类处理。猪肉和牛肉等在食品中心进行加工，将肉、骨分离，其中肉只占 65%左右，向零售店输送时就能大大提高输送效率。骨头则送往饲料加工厂，制成骨粉加以利用。由于流通加工属于深加工性质，直接面对终端用户，综合多家需求，集中下料，合理套裁，充分利用边角余料，做到最大限度的物尽其用，节约大量原材料。

因此，流通加工这一环节的发展，使流通与加工总体过程更加合理化。流通加工一般都在干线运输和支线运输的结点进行，这样能使大量运输合理分散，有效地缓解长距离、大批量、少品种的物流与短距离、小批量、多品种物流的矛盾，实现物流的合理流向和物流网络的最佳配置，从而避免不合理的重复、交叉、迂回运输，大幅度节约运输、装卸搬运和保管等费用，降低物流总成本。

单元 2.6 配送认知

2.6.1 配送的概念和类别

1. 配送的概念

在日本工业标准 JIS 中，将配送定义为“将货物从物流结点送交收货人的活动”。我国国家标准《物流术语》中对配送的定义是：在经济合理区域范围内，根据用户要求，对物品进行拣选、加工、包装、分割、组配等作业，并按时送达指定地点的物流活动。

配送与运输的概念有时难以准确区分。从上述定义中可以把配送归纳为：配送是拣选、包装、加工、组配、配备、配置、送货等各种物流活动的有机组合，不是一般性的企业之间的供货和向用户的送货；配送处于二次运输、末端输送的地位，与运输相比，更直接面向并靠近用户。运输一般是干线输送或直达送货，批量大，品种相对单一。

由于在市场竞争中，将货物送达收货人的活动需要逐步降低成本，提高效率，以达到占领和扩大市场、增加企业利润的目的。对小批量、多品种货物的快速分拣、运输车辆合理配置，科学地制订运输规划，确定运送路线，并且将运送的货物事先进行配货、配装的措施逐步完善，形成了现代的配送活动。

2. 配送的类别（见表 2－4）

表 2－4 配送的类别

标　准	类　别	功能与特点
按照实施配送的结点不同分类	配送中心配送	大规模配送形式，覆盖面较宽，有一套配套的大规模实施配送的设施，如配送中心建筑、车辆、路线等，一旦建成便很难改变，灵活机动性很差，投资较高
	仓库配送	以一般仓库为据点进行配送的形式。可以把仓库改造成配送中心，也可以在保持仓库原有功能前提下，增加一部分配送岗位。这种形式较容易利用现有条件，而不需大量投资
	商店配送	组织者是商业或物资的门市网点，这些网点主要承担商品的零售，规模不大，经营品种齐全
按照配送商品种类及数量不同分类	少品种大批量配送	工业企业需要量较大的商品，单独一个品种或几个品种就可达到较大输送量，可实行整车运输，这种商品往往不需要再与其他搭配，可由专业性很强的配送中心实行这种配送。特点是配送工作简单，成本较低
	多品种少批量配送	按用户要求，将所需的各种物品（每种需要量不大）配备齐全，凑整装车后由配送据点送达用户。这种配送作业水平要求高，配送中心设备复杂，配货送货计划难度大，要有高水平的组织工作保证和配合
	配套成套配送	按企业生产需要，尤其是装配型企业生产需要，将生产每一台件所需全部零部件配齐，按生产节奏定时送达生产企业，生产企业随即可将此成套零部件送入生产线装配产品

续表

标　准	类　别	功能与特点
按照配送时间及数量分类	定时配送	按规定时间间隔进行配送，如数天或数小时一次等，每次配送的品种及数量可按计划执行，也可在配送之前以商定的联络方式(如电话、计算机终端输入等)通知配送品种及数量
	定量配送	按规定的批量在一个指定的时间范围中进行配送。这种方式数量固定，备货工作较为简单，效率较高
	定时定量配送	按照规定配送时间和配送数量进行配送。这种方式兼有定时、定量两种方式的优点，但特殊性强，计划难度大，适合采用的对象不多，不是一种普遍的方式
	定时定路线配送	在规定的运行路线上制定到达的时间表，按运行时间表进行配送
	即时配送	完全按用户提出的配送要求的时间和数量立即进行配送的方式。是有很高的灵活性的一种应急的方式，采用这种方式的品种可以实现保险储备的零库存，即用即时配送代替保险储备
按照加工程度不同分类	加工配送	和流通加工结合的配送。在配送据点中设置流通加工环节，或是将流通加工中心与配送中心建立在一起。当社会上现成产品不能满足用户需要，或是用户根据本身工艺要求需要使用经过某种初加工的产品时，可以加工后进行分拣、配货再送货到户
	集输配送	只改变产品数量组成形态而不改变产品本身物理、化学形态的与干线运输相配合的配送方式。如大批量进货后小批量、多批次发货，零星集货后以一定批量送货等
按照配送的组织形式不同分类	集中配送(又叫配送中心配送)	由专门从事配送业务的配送中心对多家用户开展配送。配送中心规模大，专业性强，可与用户确定固定的配送关系，实行计划配送，集中配送的品种多、数量大。配送经济效益明显，是配送的主要形式
	共同配送	由多个企业联合组织实施的配送活动。这种配送有两种情况，一种是中小生产企业之间分工合作实行共同配送；一种是几个中小型配送中心之间实行共同配送
	分散配送	对少量、零星货物或临时需要货物的配送业务，一般由商业和物资零售(或销售)网点进行

2.6.2 配送作业目标及流程规范

1. 配送作业目标

配送作业目标包含以下内容。

(1) 仓库和车辆的合理利用。

(2) 门店仓库空间转化为销售空间。

(3) 商品库存的有效控制。

(4) 物流利润的合理挖掘。

(5) 强化门店的销售功能。

2. 配送作业流程规范

配送作业流程(Distribution Process)是指配送中心进行商品分拣、组配、运送等作业的程序，配送作业流程分解图如图 2.1 所示。

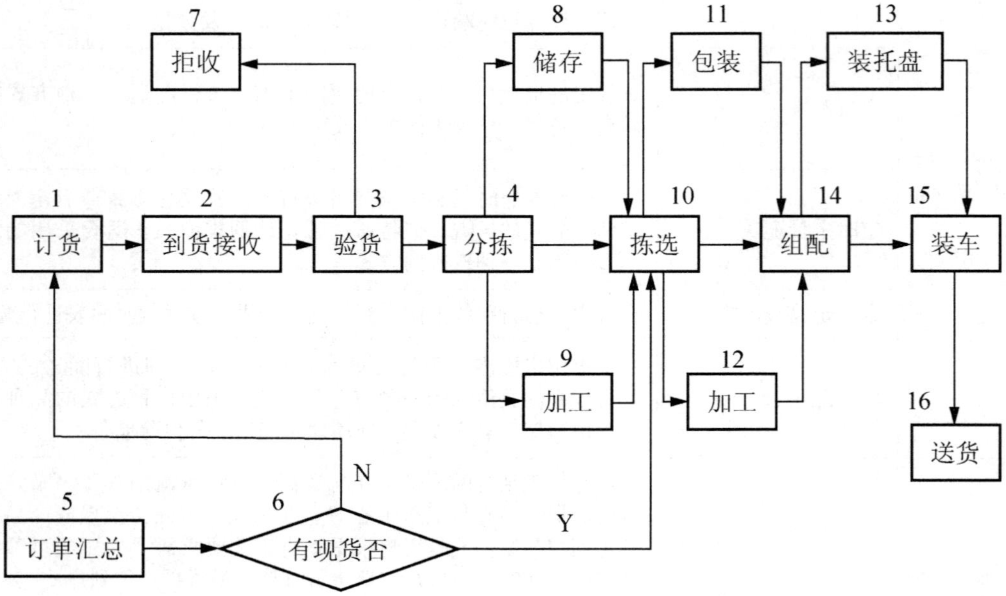

图 2.1 配送作业流程图

配送作业流程具体包括以下规范。

1) 订货规范

配送中心根据门店的商品销售情况，在与总部(商品管理中心、业务经理)研究和讨论原有商品的畅销情况、质量情况、供应商服务情况、新商品情况后，确定要进的具体商品，提前向采购部订货，由采购部确定与供应商的合同关系。如遇连锁分店要货且配送中心无现货可发，配送中心应通过总部(商品管理中心、采购部门)立即查询供应商，并向供应商发出订单。

2) 到货接收规范

采购部门发出订单后，供应商根据订货要求组织送货，送货人员应持订单的送货联给配送中心送货，配送中心对送货供应商及此批送货进行确认。

3) 验货规范

根据双方的供货合同，对商品数量、质量进行验收。如无问题，进行分拣作业。

4) 分拣和拣选规范

分拣(Sorting)是将物品按品种、出入库先后顺序进行分门别类堆放的作业。拣选(Order Picking)是按订单或出库单的要求，从储存场所选出物品，并放置在指定地点的作业。分拣和拣选是配送不同于其他物流形式的有特点的功能要素，也是配送成败的一项重要支持性工作。有了分拣及拣选就会大大提高送货服务水平，所以，分拣及拣选是决定整个配送系统水平的关键要素。

5) 订单汇总规范

按配送中心规定，每日几点前各连锁店必须将自己的要货单通知配送中心，配送中心在当日订货截止时间后将各店要货单按商品品名和规格对数量进行汇总。

6）现货是否规范

配送中心查询现有企业库存系统中是否有所需数量的现货商品，如有则转至拣选(第10步)，按订单进行选拣或其他相关作业。

7）拒收规范

验收中如发现在数量、质量等方面有任何与合同不符的情况，均作详细记载，配送中心拒绝收货，商品由供应商自行处理。

8）储存规范

为了取得批量进货的折扣，配送中心常常对一些商品采取大批量进货，这些商品必须在配送中心仓库中存储一段时间以后分批出货。

9）加工规范

有些商品按供应商与配送中心的协议，要在配送中心完成最后的加工过程，这些加工作业是现代配送中心的增值服务。此外，配送中心在将商品送给连锁店之前要做好上架前的一切准备工作，以利于连锁店的货架陈列。如印刷店内条码和价格标签，并将它们贴于商品的销售包装上。按每个门店的不同要求对商品进行加工，将散装商品如食用油进行定量灌装，将大包装改成小包装等，这也是一种极有前途的增值服务。

10）包装规范

一个门店的要货单选拣完毕，配送中心有时要将商品进行重新包装，使之适于运输、送货，减少因多个门店的商品组配在同一辆送货车内而导致错送及混送等失误。

11）装托盘规范

有些批量较大的实重商品，为方便机械化装卸搬运，提高末端作业效率，减轻作业人员劳动强度，应将其装于托盘上运往门店，门店用叉车将其卸下，整个过程既迅速又省力。

12）组配规范

配送前，根据物品的流量、流向及运输工具的载重量和容积，组织安排物品装载的作业。在单个用户配送数量不能达到车辆的有效载运负荷时，就存在如何集中不同用户的配送货物，进行搭配装载以充分利用运能、运力的问题，这就需要配装。

特别提示

组配与一般送货不同之处在于，通过组配送货可以大大提高送货水平及降低送货成本，所以，组配也是配送系统中有现代特点的功能要素，也是现代配送不同于以往送货的重要之处。

13）装车规范

用托盘盛装的商品可用叉车组织装车，否则需要人力组织装车。注意，要按送货的先后顺序装车，先到的放在上面和外面，后到的放在下面和里面，要做到重不压轻。

14）配送运输

配送运输属于运输中的末端运输、支线运输，和一般运输形态主要区别在于：配送运输是较短距离、较小规模、额度较高的运输形式，一般使用汽车做运输工具。与干线运输的另一个区别是，配送运输的路线选择问题是一般干线运输所没有的，干线运输的干线是唯一的运输线，而配送运输由于配送用户多，一般城市交通路线又较复杂，如何组合成最佳路线，如何使配装和路线有效搭配等，是配送运输的特点，也是难度较大的工作。

15）送达服务

配好的货运输到用户还不算配送工作的完结，这是因为送达货和用户接货往往还会出现不协调，使配送前功尽弃。因此，要圆满地实现运到的货的移交，并有效、方便地处理相关手续并完成结算，还应讲究卸货地点、卸货方式等。送达服务也是配送独具的特殊性。

配送的一般流程比较规范，但并不是所有的配送者按上述流程进行。不同产品的配送可能有独特之处，如燃料油配送就不存在组配工序，水泥及木材配送又存在一些流通加工的过程，而流通加工可能在不同环节出现。

3. 配货方式的选择

配货是配送工作的第一步，根据各个用户的需求情况，首先确定需要配送货物的种类和数量，然后在配送中心将所需货物挑选出来。

特别提示

配货时大多是按照入库日期的“先进先出”原则进行。

1）摘取方式

摘取方式(又称为拣选方式)是在配送中心分别为每个用户拣选其所需货物，此方法的特点是配送中心的每种货物的位置是固定的，对于货物类型多、数量少的情况，这种配货方式便于管理和实现现代化，如图 2.2 所示。

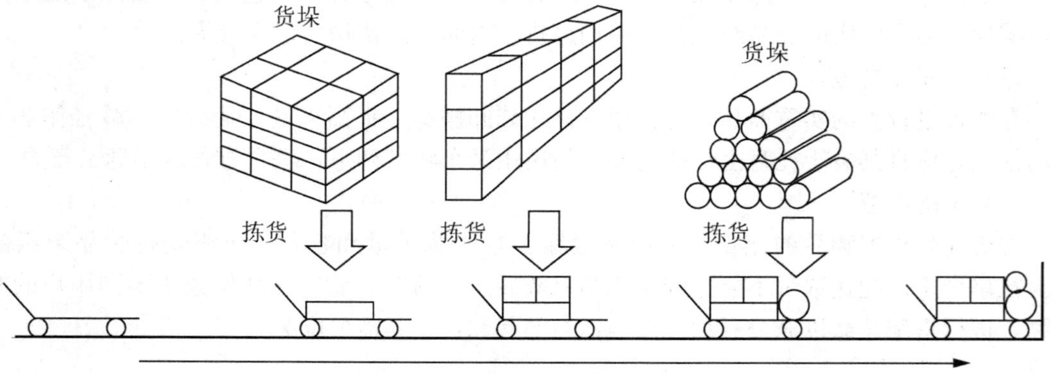

图 2.2　摘取方式配货流程

(1) 摘取方式的流程。

进行拣选式配货时，以出货单为准，每位拣货员按照品类顺序或储位顺序，到每种品类的储位下层的拣货区拣取该出货单内该品类的数量，码放在托盘上，再继续拣取下一个品类，一直到该出货单结束后，将拣好的货品与出货单置放于待运区指定的位置后，由出货验收人员接手。

这种方式好似农夫背个篓子在果园里摘水果，从果园的这一头一路走到另一头，沿途摘取所需要的水果，因此被称为“摘取式”。

(2) 摘取式的优缺点。

优点是：以出货单为单位，一人负责一单，出错的机会较少，而且易于追查。有些配送中心以摘取式进行配货，甚至省略了出货验放的工作，而由拣货员兼任出货验放的工作。

缺点是：作业重复太多——尤其是热销商品，几乎每张出货单都要走一趟仓库，容易在这个地区造成进出交通拥堵，补货不及时等现象。人力负荷重——出货单的品类多，每单项数量少的时候，人力作业的负担很重，每人(拣货员)拣取单数与工作时间成反比。

便利店的配送作业，就是摘取式配货作业的典范。在国外，便利店将许多商品的物流工作外包出去，自身保留周转率比较高、处理技术层次低的商品品类的配送作业，其他难度较大，如保存期限短的冷藏食品——包子、饭团、三明治等，退货率高的报纸、杂志、书籍等，通通外包。其效果反而比自己处理还要好。

2）播种方式

播种方式(又称为分货方式)是将需配送的同一种货物，从配送中心集中搬运到发货场地，然后再根据各用户对该种货物的需求量进行二次分配，就像播种一样。这种方式适用货物易于集中移动且对同一种货物需求量较大的情况，如图 2.3 所示。

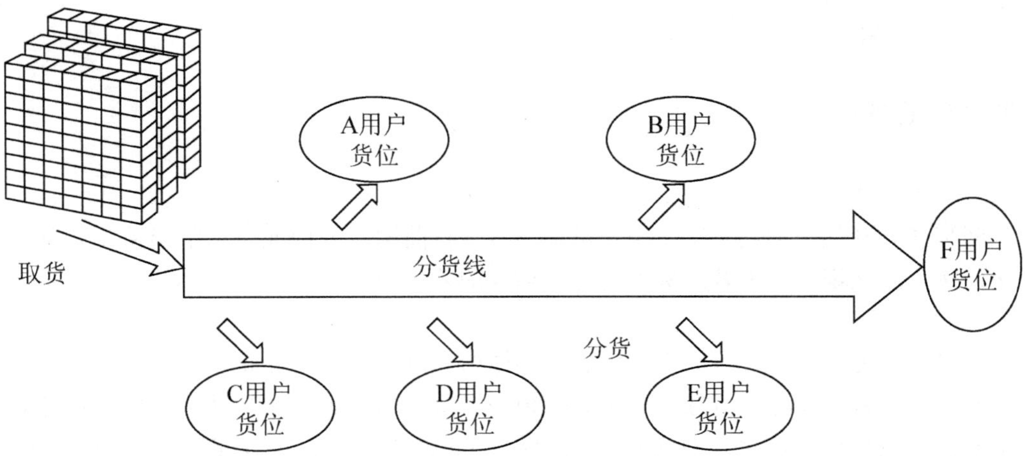

图 2.3 播种方式配货流程

（1）播种式配货的流程。

播种式配货的流程和摘取式完全不同，除了单一的出货单以外，还需要有各个出库商品品类的总数量。拣货员的工作，先是按照“拣货总表”的品类总量，到指定储位下层的拣货区一次取一类货物。取完一个品类后，拖至待验区，按照出货单的代码(位置编号)将该品类应出货的数量放下。

（2）播种式的特点。

播种式的配货法需要一定的空间为待验区，对于仓储空间有限的作业者而言比较困难。而且出货时间必须有一定的间隔(要等到这一批的出货单全部拣完、验完)，不能像摘取式配货那样可以逐单、连续出货。

3）摘取方式和播种方式的比较

如果出货单数量不多，摘取方式和播种方式的效率与效果都没有什么差别。但是如果在同样是大量出货的情况下，它们的优劣可见表 2-5。比较的前提条件是：拣货员与出货验放员数量不变，出货单数量相同。播种式配货法在误差度上占了明显的优势，而且在大多数情况中，处理时间也比摘取式节省。如果转换成人力成本来计算，应可节省 17%～25%的费用或工时。

摘取式配货法在某些情况下，例如出货数量少、频率少的商品品种(书籍)；品种多、数量少，但识别条件多的品种(如成衣)；体积小而单价高的品种(化妆品、药品、机械零件)；牵涉到批号管制且每批数量不一定的品种等，仍然有它的适用性。

表 2-5 拣货方式效率比较表

商品种类	每种数量	摘取式		播种式	
		时间	误差率	时间	误差率
多	多	100	3.2%	65	1.1%
	少	100	1.5%	85	0.4%
少	多	100	2.3%	96	0.1%
	少	100	0.3%	112	0.1%

注：（1）时间：每一出货单目开始拣货到验放完成的处理时间。

（2）误差率以出货验放时的发现错单次数占出货单总数的比例。

2.6.3 配送合理化

1. 合理化的判断标志

判断配送合理化是配送决策系统的重要内容，目前国内外尚无一定的经济指标体系和判断方法，按一般认识，以下若干标志是应当纳入的。

1）库存标志

库存是判断配送是否合理的重要标志。具体指标有以下两个方面。

（1）库存总量。库存总量在一个配送系统中，从分散于各个用户转移给配送中心，此时配送中心库存数量加上各用户在实行配送后库存量之和应低于实行配送前各用户库存量之和。此外，从各个用户角度判断，各用户在实行配送前后的库存量比较，也是判断是否合理的标准，某个用户上升而总量下降，也属于一种不合理。

库存总量是一个动态的量，上述比较是在一定经营量前提下。在用户生产有发展之后，库存总量的上升反映了经营的发展，必须扣除这一因素，才能对总量是否下降做出正确判断。

（2）库存周转。由于配送企业的调剂作用，以低库存保持高的供应能力，库存周转一般总是快于原来各企业的库存周转。此外，从各个用户角度进行判断，各用户在实行配送前后的库存周转比较，也是判断是否合理的标志。

为取得共同比较基准，以上库存标志，都以库存储备资金计算，而不以实际物资数量计算。

2）资金标志

总的来讲，实行配送应有利于资金占用降低及资金运用的科学化。具体判断标志如下。

（1）资金总量。用于资源筹措所占用的流动资金总量，随储备总量的下降及供应方式的改变必然有一个较大的降低。

（2）资金周转。从资金运用来讲，由于整个节奏加快，资金充分发挥作用，同样数量的资金，过去需要较长时期才能满足一定供应要求，配送之后，在较短时期内就能达到目的。所以资金周转是否加快，是衡量配送是否合理的标志。

（3）资金投向的改变。资金分散投入还是集中投入，是资金调控能力的重要反映。实行配送后，奖金必然应当从分散投入改为集中投入，以能增加调控作用。

3）成本和效益

总效益、宏观效益、微观效益、资源筹措成本都是判断配送合理化的重要标志。对于不同的配送方式，可以有不同的判断侧重点。例如，配送企业、用户都是各自独立的以利润为中心的企业，不但要看配送的总效益，而且还要看对社会的宏观效益及两个企业的微观效益，不顾及任何一方，都必然出现不合理。另外，如果配送是由用户集团自己组织的，配送主要强调保证能力和服务性，那么，效益主要从总效益、宏观效益和用户集团企业的微观效益来判断，不必过多顾及配送企业的微观效益。

由于总效益及宏观效益难以计量，在实际判断时，常按国家政策进行经营，从完成国家税收、配送企业及用户的微观效益来判断。对于配送企业而言(投入确定了的情况下)，企业利润反映配送合理化程度。对于用户企业而言，在保证供应水平或提高供应水平(产出一定)的前提下，供应成本的降低，反映了配送的合理化程度。

特别提示

成本及效益对合理化的衡量，还可以具体到储存、运输具体配送环节，使判断更为精细。

4）供应保证标志

实行配送，各用户最害怕供应保证程度降低，这是个心态问题，也是承担风险的实际问题。

配送的重点是必须提高对用户的供应保证能力，才算实现了合理化。供应保证能力可以从以下方面判断。

(1) 缺货次数。实行配送后，对各用户来讲，该到货而未到货以致影响用户生产及经营的次数，必须下降才算合理。

(2) 配送企业集中库存量。对每一个用户来讲，其数量所形成的保证供应能力高于配送前单个企业保证程度，从供应保证来看才算合理。

(3) 即时配送的能力及速度是用户出现特殊情况的特殊供应保障方式，这一能力必须高于未实行配送前用户紧急进货能力及速度才算合理。

特别提示

配送企业的供应保证能力，是一个科学的合理的概念，而不是无限的概念。具体来讲，如果供应保证能力过高，超过了实际的需要，属于不合理。所以追求供应保证能力的合理化也是有限度的。

5）社会运力节约标志

末端运输是目前运能、运力使用不合理，浪费较大的领域，因而人们寄希望于配送来解决这个问题。这也成了配送合理化的重要标志。运力使用的合理化是依靠送货运力的规划和整个配送系统的合理流程及与社会运输系统的合理衔接实现的。送货运力的规划是任何配送中心都需要花力气解决的问题，而其他问题有赖于配送及物流系统的合理化，判断起来比较复杂。可以简化判断如下。

(1) 社会车辆总数减少，而承运量增加为合理。

(2) 社会车辆空驶减少为合理。

(3) 一家一户自提自运减少，社会化运输增加为合理。

6）整个物流合理化标志

配送必须有利于整个物流系统的合理。例如，是否减少了物流损失；是否发挥了各种物流方式的最优效果；是否有效衔接了干线运输和末端运输；是否不增加实际的物流中转次数；是否采用了先进的技术手段。

2. 配送合理化可采取的做法

（1）推行一定综合程度的专业化配送。通过采用专业设备、设施及操作程序，取得较好的配送效果并降低配送过分综合化的复杂程度及难度，从而追求配送合理化。

（2）推行加工配送。通过加工和配送结合，充分利用本来应有的这次中转，而不增加新的中转求得配送合理化。同时，加工借助于配送，加工目的更明确、与用户联系更紧密，更避免了盲目性。这两者有机结合，投入不增加太多却可追求两个优势、两个效益，是配送合理化的重要经验。

（3）推行共同配送。通过共同配送，可以依靠最近的路程、最低的配送成本完成配送，从而追求合理化。

（4）实行送取结合。配送企业与用户建立稳定、密切的协作关系。配送企业不仅成了用户的供应代理人，而且承担用户储存据点，甚至成为产品代销人，在配送时，将用户所需的物资送到，再将该用户生产的产品用同一辆车运回，这种服务也成了配送中心的配送产品之一，或者作为代存代储，免去了生产企业库存包袱。

（5）推行准时配送系统。准时配送是配送合理化的重要内容。配送做到了准时，用户才可以放心地实施低库存或零库存，可以有效地安排接货的人力、物力，以追求最高效率的工作。另外，保障供应能力，也取决于准时供应。从国外的经验看，准时供应配送系统是现在许多配送企业追求配送合理化的重要手段。

（6）推行即时配送。即时配送是最终解决用户企业担心断供之忧，大幅度提高供应保障能力的重要手段。即时配送是配送企业快速反应能力的具体化，是配送企业能力的体现。即时配送成本较高，但它是整个配送合理化的重要保证手段。此外，用户实行零库存，即时配送也是重要的手段保证。

2.6.4 配送中心

我国国家标准《物流术语》中对配送中心(Distribution Center)的定义：从事配送业务且具有完善信息网络的场所或组织。应符合下列要求：(1)主要为特定客户或末端客户提供服务；(2)配送功能健全；(3)辐射范围小；(4)提供高频率、小批量、多批次配送服务。

1. 配送中心的主要功能

1）集货

为了满足门店“多品种、小批量”的要货和消费者在任何时间都能买到所需商品的要求，配送中心必须从众多的供应商那里按需要的品种较大批量地进货，以备齐所需商品，这就是集货。

2）储存

利用配送中心的储存功能，可以有效地组织货源，调节商品的生产与消费、进货与销售之间的时间差。配送中心为了保证市场需求的满足，以及配货、流通加工等环节的正常运转，也必须保持一定的库存。这种集中储存，比商场“前店后库”的分散储存，大大降低了库存总量。

由于配送中心按照网点反馈的信息，及时组织货源，始终保持最经济的库存量，从而既保证了门店的要货，将缺货率降低到最低点，又减少了流动资金的占用和利息的支付，所以，缩短商品的周转期是配送中获取效益的重要手段之一。

3）拣选

在品种繁多的库存中，根据门店的订货单，将所需品种、规格的商品，按要货量挑选出来，并集中在一起，在现代物流中占有重要地位。这是因为现代化配送中心要求迅速、及时、正确无误地把订货商品送到门店。而规模较大的配送中心往往是门店数和商品的种类繁多，客户要货的批量又十分零星(有的甚至要开箱拆零)；要货时间十分紧迫，必须限期送到；总的配送量又很大。在这种情况下，货物的拣选已成为一项复杂而繁重的作业。

4）流通加工

这是为了促进销售、维护产品质量和提高物流效率，而对物品进行的加工。配送中心可根据各商店的不同需求，按照销售批量大小，直接进行集配、分货，可拆包分装、开箱拆零。以食品为主的连锁超市配送中心，还增加了食品加工的功能，设有肉、鱼等生鲜食品的切分、洗净、分装等小包装生产流水线，并在流通过程的储存、运输等环节进行温度管理，建造冷藏和冷冻供货系统，直接产生经济效益。

5）配送运输

与传统运输相比，配送运输通常是在商品集结地——物流节点，完全按照客户对商品种类、规格、品种搭配、数量、时间、送货地点等各项要求，进行分货、集装、合装整车、车辆调度、路线安排的优化等一系列工作，再运送给客户的一种特殊的送货形式。所以，配送运输是发达商品经济的产物，需要现代的交通运输工具和先进的经营管理水平。

6）信息处理

配送中心有相当完整的信息处理系统，能有效地为整个流通过程的控制、决策和运转提供依据。无论是集货、储存、拣选、流通加工、分拣、配送等一系列物流环节的控制，还是在物流管理和费用、成本、结算方面，均可实现信息共享。而且，配送中心与销售商店建立信息直接交流，可及时得到商店的销售信息，有利于合理组织货源，控制最佳库存。同时，还可将销售和库存信息迅速、及时地反馈给制造商，以指导商品生产计划的安排。配送中心成了整个流通过程的信息中枢。

【案例 2-6】

上海联华生鲜食品加工配送中心

连锁经营的利润源重点在物流，物流系统好坏的评判标准主要有两点：物流服务水平和物流成本。上海联华生鲜食品加工配送中心在这两个方面都做得比较好。上海联华生鲜食品加工配送中心是具有国内一流水平的现代化生鲜食品加工配送中心，拥有资产3亿元，建筑面积36 000平方米，年生产能力20 000吨，其中肉制品15 000吨，生鲜盆菜、调理半成品3 000吨，西式熟食制品2 000吨，产品结构分为15大类约1 200种生鲜食品；在生产加工的同时配送中心还从事水果、冷冻品及南北货的配送任务。

生鲜商品按其秤重包装属性分：定量商品、秤重商品和散装商品；按物流类型分：储存型、中转型、加工型和直送型；按储存运输属性分：常温品、低温品和冷冻品；按商品的用途分：原料、辅料、半成品、产成品和通常商品。生鲜商品大部分需要冷藏，所以其物流流转周期必须很短，节约成本；生鲜商品保值期很短，客户对其色泽等要求很高，所以在物流过程中需要快速流转。

思考：配送中心的设置对联华的连锁经营有什么影响?

2. 配送中心工作流程

配送中心可以分为两类：一类是有存储功能的配送中心，另一类是仅有配送功能而无存储功能的配送中心。

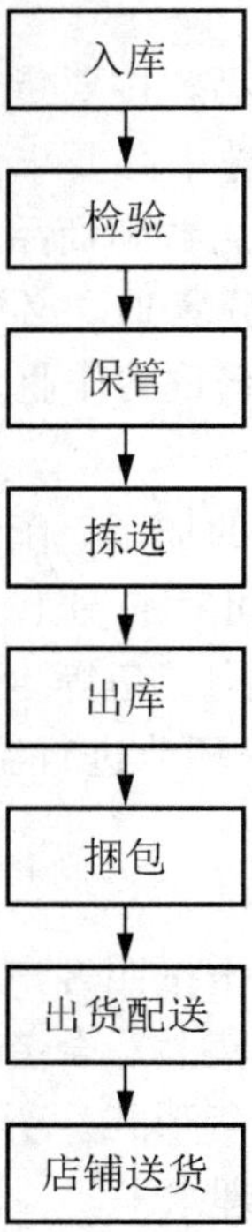

图 2.4 配送中心的作业流程

配送中心一方面包括货物的入库、对入库货物进行检查验收、对库存货物的保管。另一方面，根据客户要求，进行货物的拣选、货物的出库、对出库的货物进行捆包、出货配送、店铺送货(如图 2.4 所示)。在每一个配送作业环节里还包含不同的作业内容。

配送中心作业的完成要依赖于各种机械设备。配送机械设备是实现配送业务的重要手段和技术保证，是建立迅速、安全、正确作业体系的基础。配送中心机械设备主要由装卸搬运设备、输送设备、拣选设备、分货设备等构成。

3. 配送中心的选址

任何一个生产系统或服务系统都存在于一定的环境之中，外界环境对系统输入原材料、资金、人力、能源和其他社会化因素等；系统又向外输出产品、劳务、服务和废弃物等。因此，生产或服务系统必然不断地受到外界环境的影响而调整自身的活动，同时系统的输出结果也不断改变其周围环境。这就说明，生产或服务系统所在的地区条件对系统的运营与发展是非常重要的。特别是配送中心这样的服务性系统，它的存在几乎完全决定于外界环境。

配送中心的任务是向用户提供配送服务，它的选址既要考虑到配送范围的距离、集货渠道的距离、实际交通状况，又要考虑时间、费用和经济效益等因素。当这些因素决定后，可以用数量分析方法进行配送中心地址的选择。

单元 2.7 物流信息处理认知

2.7.1 物流信息处理的概念

信息是指能够反映事物内涵的知识、资料、情报、数据、图像、图形、文件、语言、声音等。信息是事物的内容、形式及其发展变化的反映。信息伴随着计算机技术的发展而越来越受到重视，人们在日常的生活劳动中，不断地、自觉或不自觉地了解、获取、收集各种不同方面的情况、信息。随着社会的进步和经济的发展，信息这一概念也在各个领域得到广泛的应用。

物流信息指在物流活动进行中产生和使用的必要信息，是物流活动内容、形式、过程与发展变化的反映。我国国家标准《物流术语》中物流信息的定义是：反映物流各种活动内容的知识、资料、图像、数据、文件的总称。

而信息处理是指对物流过程中各种信息的汇集、加工、处理，形成物流过程中的信息流。

在物流活动中产生、传送、处理大量信息的活动为合理组织物流活动建立了可能性，物流信息对各种物流活动的相互联系起着协调作用。物流信息包括与各种物流活动有关的情报和信息。物流信息处理活动包括物流调查预测、控制库存量和时间。物流调查预测是指对商品实体位移情况调查、预测，搞好物流管理；控制库存量和时间是仓库保管的重要内容，要求对在库商品定时、分库、分批的准确掌握存库商品数量，及时反映商品进、出、存的动态。物流情报活动还应包括对物流计划、调度信息、情报流动、动态信息、物流费用信息、生产信息、市场信息等信息的管理。

对物流信息的管理，要求建立物流信息系统和信息获取渠道，正确选定信息科目和信息收集、汇总、统计、使用方法，以确保物流活动的可靠性和及时性。现代情报管理采用计算机处理手段，为达到物流的系统化、合理化、高效率化提供技术条件。

【案例 2-7】

从顺丰速运看快递业信息化管理

截至2013年年初，顺丰集团已经发展成为一家年均增长速度40%以上、自建航空公司、有飞机近30架、基层营业网点达4 000余个、员工超15万人、服务网络已完成对中国版图(含香港、澳门特区及台湾省)的完整覆盖并拓展至韩国、日本、新加坡、美国等海外市场的大型综合性速递企业。

快递作为物流细分行业之一，为客户提供“门到门”的服务，其从收取到派送的生产过程覆盖物流所有功能环节，其生产活动的特点决定了需要全部实现物流的运输、储存、装卸、搬运、包装、流通加工、配送、信息处理8项功能才能完成整个生产过程。各种信息的流动和挖掘是其核心业务的关键需求，直接影响到服务能力、服务质量和业务发展。在工信部两化融合示范企业评选中，顺丰速运当选为物流领域示范企业。记者调研发现，其信息化建设思路、路径、经验和思考，颇有值得借鉴之处。

顺丰以物流营运全部环节为主体逐步推进信息化路径，截至2013年年初，顺丰共有信息系统160多套，实现物流全部环节与配套环节的信息化管理。“十一五”期间，顺丰在信息化方面投入约15亿元，“十二五”期间，顺丰预计投入超过50亿元。顺丰在近期投资近亿元自主研发的“时效管理系统”中，快件全生命周期持续下降，快件安全性持续升高。顺丰成为目前快递行业中第一家采用“快件全生命周期”对物流中各个环节进行监控的企业。

顺丰速运在收派件环节应用电信无线分组交换技术GPRS，实现订单的自动派发和快件信息的上传，便于用户及时掌握快件的流转地理位置；应用电子签名技术，使客户识别签收人；还包括手持终端使用条形码识别技术、热敏打印技术、电子签名、手写识别技术及可以预见的先进技术的接口等。

顺丰投入巨资以项目形式进行开展，由公司内部营运与IT共同组成团队进行研发，陆续实施上线了HHT手持终端、全/半自动分拣系统、呼叫中心、营运核心平台系统、客户关系管理系统、GPS全球定位系统和航空管理系统等先进的软硬件设施设备，率先在国内实现了对货物从下单到派送的全程监控、跟踪及查询，并全部采用全自动与半自动机械化操作，优化快件的操作流程。

通过运用手持式数据终端、全球卫星定位、全自动分拣等高科技手段，顺丰整合了包括航空货运、公路运输、铁路运输等多种运输方式，在不同运输方式的衔接环节保持运作调度、信息流转和操作标准的高度融合和协调一致，从而确保快件安全、快速地送达客户手中。同时，通过整合，使单位能耗逐步降低，为企业节能减排作出应有的贡献。充分应用计算机技术、网络技术及相关的关系型数据库、条形码技术、EDI等技术，高度集成物流系统的各个环节，借助信息技术对生产过程进行运筹和决策，集中反映应用现代信息技术改造传统物流业的方法和趋势，通过物流信息化水平的提升推动物流业务的发展。

物流全过程业务信息系统包括对客户下单、上门收件、运输调度、储存保管、转运分拨、快件集散、流通加工、信息服务等诸多物流功能要素的数据收集与监管，且和项目实施方所处行业的运作体制、标准化、电子化及自动化等基础环境高度匹配。其中业务核心系统、客户核心系统、财务等信息系统均实现底层数据无缝对接，客户服务实现对客户管理系统的动态资源管理；收派服务环节应用GPRS通用无线分组业务；运输调度通过后台指挥中心实现对车辆全程车载监控、GPS定位功能；转运分拨实现全自动分拣和半自动分拣方式，并在实体到达之前对运单信息分析，提前知晓快件流向；派件采用电子签收、MSG服务。

此外，顺丰认为要实现物流信息化的发展目标，还应加强统一领导，建立必要的政府部门间协调机制，要实施有利于物流企业发展的相关政策，要构建物流信息系统产业与标准，持续加强对企业信息化建设提供技术和资金支持，抓好物流标准化体系建设，充分发挥行业社团组织的作用等。

（资料来源：洪黎明．物流从顺丰速运看快递业信息化管理[N]．人民邮电报，2013-1-28．节选，有删改）

思考：顺丰速运是如何进行信息化管理的？这对于顺丰的运作又有怎样的影响？

2.7.2 物流信息处理的内容

1. 订货信息处理

（1）计划阶段：选定订货方法、选定订货信息的传递手段。

（2）实施阶段：订货处理、核对库存、核对装卸能力、核对配送能力、制作出货单、制作进货单、迟进货物的管理。

（3）评价阶段：订货统计分析、退货处理、进货管理。

2. 库存管理中的信息处理

（1）计划阶段：决定库存地点的数量、商品库存的合理配置、设定库存预算、拟定标准的库存周转率。

（2）实施阶段：回答库存、进出库处理、移送处理、卸现货货架。

（3）评价阶段：库存预算与库存实绩的对比、标准库存周转率与实际周转率的对比、分析过剩库存、分析缺货库存、分析商品的恶化和破损、计算保管费、计算保险费。

3. 进货信息处理

（1）计划阶段：选定进货方法、选定订货信息传递手段。

（2）实施阶段：进货、掌握和督促未进仓库的商品。

（3）评价阶段：分析进货统计。

4. 仓库管理中的信息

（1）计划阶段：租用储运公司的仓库或使用自有仓库的决定、决定仓库容积和设备的设计、保管形式的设计、仓库设备投资的经济核算。

（2）实施阶段：自动仓库的经营、容纳场所的指示、故障对策、完善仓库的安全设备、安置管理。

（3）评价阶段：分析仓库设备的调动、空架表、故障分析、计算修理费用、计算保安设施费用。

5. 装卸信息处理

（1）计划阶段：装卸方法的设定、装卸机械投资的经济核算。

（2）实施阶段：装卸作业指示、商品检查。

（3）评价阶段：装卸费用分析、装卸机械调动分析。

6. 包装信息处理

（1）计划阶段：决定包装形式、决定运输货物的形态、拟定包装标准、设计自动包装。

（2）实施阶段：包装材料的管理、包装工程的管理、不同包装种类的指示货盘管理、空集装箱的管理。

（3）评价阶段：包装费用的分析、事故统计。

7. 运输信息处理

（1）计划阶段：运输工具的选定、运输路线的选定、运送大宗货物的决定。

（2）实施阶段：调配车辆、货物装载指示、货物跟踪管理。

（3）评价阶段：运费计算、装载效率分析、车辆调动分析、迂回运输分析、事故分析。

8. 配送信息处理

（1）计划阶段：配送中心的数量、位置的确定、配送区域的决定。

（2）实施阶段：配送指示、与配送的货物抵达点联络、货物跟踪管理。

（3）评价阶段：运费计算、装载效率分析、车辆调动分析、退货的运费分析、误差分析。

9. 综合系统信息处理

（1）计划阶段：物流综合系统的设计、需求的预测。

（2）实施阶段：订货处理的流向跟踪。

（3）评价阶段：综合实绩的掌握和分析、综合流通费用的分析、服务时间和服务效率的分析。

实训任务

任务1：包装材料的认知

1. 任务目标

（1）使学生能够了解各种包装材料的优缺点、用途等。

（2）培养学生的总结能力、分析能力和讲解能力。

2. 案例引入

由你为通达物流公司河南分公司的包装进行设计，通过你的合理设计，使公司减少浪费，科学包装。要求首先进行分组讨论，然后选出代表讲解该小组所选材料的优缺点、用途，并引用案例进行汇报。

3. 任务完成

1）完成步骤

（1）将学生分成6组，每组5～10人。

（2）每个小组选择一种包装材料，收集生活中的该种包装材料应用成品进行展示，并详细分析该种包装的优缺点。同时结合典型案例，分析该种包装材料的适用范围。

（3）以小组为单位，详细记录讨论过程，在各组推荐的基础上，选定学生在全班进行公开讲解。

（4）由教师对各小组讲解进行点评并总结。

2）检查标准

各种包装材料认识的讲解标准表

检查标准	考评标准	分　值	实际得分
包装材料的基本特征	特点	10	
	优缺点	10	
	基本用途	10	
收集的包装材料	包装材料的数量和代表性	20	
案例分析	所结合的案例的符合性	20	
公开讲解	小组代表讲解生动全面、内容熟练、反应良好	30	

任务 2：配送案例的讨论

1. 任务目标

（1）使学生了解配送的概念、类型。

（2）使学生熟练掌握配送作业的目标和流程规范，配货方式的选择，配送合理化的做法。

（3）使学生了解配送中心的主要功能，进而熟练掌握配送中心的工作流程和选址等。

2. 案例引入

梅林正广和的配送

在桶装饮用水的销售过程中，配送问题始终是制约桶装饮用水生产企业扩大的一个“瓶颈”。如何准确、及时地将水送到客户手中，使客户产生“满意感”并始终如一的成为忠实用户，不少桶装饮用水生产企业为此伤透了脑筋。2014 年 2 月某日下午，上海新闸路通 1124 弄的一户人家拨通“85818”电话，报出自己在正广和购物网络的用户编号和要求订购两桶纯净水、一袋免淘米、并说明第二天上午家里留水，支付水票。

几秒钟之内，这份订单被接线员输入正广和的计算机系统，系统根据用户编号从数据库中调出用户住址，再根据地址和送货时间自动把这份订单配置到第二配送站次日上午的送货单。当天晚上 9 时，位于上海繁华地带静安区康定东路 16 号的正广和销售网络第二配送站里，经理罗方敏准时打开电脑，接收从总部传过来的送货单。这份送货单的用户全部在第二配送站的辖区——静安区东区之内，送货时间是 23 日上午，用户地址、电话、编号、所需货物、数量、应收款等已经被清楚地列出来。

几乎与此同时，一份相同的送货单也传到公司配送中心和运输中心。第二天一大早，运输中心派出车辆，到配送中心仓库提出已配好的货物，发往第二配送站。第二配送站墙上贴着一张静安东区详细到门牌号的地图，签收完货物后，罗经理根据这张地图和自己的经验排好送货路线，把上午的单子分派给 7 个送货工人。整个上午，这些揣着送货单的工人蹬着有“梅林正广和”和“85818”字样的三轮车，在静安东区的弄堂里出出进进。到过上海的人，只消在街巷里走一走，准能看见正广和的三轮车，上海人称为“黄鱼车”，窄街的小弄堂，只有这种“黄鱼车”才能进出自如，完成送货到家的“最后一公里”。

中午 12 时 30 分，所有小工送货和收款的情况被汇总成表。由第二配送站的电脑传送回总部，个别没有送到的，总表中的“原因”一栏会被注明“01”、“02”、“03”，分别代表“地址错误”、“家中无人”等。各配送站每天上午 10 时 30 分、下午 2 时 30 分、晚上 9 时 30 分共 3 次接收总部的送货指令，分别安排当天下午，晚上和次日上午的送货计划，然后在每天的下午 6 时 30 分，次日早 8 时 30 分，下午 2 时 30 分把每天下午、晚上和次日上午的送货完成情况传回总部。每天收回的水票和现金也交至总部结算。根据这些信息，总部再决定是否有必要给配送站及时补货。

有 4 名职能管理人员、7 名送货工人、1 辆小货车和 7 辆“黄鱼车”、房屋月租金 7 000 元的第二配送站，每天大概要送出大桶纯净水 300 多桶、袋装米 30 多包，还有饮料、冷饮、鲜花、罐头等其他几十种物品。在正广和遍布上海的大约 100 个配送站里，第二配送站的规模算是中等。

据说，每个配送站的年利润都在 15 万～20 万元。3 个配送中心、100 个配送站、200 辆小货车、1 000 辆“黄鱼车”、1 000 名配送人员，构成了正广和在上海的整个配送网络。这个号称上海市区“无盲点”的网络组织严密而有序。

【讨论】

以实训小组为单位，对梅林正广和的配送案例进行分析，主要从以下几个方面的问题进行讨论。

(1) 梅林正广和的配送属于哪种类型?

(2) 梅林正广和的配送流程，请用流程图的形式画出来。

(3) 如果在这个配送网络中增加牛奶、报纸的配送，配送效果如何? 新的配送网络的管理难点在什么地方?

3. 任务完成

1）完成步骤

（1）按照既定的分组，由组长组织小组成员先通读案例，然后思考并讨论。

（2）由组长进行概括总结并形成文字讨论稿。

（3）由小组代表在全班进行发言并接受其他同学的提问。

（4）教师总结。

2）检查标准

检查标准表

检查标准	考评标准	分 值	实际得分
梅林正广和的配送类型及特点	配送类型的分析是否合理	20	
梅林正广和的配送流程图	图形清晰、表达正确	30	
配送网络中增加牛奶、报纸的配送效果及管理难点	效果表达清晰、管理难点分析透彻	30	
案例分析报告	语言简洁、结构清晰、文字表述逻辑性强	20	

模块小结

本模块介绍了现代物流的包装、装卸搬运、运输、存储、流通加工、配送、信息处理等功能，并详细阐述了包装的概念、作用、分类，包装的合理化原则；装卸搬运的概念和意义，装卸搬运的构成，装卸搬运的合理化；运输的定义和作用，运输的方式及特点，运输合理化的原则；储存的含义，储存的功能，储存合理化；流通加工的含义，流通加工的形式及作用，流通加工的目的；配送的概念和种类，配送作业目标及流程规范，配送合理化，配送中心的主要功能、工作流程、选址；物流信息处理的含义、内容。

模块 3

了解现代物流设施设备

LIAOJIE XIANDAI WULIU SHESHI SHEBEI

【技能目标】

(1) 具有认知物流设备的基本能力。
(2) 具有物流设备的选用和配置能力。

【知识目标】

(1) 了解物流设施与设备的概念。
(2) 了解物流设施与设备的构成体系。
(3) 了解物流设备的现状和发展趋势。

【工作任务】

肖阳、王琳和赵宁3位同学在河南省郑州市开设通达物流公司河南分公司。在开设分公司的时候需要配备企业物流设施设备，并为企业后续设备升级谋划，请你帮他们做以下工作内容。

（1）进行市场调研，了解郑州市物流企业设施设备配备及应用现状。

（2）分析物流企业的发展趋势。

单元3.1 物流设备分类

3.1.1 物流设施设备的基本构成

物流设施与设备是进行各项物流活动和物流作业所需要的设施与设备的总称。它由物流基础设施和物流设备两大部分构成。

（1）物流基础设施包括公路、铁路、航空、水运、管道及港口、货运站场和通信等基础设施，这些基础设施的建设水平和交通运输能力直接影响着物流各环节的运行效率。

（2）物流设备是指用于储存、装卸搬运、运输、包装、流通加工、配送、信息采集与处理等物流活动的设备。物流设备按功能可划分为包装设备、装卸搬运设备、运输设备、仓储设备、流通加工设备、信息采集与处理设备等。

物流设施与设备的分类方法很多，可以按不同的标志、不同的角度进行合理的划分。但总体上是由物流基础设施和物流设备两大部分构成的，如图3.1所示。

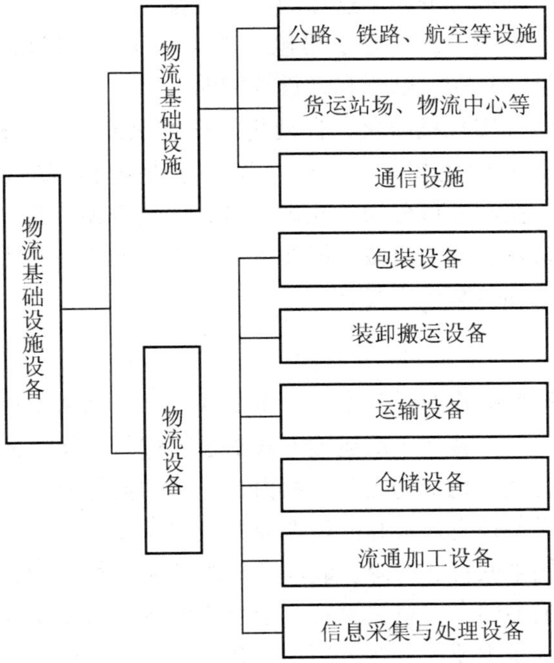

图3.1 物流设施设备的构成

【案例 3－1】

海尔自动化立体仓库系统设备与技术应用

单就个体应用而言，或许国内物流设备的现代化与发达国家没有太大差距。海尔集团首席执行官张瑞敏就曾自豪地说，他参观过德国、日本一些最现代化的物流中心，与之相比，海尔的全自动化物流系统要更为先进。只不过，在社会化物流还没有发展完善的现实情况下，一些现代化物流设备和技术仅被少数大型制造企业和商业企业采用。随着对物流降低仓储成本的作用被逐渐认识，一些大企业发现自己有足够的能力建立物流自动化立体仓库系统（Automated Storage & Retrieval System），并且通过其取得了巨大成就。近几年来，建立自动化立体仓储开始成为大型制造企业和商业企业追求的新时尚。

思考：如何选择物流设备？选择物流设备有哪些步骤？关键注意事项是什么？

3.1.2 物流设备的分类体系

掌握物流设备的类别体系，是从总体上把握物流设备构成的关键。对物流设备进行科学分类，是理清物流设备的重要方法。物流设备的分类方法很多，可以根据不同的需要，从不同的角度来进行划分。有的物流设备一机多能，有的物流设备需组合配套使用，所以很难对物流设备进行准确的界定。一般最常见的是按照设备所完成的物流作业来划分，可把物流设备划分为以下几个方面。

1. 包装设备

包装是指在流通过程中保护产品、方便储存、促进销售，按一定技术方法而采用的容器、材料及辅助物等的总体名称，包括为达到上述目的而进行的操作过程。

包装机械是指完成全部或部分包装过程的机器设备。

包装过程包括充填、裹包、封口等主要包装工序，以及与其相关的前后工序，如清洗、干燥、杀菌、堆码、拆卸、打印、贴标和计量等辅助工序。

包装机械是使产品包装实现机械化、自动化的根本保证。运用机械设备完成包装作业，能提高包装劳动生产率，降低包装劳动强度，改善劳动条件，降低包装成本，确保包装质量。包装机械种类很多，按功能可分为：充填机械、罐装机械、封口机械、裹包机械、贴标机械、清洗机械、干燥机械、杀菌机械、捆扎机械、集装机械、多功能包装机械及完成其他包装作业的辅助包装机械和包装生产线。

2. 装卸搬运设备

在物流系统中，装卸搬运作业是其中一个重要环节。产品从生产到用户，要经过多次周转，每经过一个流通终端，每转换一次运输方式都必须进行一次装卸搬运作业。装卸搬运作业的工作量和所花费的时间，耗费的人力、物力在整个物流过程中，都占有很大的比重。因此，合理配备装卸搬运设备是完成装卸搬运作业的根本保证。

装卸搬运设备是指用来搬移、升降、装卸和短距离输送物料的设备。它是物流系统中使用频度最大、使用数量最多的一类机械设备，是物流设备的重要组成部分，是进行装卸搬运作业的手段。装卸搬运设备主要配置在工厂、中转仓库、配送中心、物流中心、车站货场和港口码头等，其涉及面非常广泛，按照用途和结构特征，一般可分为起重机械、连续运输机械、装卸搬运车辆、专用装卸搬运机械；按照装卸搬运物料种类，可分为单元物料装卸搬运机械、散装物料装卸搬运机械、集装物料装卸搬运机械。

装卸搬运车辆是依靠本身的运行和装卸机构的功能，实现货物的水平搬运和短距离运输、装卸的车辆。装卸搬运车辆机动性好，适应性强，方便，灵活，广泛应用于各种各样需装卸搬运货物的场所。装卸搬运车辆一般包括叉车、自动导引搬运车(AGV)、电动搬运车、牵引车、手推车等。

3. 运输设备

在物流活动中，运输始终居于核心地位，它承担了物品在空间各个环节的位置移动，解决了供给者和需求者之间场所的分离，是创造空间效用的主要功能要素，具有以时间换取空间的特殊功能。运输在物流中的独特地位对运输设备提出了更高要求，要求运输设备具有高速化、智能化、通用化、大型化、安全可靠，以提高运输的作业效率，降低运输成本，最大程度发挥运输设备的作用。

运输设备是指用于较长距离运输货物的设备。根据运输方式不同，运输设备可分为公路运输设备、铁道运输设备、水路运输设备、航空运输设备和管道运输设备等。

4. 仓储设备

仓储在物流系统中起着缓冲、调节、集散和平衡的作用，是物流的另一个中心环节。它的基本内容包括储存、保养、维护管理等活动。产品从生产领域进入消费领域之前，往往要在流通领域停留一定时间，这就形成了商品的储存。在生产过程中原材料、燃料、备品备件和半成品也需要相应的生产环节之间有一定的储备，作为生产环节之间的缓冲，以保证生产的连续进行。要实现仓储基本任务，企业应根据储存货物的周转量大小、储备时间的长短、储备货物的种类及有关的自然条件，合理配置仓储机械设备，为有效进行仓库作业创造条件。

仓储设备是指仓库进行生产、辅助生产作业、保证仓库及作业安全所必须的各种机械设备的总称，是仓库进行保管维护、装卸搬运、计量检验、安全消防和输电用电等各项作业的劳动手段。

特别提示

仓储活动与运输活动是互相衔接密不可分的。仓储活动的输入、输出都需要运输，可以说没有运输就没有仓储。仓库利用上述设备，并与运输设备相衔接，直接接受各地的货物，并经过短暂的储存，把货物发往各地，从而实现仓库功能。

5. 流通加工设备

流通加工是根据顾客的需要，在流通过程中对产品实施的简单加工作业活动(如包装、分割、计量、分拣、刷标志、拴标签、组装等)的总称。它是流通中的一种特殊形式，是弥补生产过程加工程度的不足，更有效地满足用户多样化的需要，促进销售的一种高效、辅助性的加工活动。流通加工由于建立了集中加工点，可以采取效率高、技术先进、加工量大的专门设备，不仅提高了加工质量、设备利用率，还可以提高加工效率。

流通加工设备是完成流通加工任务的专用设备，按加工对象不同，一般可分为金属加工机械、搅拌混合机械、木材加工机械和其他流通加工设备等。

6. 信息采集与处理设备

信息采集与处理设备包括条形码技术、EDI技术、射频技术、GIS技术、GPS技术、货物跟踪系统等。

【案例 3-2】

RFID 技术简化业务流程

上海和黄白猫有限公司是全国最大零售企业百联集团有限公司的一家供货商，主要生产"白猫洗涤剂"等相关洗化制品，是日化行业的龙头企业。为百联集团提供专业物流规划管理的是上海现代物流投资发展有限公司，和黄白猫公司正是采用了上海现代物流公司提供的第三方物流服务，从产品下线开始，直接交付给现代物流，由其负责完成产品的堆叠、成品出厂、货物运输、货物入库、库存管理等。在收到百联集团的销售订单后，和黄白猫公司的 MIS 系统(管理信息系统)安排其产品的出库，按订单要求迅速配送至百联集团的分销中心或配送点。和黄白猫公司的出库流程具体如下。

第一步，RFID 识别标签的输出。

第二步，货箱标签的粘贴。在产品产成，下线装箱的同时，依照顺序将输出 RFID 标签贴于包装箱上。

第三步，货品装入托盘。

第四步，货品出库的数据采集。

第五步，现代物流公司入库。

第六步，货品的入库前检验。现代物流的工作人员对货品进行检验，过滤掉不合格货品。

第七步，重新建立合格品与托盘链接。

第八步，入库操作。

第九步，向仓库管理系统 WMS 提供入库信息。

第十步，现代物流公司出库。

第十一步，导入 WMS 系统的出货单，启动出库核对程序。

第十二步，当收到 WMS 系统所提供的出货单后，依据原关联关系倒序的原则，在库存信息表内的"托盘别"里修改原有库存信息表内的单品数据，达到出/入库平衡，完成货品的出库操作。

依托 RFID 技术，上海和黄白猫公司的物流过程成功地做到了加强企业信息化、自动化过程，提高了企业效率，节省了人力支出等。

(资料来源：赵艳丰．解码日化企业物流管理之 RFID 技术[N]. 北京：现代物流报，2013-11-15(A11). 节选，有删改．)

思考：上海和黄白猫物流的 RFID 技术有哪些值得借鉴的地方？

3.1.3 物流设施设备在物流系统中的作用

物流设施与设备在物流系统中的作用可概括为以下几个方面。

1. 物流机械设施与设备是物流系统的物质技术基础

不同的物流系统必须有不同的物流设施和设备来支持，才能正常运行。因此，物流设施和设备是实现物流功能的技术保证，是实现物流现代化、科学化、自动化的重要手段。物流系统的正常运转离不开物流设施和设备，正确、合理地配置和运用物流设施与设备是提高物流效率的根本途径，也是降低物流成本、提高经济效益的关键。

2. 物流机械设施与设备是物流系统的重要资产

在物流系统中，物流设施与设备的投资比较大，随着物流设备技术含量和技术水平的日益提高，现代物流技术设备既是技术密集型的生产工具，也是资金密集型的社会财富，配置和维护这些设施与设备需要大量的资金和相应的专业知识。现代化物流设施与设备的正确使用和维护，对物流系统的运行效益是至关重要的，一旦设备出现故障，将会使物流系统处于瘫痪状态。

3. 物流机械设施与设备涉及物流活动的各个环节

在整个物流过程中，从物流功能看，物料或商品要经过包装、运输、装卸、储存等作业环节，并且还有许多辅助作业环节，而各个环节的实现，都离不开相应的机械设备。因此，这些机械设备的性能好坏和合理配置直接影响着各环节的作业效率。

4. 物流机械设施与设备是物流技术水平的主要标志

一个高效的物流系统离不开先进的物流技术和先进的物流管理。先进的物流技术是通过物流设施与设备体现的，而现今的物流管理也必须依靠现代高科技手段来实现。如在现代化的物流系统中，自动化仓库技术的应用综合运用了自动控制技术、计算机技术、现代通信技术(包括计算机网络和无线射频技术等)等高科技技术，使仓储作业实现了半自动化、自动化。物流管理过程中，从信息的自动采集、处理到信息的发布完全可以实现智能化，依靠功能完善的高水平监控管理软件可以实现对物流各环节的自动监控，依靠专家系统可以对物流系统的运行情况及时进行诊断，对系统的优化提出合理化建议。因此，物流设施与设备的现代化水平是物流技术水平高低的主要标志。

单元 3.2 常用物流设备介绍

3.2.1 包装设备

1. 常见包装充填设备

容积式充填机的主要作用是将产品按预订量的多少充填到包装容器内的机器，计量充填是产品包装的一个重要工序。充填机械一般由物料供送装置、计量装置、下料装置等组成。它可以作为一种单机单独使用，也可与各种包装机组成机组联合工作。

1）固定式量杯充填机

固定式量杯充填机采用定量的量杯将物料充填到包装容器内，如图 3.2 所示。

其工作过程：物料经供料斗 1 自由落入计量杯内，圆盘口上装有 4 个量杯和对应的活门底盖 4，当转盘主轴 8 带动圆盘 7 旋转时，粉料刮板 10 将量杯 3 上面多余的物料刮去。当量杯转到卸料工位时，顶杆推开量杯的活门底盖 4，量杯中的物料在自重作用下充填到下方的容器中。可调式量杯充填机定量装置由上、下两部分组成，通过用手或自动微调，可以改变上、下量杯的相对位置，以实现容积的微调。

固定式量杯充填机的特点是工作速度高、计量精度低、结构简单。适用于颗粒较小且均匀的物料，计量范围一般在 200mL 以下为宜。若机器的运转速度过快，料斗落下物料的速度过快则会引起物料重复循环装料；量杯伸缩机构调节不当常会造成过量回流；如果容器与进料管不同心，节拍不准，容器太小或物料粘在料管中使送料滞后，就会引起物料的溢损。

2）螺杆充填机

螺杆充填机利用螺杆螺旋槽的容积来计量物料，通过控制螺杆旋转的速度或时间量取产品，并将其充填到包装容器内，如图 3.3 所示。

其工作过程：料斗 1 中的物料经水平螺旋给料器 3 送到垂直螺旋给料器 6，其螺杆以恒速送走一定物料到包装容器 9，料加好后，离合器脱开，制动器使螺杆停止转动，物料停止流动。当容器到位后，螺杆转动继续加料。

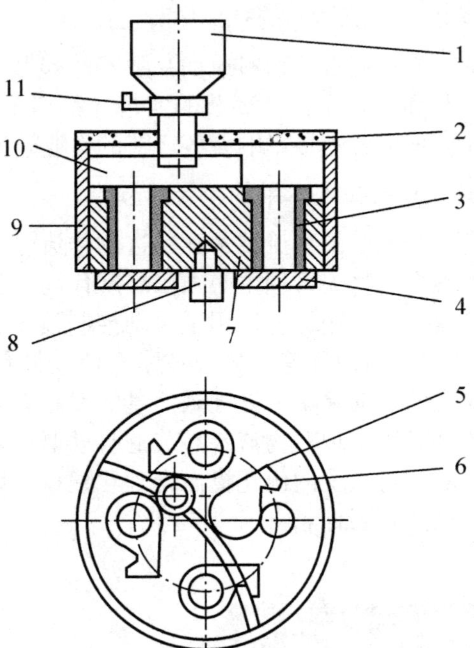

图 3.2 固定式量杯充填机示意图

1—供料斗；2—粉罩；3—量杯；4—活门；5—闭合圆销；6—开启圆销；
7—圆盘；8—转盘主轴；9—护圈；10—粉料刮板；11—下粉闸门

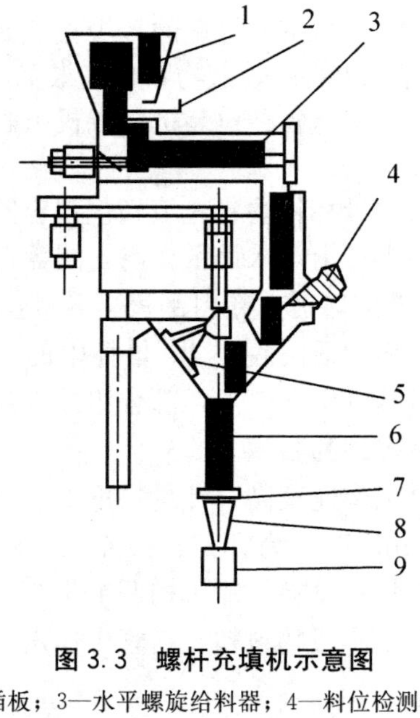

图 3.3 螺杆充填机示意图

1—料斗；2—插板；3—水平螺旋给料器；4—料位检测器；5—搅拌器；
6—垂直螺旋给料器；7—闸门；8—输出导管；9—包装容器

螺杆充填机的特点是结构紧凑、无粉尘飞扬、计量范围宽。主要用于粉料计量或小颗粒计量。特别适合于在出料口容易扬起而不易落下的物料，如咖啡粉、蛋糕混合料、面粉等物料。对于不能破碎的颗粒状物料(如种子等)不能选用该机器。

3）计量泵充填机

计量泵充填机利用计量泵中转鼓的一定转数量取产品，并将其充填到包装容器内，如图 3.4 所示。

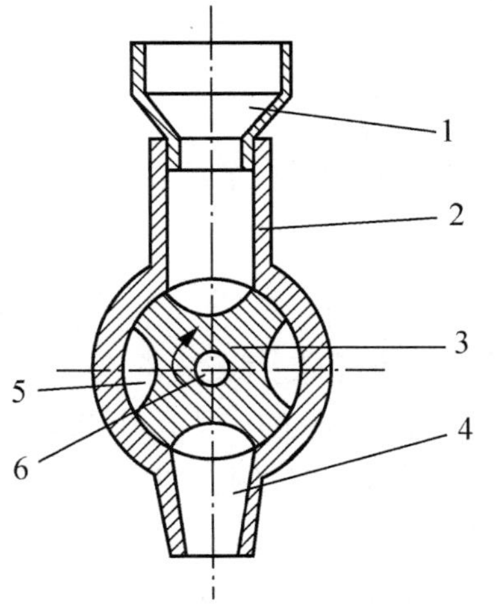

图 3.4　计量泵充填机示意图

1—进料；2—机壳；3—转鼓；4—排料；5—计量腔；6—转鼓轴

其工作过程：转鼓 3 与机壳 2 之间形成 4 个计量腔 5，转鼓按设定的速度绕轴 6 旋转，当计量腔 5 经料口 1 下部时，料斗中的物料快速填满计量腔随转鼓转动；当转到排料口 4 时，在重力的作用下排出，经导管装入包装容器中，完成包装的计量。转鼓的形状有圆柱形、菱形及齿轮形等。计量腔的形状有槽形、扇形和叶轮形等多种。计量腔分为定容积型和可调容积型两种。

计量泵充填机的特点是结构紧凑、计量速度高。适用于流动性好，液状、颗粒状、粉状物料的计量，如茶叶末、精盐等小定量值的包装计量。

4）气流充填机

气流充填机采用真空吸附的原理量取定量容积的产品，并采用净化压缩空气将产品充填到包装容器内，如图 3.5 所示。

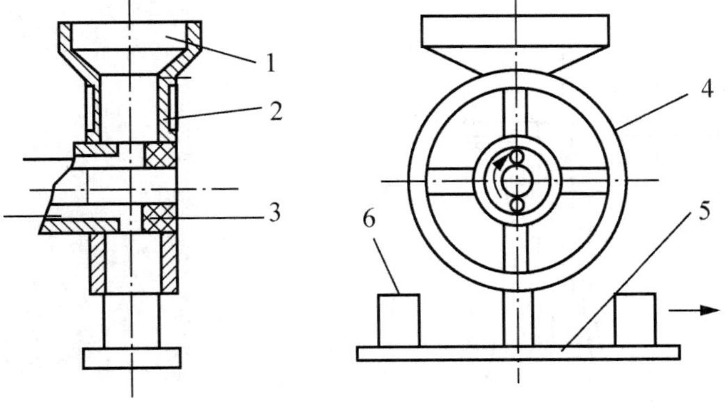

图 3.5　气流充填机示意图

1—料斗；2—抽气座；3—密封垫；4—充填轮；5—托瓶盒；6—容器

其工作过程：充填轮 4 做间歇转动，当轮中量杯口与料斗接合时，配气阀与真空管接通，物料被吸入量杯。当量杯转到包装容器上方时，量杯中的物料被经过配气阀送来的压缩空气吹入包装容器。

气流充填机的特点是计量精度高，可减少物料氧化。主要用于医药行业、化工行业粉料计量。

5）定时充填机

定时充填机通过控制物料流动的时间或调节进料管的流量来量取产品。其结构简单，计量精度低，主要用于液体的充填。

2. 常见灌装设备

在自动化的食品包装生产线上，灌装与封盖通常作为一体机型设计，而且洗瓶、灌装、封盖三合一机型也得到开发应用，使包装工序紧凑，可以降低食品在传输过程受到二次污染。旋转型灌装机一般设计有多个灌装头，以提高生产率。灌装头数 6～60 头。随着灌装头数的增加，灌装能力不断的提高，一些机型已超过 30 000 瓶/小时的生产率。虽然同类型灌装机的灌装头数有多有少，但其工作原理基本上是一样的。

1）液体等压式自动灌装机

液体等压式自动灌装机主要用于啤酒、汽水、汽酒等含有碳酸气饮料的灌注作业。这一类饮料需要在一定的温度和压力之下，通入 CO_2 气体，因此，在进行溶气饮料包装过程中，不但要保证严格的卫生要求，而且在灌装封口过程中，要最大限度地避免气体的溢出损失。因而，采用常压式的重力灌注是不适宜的，真空灌注也不能满足要求，为此，必须采用等压灌注。所谓等压灌注，就是在待灌装瓶中预加压力，首先建立起贮液箱和装料瓶间的等压，即相应于溶气饮料中气体溶解的饱和压力，然后，在此等压状态下实现装料灌注，如图 3.6、图 3.7 所示。

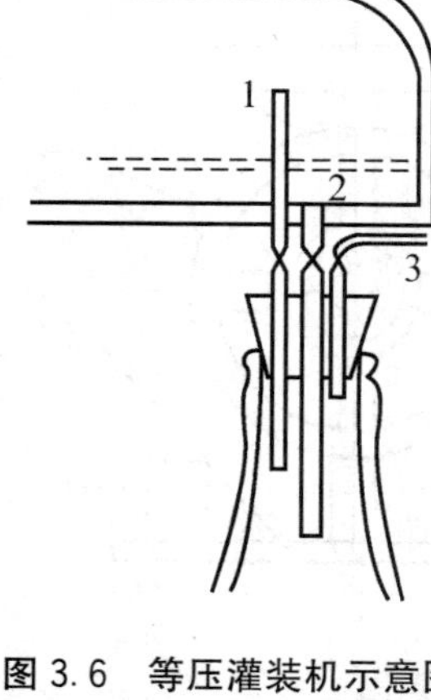

图 3.6　等压灌装机示意图

1—通往料槽液面以上的气管；2—通往料液下面的料管；
3—通往大气的排气管

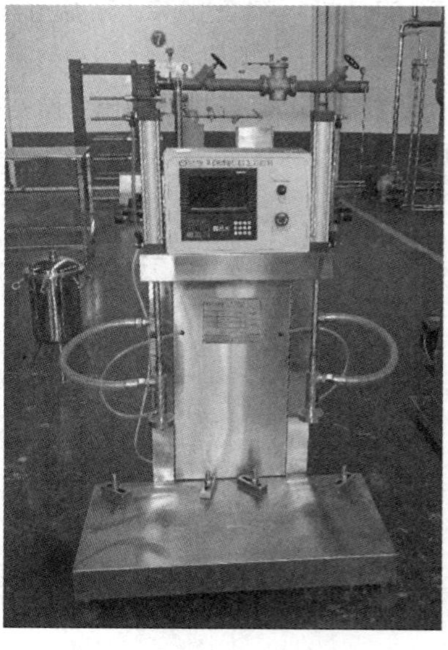

图 3.7　等压式小型灌装机

2）真空式自动灌装机

真空式自动灌装机，是利用灌装机中配置的真空系统，使待灌容器处于一定的真空度，从而使贮液箱的液料在一定的压差或真空状态下注入待灌容器。这种灌装方法分为两种形式：一种是待灌装容器和贮液箱处于同一真空度，液料实际是在真空等压状态下以重力流动方式完成灌注；另一种是待灌装容器和贮液箱真空度不相同，前者大，于是液料在压差状态下完成灌注。第二种形式可以大大提高灌注效率。

真空式自动灌装机应用范围很广，适用于含维生素的果、蔬汁饮料灌注，以及各类罐头的加注糖水、盐水、清汤等，如图 3.8 所示。由于灌装中伴随有抽真空的过程，因此其结构原理与常压或等压式灌装机不同。真空式自动灌装机有多种结构形式，按其贮液箱和真空室的配置不同可分为单室式、双室式、三室式几种。

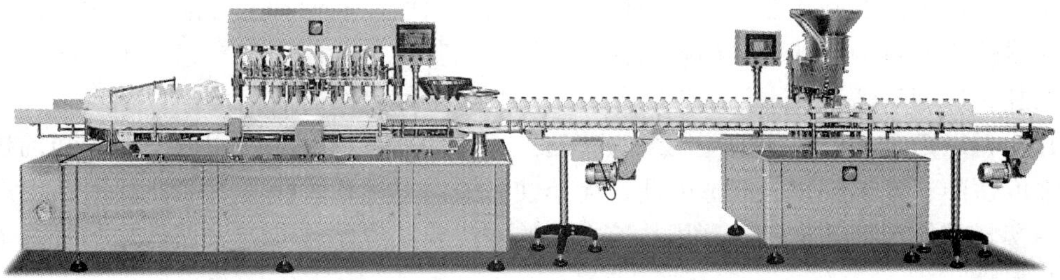

图 3.8 真空式自动灌装机

3）常见的封口机

封口机的主要作用是在包装容器内充填产品后，为了使产品得以密封保存，保持产品质量，避免产品污染变质，对容器进行封口。

按照封口方式的不同，封口机可分为热压式、熔焊式、缝合式、卷边式、滚压式、旋合式 6 大类。

3. 常见的裹包设备

用挠性包装材料进行全部或局部裹包货物的包装设备称为裹包设备。裹包设备是包装设备中最重要的组成部分之一。

裹包设备的共同特点是用薄型挠性包装材料，如玻璃纸、塑料膜、粘膜、各类复合膜、拉伸膜、收缩膜等，将一个或多个固态货物进行裹包，广泛用于食品、烟草、药品、日用化工品、音像制品等领域。因裹包设备种类繁多、功能各异且结构较为复杂，其调整、维修需要一定的技术水平。常用的裹包设备见表 3-1。

表 3-1 常用的裹包设备

类　型	裹包材料	裹包方式	适用对象
折叠式裹包机	采用挠性包装材料，如玻璃纸、塑料薄膜、拉伸膜、收缩膜等	围绕被包货物进行折叠裹包	普遍用于食品、药品、轻工产品及音像制品等多个领域，常用来包装糖果、巧克力、卷烟和小盒茶叶等外包装

续表

类　型	裹包材料	裹包方式	适用对象
接缝式裹包机	玻璃纸、塑料薄膜、拉伸膜、收缩膜等热塑性薄膜	对伸出的包装材料进行热压	成形块状货物(如方便面、面包、月饼、饼干、轴承、日用工业品等)，采用浅盘包装的零散物品(如草莓)
覆盖式裹包机	用两张挠性包装材料覆盖产品两个相对表面	采用热封或粘合的方法封口	
缠绕式裹包机	用成卷的挠件包装材料	多圈缠绕裹包	

4. 常见捆扎机

捆扎机是利用带绳类材料将一个或若干个小包件捆扎在一起，属于外包装设备。捆扎机应用非常广泛，不仅在制造业，而且在运输、通信、出版、商业和服务业等非生产制造型行业都已大量使用。自动捆扎机采用电测控技术控制捆扎机，无需手工穿带，可连续或单次自动完成捆扎。适用于纸箱、木箱、铁箱包裹、书刊等多种包件的捆扎。

捆扎材料以钢带和塑料带的应用最为普遍。塑料带具有较低的使用成本、较强的机械适应性、强度适中、手感柔软、制造方便、无锈蚀污染，正逐渐替代其他捆扎材料。生产中基本上采用塑料带作为捆扎材料，利用热熔搭接的方法使其紧贴包装件表面，塑料带两端加压粘合捆紧包件。

5. 常见的装箱机

1）水平装箱机

水平装箱机能将单个的听、罐、纸盒、集合包装物品按一定数量和一定方式沿着水平方向推入箱内。

2）垂直装箱机

垂直装箱机将物品沿垂直方向装入瓦楞纸板箱或木箱，适用于瓶装物品和软袋物品的装箱。

6. 包装自动生产线

包装自动生产线是最新科技开发的机、光、电、气一体化的生产线，该生产线全线采用微机或 PLC 可编程序控制，操作更加方便，效率高，安全可靠。

1）金属罐灌装液体的自动生产线

此生产线生产率可高达每分钟千罐以上。全线主要由卸垛机、清洗机、干燥机、杀菌机、灌装机、封口机、贮存装置、装箱封箱机和堆码机等组成，属于串联型柔性自动生产线。

2）酒类灌装自动生产线

成垛的空酒瓶由汽车运到工厂入口，由卸垛机卸下排成单行送到卸瓶机处，由卸瓶机将空瓶吊出放到传送带上。空托盘被输送到堆垛机；空塑料箱被送至波箱机，经清洗、干燥、杀菌处理后再运行到装箱机位置，如果用的是纸箱，则将加工好的纸箱送到另一台装箱机以装外销酒。传送带上的空瓶经洗瓶机、干燥机、杀菌机、排列机、灌装机、封口机、卫生检测机、贴标机等完成清洗、干燥、杀菌、排列、灌装、封口、卫生检测、贴标后，被分送到外销与内销装箱机处装箱。对外销的纸箱还要经过封箱。产品装箱后，送到储存输送设备处，由分类机把产品进行分类，分别储存在不同的部位，储存输送设备按类将产品分别送到堆垛机。堆积好的托盘经收缩包装机包裹结实后，送入自动仓库存放。汽车在出口处按订货量从自动仓库运走产品，实现门对门运输。

3.2.2 装卸搬运设备

1. 叉车

叉车是指具有各种叉具，能够对货物进行升降和移动以及装卸作业的搬运车辆。叉车是一种在仓储作业过程中比较常用的装卸设备，有万能装卸机械之称。

叉车的种类有很多，主要的叉车类型有手动托盘车、电动托盘车、电动堆垛机、平衡重叉车(图 3.9)、前伸式叉车、高架堆垛机等。

图 3.9 平衡重叉车

2. 起重机

起重机是一种以间歇作业方式对物料进行起升、下降和水平移动的搬运机械。它是在采用输送机之前曾被广泛使用的具有代表性的一种搬运机械，主要用来满足货物的装卸和转载等作业要求。它的一般工作过程如图 3.10 所示。

图 3.10 起重机的一般工作过程

常用的起重机主要有以下几种类型。

(1) 桥式起重机，又称“桥式行车”，俗称“桥塔”或“天车”，其桥架由主梁和端梁构成。小车在主梁横向运行，一般用于库房内部，如图 3.11 所示。

图 3.11 桥式起重机

(2) 门式起重机，俗称“门吊”，其桥架(大车)由主梁和支腿构成门架，沿地面轨道行走。起重机构(小车)在桥梁主梁上沿小车轨道横向运行，一般用于露天货场，如图 3.12 所示。

图 3.12 门式起重机

(3) 回转支承式固定起重机，这种起重机是单臂架式，钢丝绳变幅，采用滑轮补偿，货物可作水平位移，因此可作全幅度带载变幅，作业效率高。采用单排交叉滚柱式或球式回转支承，可作 360°全回转，运转平稳，使用可靠。适用于库场和堆栈内进行件杂物或散货的装卸作业，如图 3.13 所示。

图 3.13 回转支承式固定起重机

3. 输送机

输送机是一种按照规定路线连续或间歇地搬运货物的搬运机械，是现代物料搬运系统的重要组成部分。输送机系统是由两个输送机及其附件组成的一个比较复杂的工艺输送系统，完成物料的搬运、装卸和分拣等功能。其广泛应用于仓库的物料输送及物料的快速拣选和分拣。其优点是生产率高、设备简单及操作简便，缺点是只能沿一定线路定向输送，因而在使用上具有一定局限性。

输送机是一种连续搬运货物的机械，根据用途和所处理货物形状的不同，输送机可分为带式输送机、辊子输送机、链板输送机、悬挂式输送机等。辊子输送机如图 3.14 所示。

图 3.14　辊子输送机

3.2.3　运输设备

1. 公路运输设备

随着我国高速公路和现代物流业的不断发展，专用汽车需求量呈逐年递增态势，厢式车、罐装车、冷藏保温车等专用车需求年增长率将超过 10%。在物流领域，厢式载货汽车结构简单、利用率高、适应性强，是应用前景最广泛的载货汽车。同时，随着运送货物种类和运量的增加，对其他类型的载货汽车需求量也在逐渐增加。目前，一般的运输企业或运输业者运输货物的种类和规格具有不确定性，其配备的主要车型是中吨位的普通载货汽车和相应吨位的挂车。

专用汽车按用途可分为公路运输型专用车辆和作业型专用车辆。公路运输型专用车辆是物流业的首选车辆，在物流领域得到越来越广泛的应用，见表 3-2。

表 3-2　公路运输型专用车辆的分类

车辆类型	特　点
厢式汽车	载货容积大，货厢密封性能好
拦板式载货汽车	整车重心低、载质量适中
自卸式载货汽车	可以自动后翻或侧翻，使货物能够依靠本身的重力自行卸下，具有较大的动力和较强的通过能力
罐式载货汽车	密封性强。适于运送易挥发、易燃、危险品
集装箱牵引车和挂车	集装箱牵引车专门用于拖带集装箱挂车或半挂车，两者结合组成车组，是长距离运输集装箱的专用机械。它主要用于港口码头、铁路货场与集装箱堆场之间的运输。集装箱牵引车具有牵引装置、行驶装置，但自身不能载运货物

注：厢式汽车除具备普通车的一切机械性能外，还必须具备全封闭的厢式车身，便于装卸作业的车门。

2. 铁路运输设备

1）铁路机车

机车是铁路运输的基本动力，按不同的标准机车的类别也很多，见表 3－3。

表 3－3 铁路机车的分类

标 准	类 型	特 点
按照用途分类	客运机车	速度快
	货运机车	功率大
	调车机车	灵活机动
按照牵引动力分类	蒸汽机车	通过蒸汽机把燃料的热能转换成机械能来牵引列车的一种机车
	内燃机车	以内燃机作为原动力的一种机车。独立性强，线路投资少、见效快，准备时间比蒸汽机车短，起动和加速快，运行线路长，通过能力大，单位功率重量轻，劳动条件好，可实现多机连挂牵引
	电力机车	靠其顶部升起的受电弓从接触网上取得电能，并转换成机械能牵引列车的一种机车。电力机车功率大，获得能量不受限制，能高速行驶，可以牵引较重的列车，起动加速快，爬坡能力强，容易实现多机牵引，更适合于坡度大、隧道多的山区铁路和繁忙干线行驶
按照动力类型分类	柴油机车	将内燃机所产生的动力经变速箱以机械的方式传递到车轮
	柴电机车	利用内燃机发电后把电能供给马达，用电能带动车轮

2）铁路车辆

铁路车辆是指不具有动力装置，连接成车列后由机车牵引运行的铁道运输装置。按照用途的不同，铁路车辆可以分为客车和货车两大类。按轴数的不同，又可以分为四轴车、六轴车和多轴车。根据货物运输要求的不同，货车可以分为棚车、敞车、平车、砂石车、罐车及保温车等类型，见表 3－4。按照制作材料的不同，货车又可以分为钢骨车和全钢车。按照载重量的大小，货车还可以分为 50t、60t、75t 和 90t 等多种车型，其中 60t 是常用车型。

表 3－4 铁路车辆根据货物运输要求的分类

车辆类型	车体结构	用 途
棚车	有车顶、侧墙、端墙，并设有窗和滑门	用于承运粮食、食品、日用工业品等怕湿、怕晒的货物和贵重货物
敞车	没有车顶，但有平整地板和固定侧墙	用于承运煤矿、矿石、砂、木材、钢材等不怕日晒和雨淋的散装货物和一般机械设备货物
平车	没有侧墙、端墙和车顶。有的车型具有可以放倒的侧板和端板	用于承运大型建筑材料、压延钢材、汽车、拖拉机、军用装置和集装箱等，低边平车还可以承运矿石、煤炭等货物
保温车	又称为冷藏车。这种货车外形结构类似棚车，车体设有隔热层，加装有冷冻设备以控制温度	用于装运新鲜易腐货物。保温车具有车体隔热、气密性好的特点
罐车	外形结构常为椭圆形罐体，可分为有底架和无底架两种结构	专门用于承运液体、液化气体或粉末状货物

注：罐车按运载货物的类型，可以分为轻油罐车、粘油罐车、沥青罐车、液化罐车、酸碱罐车、水泥罐车等。

3. 水路运输设备

1）干散货船

干散货船又称为散装货船，是用以装载无包装的大宗货物的船舶。因为干散货船的货种单一，不需要包装成捆、成包、成箱的装载运输，不怕挤压，便于装卸，所以都是单甲板船。总载重量在 50 000 t 以上的，一般不装起货设备。

由于谷物、煤和矿砂等的积载因数(每吨货物所占的体积)相差很大，所要求的货舱容积的大小、船体的结构、布置和设备等许多方面都有所不同。因此，一般习惯上仅把装载粮食、煤等货物积载因数相近的船舶，称为散装货船，而装载积载因数较小的矿砂等货物的船舶，称为矿砂船。

用于粮食、煤、矿砂等大宗散货的船通常有以下几个级别，见表 3－5。

表 3－5　干散货船的级别

类　型	总载重量 /t	特　点
好望角型船	80 000 以上	船体太大无法通过苏伊士运河的干货船
巴拿马型船	60 000	这是巴拿马运河所允许通过的最大船型。船长要小于 245 m，船宽不大于 32.2 m，最大的允许吃水为 12.04 m
轻便型散货船	35 000～40 000	吃水较浅，世界上各港口基本都可以停靠
小型散货船	20 000～27 000	最大船长 222.5 m，最大船宽 23.1 m，最大吃水 7.925 m

2）杂货船

杂货船又称为普通货船、通用货船，主要用于装载一般包装、袋装、箱装和桶装的件杂货物。由于件杂货物的批量较小，杂货船的吨位比散货船和油船小。典型的载货量在 1～2 万吨，一般为双层甲板，配备完善的起货设备。货舱和甲板分层较多，便于分隔货物。新型的杂货船一般为多用途型，既能运载普通件杂货，也能运载散货、大件货、冷藏货和集装箱。

3）冷藏船

大多数食品类货物(如鱼、肉、蛋、水果及蔬菜等)，在常温条件下进行长时间的运输、保管中会发生腐败，失去食用价值。引起动物性食品货物腐败的主要原因是微生物的作用，引起植物性食品货物腐败的主要原因是货物本身的呼吸作用。要防止货物在运输途中发生腐败，就必须有效地抑制这两种作用。因此，冷藏运输作为一种有效的手段，得到了极为广泛的应用。冷藏运输鱼、肉、水果、蔬菜等货物的船舶，总称为冷藏船。

冷藏船最大的特点就是其货舱实际上就是一个大型冷藏库，可保持适合货物久藏的温度。冷藏舱所需的冷源由设置在机舱内的大型制冷机提供。为保证一定的制冷效果，冷藏舱的四壁、舱盖和柱子内部都设有隔热材料，以防止外界热量传入。此外，为了有效地抑制各类微生物的繁殖和活动，舱内还设有臭氧发生器，使舱内在特定的持续时间内保持一定的臭氧浓度，以起到杀菌消毒的作用。

4）木材船

木材船是专门用以装载木材或原木的船舶。这种船舱口大，舱内无梁柱及其他妨碍装卸的设备。船舱及甲板上均可装载木材。为防甲板上的木材被海浪冲出舱外，在船舷两侧一般设置不低于 1m 的舷墙。

5）原油船

原油船专门用于载运原油的船舶，又称为油船。由于原油运量巨大，油船载重量也可达

50多万吨，是船舶中吨位最大的船。结构上一般为单底，随着环保要求的提高，结构正向双壳、双底的形式演变。上层建筑设于船尾。甲板上无大的舱口，用泵和管道装卸原油。设有加热设施在低温时对原油加热，防止其凝固而影响装卸。超大型油船的吃水可达25m，往往无法靠岸装卸，而必须借助于水底管道装卸原油。

6）成品油船

专门载运柴油、汽油等五油制品的船舶。结构与原油船相似，但吨位较小，有很高的防火、防爆要求。

7）集装箱船

集装箱船又称为箱装船、货柜船或货箱船，是一种专门载运集装箱的船舶。其全部或大部分船舱用来装载集装箱，往往在甲板或舱盖上也可堆放集装箱。集装箱船的货舱口宽而长，货舱的尺寸按载箱的要求规格化。装卸效率高，大大缩短了停港时间。为获得更好的经济性，其航速一般高于其他载货船舶，最高可达30节。集装箱船可分为部分集装箱船、全集装箱船和可变换集装箱船3种。

8）滚装船

滚装船又称为滚上滚下船。滚装船主要用来运送汽车和集装箱。这种船本身无须装卸设备，一般在船侧或船的首、尾有开口斜坡连接码头。装卸货物时，或者是汽车，或者是集装箱(装在拖车上的)直接开进或开出船舱。这种船的优点是不依赖码头上的装卸设备，装卸速度快，可加速船舶周转。

4. 航空运输设备

飞机也可分为客机、全货机和客货混合机。客机主要运送旅客，一般行李装在飞机的深舱。到目前为止，航空运输仍以客运为主，客运航班密度高、收益大，所以大多数航空公司都采用客机运送货物。由于舱位少，每次运送的货物数量十分有限。全货机运量大，可以弥补客机的不足，但经营成本高，只限在某些货源充足的航线使用。

5. 管道运输设备

表3-6　管道运输设备的类别

标　准	类　别	特点及适用性
按照作用分类	内部输油管式辅助输油管	石油基地中的各种线路系统，是输送加工原油和灌注油罐车、内河及港内驳船、远洋油轮用的
	局部注输油管	把石油从矿场输往石油基地与大型输油管首站去的短距矿场管路
	大型输油管或干线输油管	这种输油管自成系统，其线路可长达数百千米至数千千米。除必要的检修工作外，能全年经常不断地输送石油。
按照所输送的物品分类	原油管道	原油具有密度大、黏稠和易于凝固等特性。原油运输具有输量大、运距长、收油点和交油点少的特点。世界上的原油约有85%以上是用管道输送的
	成品油管道	成品油管道输送汽油、煤油、柴油、航空煤油和燃料油，以及从油气中分离出来的液化石油气等成品油
	天然气管道	输送天然气和油田伴生气的管道，包括集气管道、输气干线和供配气管道。固体料浆管道
	固体料浆管道	20世纪50年代中期开始发展起来的。其输送方法是将固体粉碎，掺水制成浆液，再用泵按液体管道输送工艺进行输送

3.2.4 仓储设备

1. 货架

1）移动式货架

移动式货架是一种底部带轮且可整体移动的货架。在货架下面装滚轮，在仓库地面上装有导轨，通过开启控制装置，货架可通过轮子沿导轨移动。货架结构可以设计成普通层架，也可以设计成托盘货架。控制装置附加有变频控制功能用来控制其缓慢起动、平稳停止，以维持货架的货物稳定，有时配有确定位置的光电传感器及制动电机，以提高牵动或停止时的稳定度和精确度。移动式货架平时相互依靠密集排列在一起。存取货物时，通过手动或电力驱动装置使货架沿轨道水平移动，形成作业通道，便于人工或机械存取作业，这样可以大幅度减少通道面积，地面使用率可达 80%，而且可直接存放每一种货物，不受先进先出的限制。用移动式货架，货物存取方便，易于控制，安全性能好。但是，其自动控制装置较多，维护较困难，如图 3.15 所示。

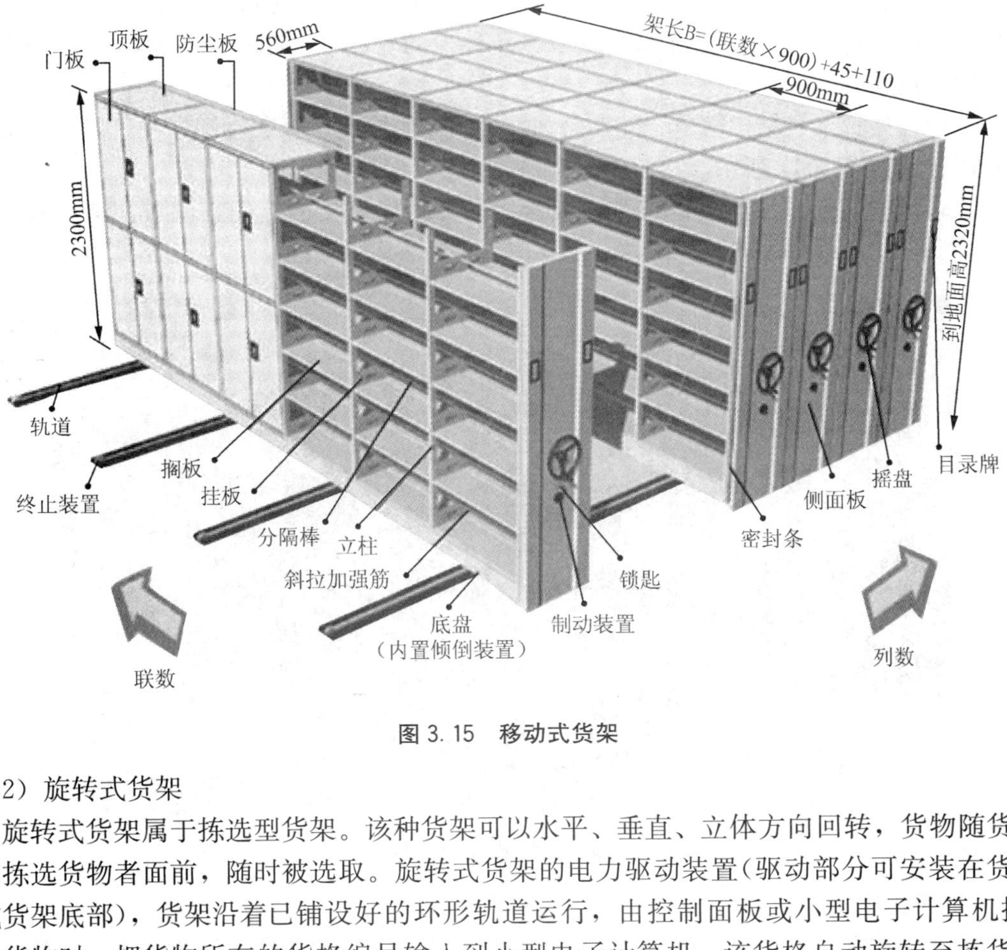

图 3.15 移动式货架

2）旋转式货架

旋转式货架属于拣选型货架。该种货架可以水平、垂直、立体方向回转，货物随货架移动到拣选货物者面前，随时被选取。旋转式货架的电力驱动装置(驱动部分可安装在货架上部或货架底部)，货架沿着已铺设好的环形轨道运行，由控制面板或小型电子计算机操纵。存取货物时，把货物所在的货格编号输入到小型电子计算机，该货格自动旋转至拣货点停止，拣货路线短，拣货效率高。旋转式货架存贮密度大，货架间不设通道，和固定式货架比，可节省占地面积 30%～50%。由于货架转动，拣货快捷、效率高、差错少。按旋转方式的不同，可分为垂直旋转式、水平旋转式和整体旋转式，如图 3.16 所示。

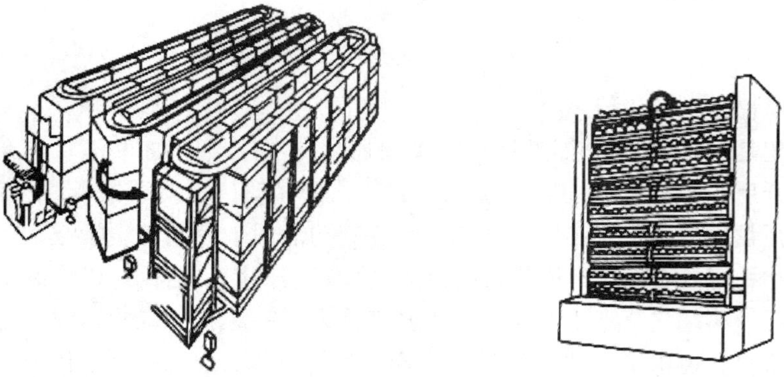

(a) 水平旋转货架　　(b) 垂直旋转货架

图 3.16　旋转式货架

3）重型货架、中量型货架、轻量型货架

（1）重型货架采用冷轧异形钢制作，充分利用空间面积，提高仓储能力，安全系数高，可按客户要求设计定制。适合存储大批量、品种少的货物，叉车可直接进入货道内存储货物，仓库利用率高。

（2）中量型货架：结构简单、外形美观。不用任何螺栓，安装拆卸方便。以 50mm 为节距任意调整，如图 3.17 所示。

（3）轻量型货架：插接方式组装，安装拆卸方便，钢层板上任意调节，满足多种使用要求。

图 3.17　中量型货架

4）贯通式货架

贯通式货架有驶入式货架和驶出式货架的共同特点。驶入式货架结构采用钢质结构，钢柱上一定位置上有向外伸出的水平突出构件或悬轨，当叉车将托盘送入时，突出的构件或悬轨可托住托盘及货物。货架上无托盘货物时，货架正面便成了无横梁状态，形成了若干通道，可方便叉车出入。驶入式货架只有一端可以出入叉车。驶入式货架和驶出式货架能起到保管场所及叉车通道的双重作用，属高密度配置。驶出式货架的结构和驶入式货架类似，只是驶出式货架两端均可出入叉车。驶入、驶出式货架的高度可达 10m，库容利用率可高达 90%以上，适用于大批量少品种配送中心使用，但不适合太长或太重物品。驶入式货架存取货时受先后顺序的限制，难以做到先进先出；而驶出式货架则可将出入库作业分设在两端，可以做到货物先进先出。贯通式货架如图 3.18 所示。

图 3.18 贯通式货架

5）托盘货架

托盘货架是专门存放堆码在托盘上货物的货架，其承载能力和每层空间适合于存放整托盘货物。托盘货架结构多采用杆件组合，不仅拆迁容易，层间距还可依码货高度调整。通常总高度在 6m 以下，架底撑脚需要装叉车防撞装置。托盘货架结构简单，可调整组合，安装简易，费用经济；出入库不受先后顺序的限制；托盘装载不同货物时可立体存放，库容率较高。原则上，每一个托盘占一个货位。存取作业时，较高的托盘货架使用堆垛起重机存取，较低的托盘货架可用叉车存取。这样，可实现机械化存取作业，提高劳动生产率，同时易于实现计算机的管理和控制。托盘货架如图 3.19 所示。

图 3.19 托盘货架

6）阁楼式货架

阁楼式货架是用货架做楼面支撑，可设计成多层楼层(通常 2～3 层)，设置有楼梯和货物提升电梯等，适用于库房较高，货物轻小，人工存取，存储货量大的情况下。提升机有电葫芦型和液压升降平台型。阁楼式货架如图 3.20 所示。

图 3.20　阁楼式货架

7）滚轮式货架

适用于生产线或装配线上物料的存放，物料箱能靠重力沿滚轮下滑。物料的斜面存取更符合人体工程设计。滚轮式货架如图 3.21 所示。

图 3.21　滚轮式货架

8）压入式货架

压入式货架是在前后梁之间以多层台车重叠相接，从外侧将托盘(或料箱)置于台车推入，后储存的货物会将原先货物推往里面。台车跨于倾斜轨道上，当外侧货物被取走时，里面的台车会自动滑下。压入式货架储存量大，空间利用率极高，适合少品种、大批量的货物，先进后出的作业方式，进货和出货在同一侧面。

9）箱式货架

与阁楼式货架使用情形相类似，也是适用于库房较高，货物较小，储存量较大的情况，但可用拣选车使人随车升高取货物。

2. 分拣设备

1）推式分拣机

推式分拣机是气缸侧推式分拣机构，主要由液压动力单元（直流或交流电机、液压泵、液压阀）作为动力与推式分拣机的执行机构匹配，直接去推、挡物品，强制物品离开主线进入分流输送线。

2）升降推出式分拣机

升降推出式分拣机是从搬运输送机的下侧用浮出装置把货物托起，转微小坡度后，送到搬运输送机外面进行分拣的装置。在分拣时给予货物的冲击较小，最适合于分拣底面平坦的货箱、托盘状的各种货物，但不能分拣很长的或底面不平坦的货物。

3）倾斜式分拣机

倾斜式分拣机可分为盘式和板式两种，它是搬运输送机本身设置的分送装置，货物到达规定的分拣位置，货物所在的盘或板向左或向右翻转倾斜一定的角度（左右倾斜 30°）进行分拣。

盘式分拣机，盘的倾翻动作可以互相不干涉地同时进行，所要求相邻分拣口的间隔最小，是各种分拣机中分拣口最多的品种；而板式分拣机打破了盘与盘之间的界限，可以根据分拣物的储存大小，占用一个或数个翻板，所以分拣物尺寸可大可小。

4）悬吊式分拣机

悬吊式分拣机是用装在悬吊装置上的钳子或支架吊起物品，输送到指定位置放下物品或转换到另外的分支线路上进行分拣的装置。其动力装置主要是牵引输送式，它是依靠电动或气动，使分送器开动把物品放下或进而将导向棒送入分支路线进行分拣，主要适用于对保管、搬运的成批货物分拣。

5）辊子浮出式分拣机

辊子浮出式分拣机可与辊子输送机、平带输送机融为一体，放在输送系统的岔口处，这可看成是一种分流装置，在没有分拣任务时，可作为输送机输送货物。该装置在对应岔口的入口处设置了一排短辊子，这些短辊子与主滚道上表面水平，可通过气动元件向两侧摆动和浮出主辊道的上平面。这些短辊子通过表面上胶或采用聚氨酯材料增大摩擦力，从而带动货物转向。如果岔道上的辊子是主动辊子并且上了胶，加上采用上述的变向措施，就很容易达到较高的效率。

6）滑块式分拣机

滑块式分拣机是一种特殊的板式输送机，它是通过货物分流来实现货物分拣的。其板面由金属管或板条组成，每块板条或每个管子上各有一块能做横向运动的导向滑块，导向滑块靠在输送机的侧边上（看板式输送机两侧长短不一的滑块），当分拣货物到达指定道口时，控制器发出指令使导向块顺序地向道口方向滑动，把货物推向指定的分岔道口。根据物品长度来组合不同数量的滑块。每分钟可分流 150 次，最大可推动 100kg 左右。不分拣货物时滑块又自动回到侧边的位置，可作为输送机输送货物。驱动滑块移动的动力一般是电磁力。由于导向滑块向两侧滑动，所以主输送机两侧设置分拣道口，以节约场地。这类分拣装置的动力小，不损坏货物，适宜形状小、体积小和质量在 1～90kg 的货物。

3. 自动化立体仓库

自动化立体仓库可以按照建筑形式、功能、库存容量、货物存取形式等进行分类，见表 3－7。

表 3－7　自动化立体仓库的分类

标　　准	类　　别	描　　述
按照建筑形式分类	分体式	在现有的厂房或新建筑物内，独立安装仓储系统，仓库的货架与原有建筑物是各自分离的结构体
	整体式	货架与建筑物结构是一体的，货架除了储存货物以外，还可以作为库房屋顶的支撑架
按照仓储功能分类	物流中心仓储	对物流的过程、数量、方向进行控制的仓储。物流中心仓储一般选在特定经济地区的中心，水、陆交通便利，储存成本较低
	配送中心仓储	商品在配送交付商店或超市之前所进行的短期仓储。配送仓储一般在商品的销售区间内进行，能迅速地送达商店或超市
	现代生产物流仓储	采取计算机技术、网络技术、通信技术而实现网络生产管理方式。实现了生产与管理、监控及调度、销售与财务信息通畅、高效、便捷、信息资源共享
按照库存容量分类	小型立体仓库	库存容量在 2 000 个托盘(货箱)以下
	中型立体仓库	库存容量在 2 000～5 000 个托盘
	大型立体仓库	库存容量在 5 000 个托盘以上
按照货物存取形式分类	单元货架式	单元货架式是常见的仓库形式。货物先放在托盘或集装箱内，再装入单元货架的货位上
	移动货架式	移动货架式由电动货架组成，货架可以在轨道上行走，由控制装置控制货架合拢和分离
	拣选货架式	拣选货架式中分拣机构是其核心部分，分为巷道内分拣和巷道外分拣两种方式

单元 3.3　国内外物流设施设备的发展

3.3.1　国外发达国家物流基础设施的发展史

第一阶段：从 19 世纪末到 20 世纪 30 年代，是各国公路的普及阶段。

第二阶段：从 20 世纪 30 年代到 20 世纪 50 年代，是各国公路的改善阶段。

第三阶段：从20世纪50年代到20世纪80年代，是各国高速公路和干线公路高速发展阶段。

第四阶段：从20世纪80年代末到90年代初，是各国公路综合发展阶段。

3.3.2 我国物流基础设施的发展现状

“十一五”期间，物流业实现平稳较快发展，物流基础设施日益完善，社会物流规模迅速增长，运行效率不断提高，高端物流集聚效应逐渐显现。

“十二五”时期，物流业以科学发展为主题，以加快转变发展方式为主线，加快推进物流业结构调整与创新，更加注重物流系统运行效率的提高和服务保障能力的增强，进一步完善高效、集约、低碳的城市物流体系，提升物流业发展的现代化、国际化水平。

3.3.3 物流基础设施设备的发展要求

物流设施与设备是组织实施物流活动的重要手段，是物流活动的基础。近年来，伴随着用户需求的变化以及自动控制技术和信息技术的应用，我国在大力吸收国外先进技术发展国有机械制造业的基础上，建立了比较完善的物流设备制造体系，物流设备技术水平有了较大提高。现代物流设备要求向大型化、高速化、信息化、多样化、标准化、系统化、智能化、实用化和绿色化方向发展。

1. 大型化

大型化是指设备的容量、规模、能力越来越大。物流设备的大型化趋势，一是为了适应现代社会大规模物流的需要，以大的规模来换取高的物流效益；二是由于现代科学技术的发展和制造业的进步，为制造大型物流技术设备提供了可能。例如，在公路运输方面，已研制出了载重超过500t的载重汽车；在海运方面，油轮的最大载重量达到了56.3万吨，集装箱船载重达到了6 790TEU；在航空运输方面，正在研制的货机最大可载300t，一次可装载30个40ft(12.2m)的标准集装箱，比现有的货机运输能力高出50%～100%；在管道运输方面，目前管道最大直径达到了1 220mm。

2. 高速化

高速化是指设备的运转速度、运行速度、识别速度、运算速度大大加快。在运输方面，提高运输速度一直是各种运输方式努力的方向。在仓储方面，仓储规模日益扩大，物流作业量不断增加，客户响应时间越来越短，要在极短的时间内完成拣选、配送任务，只有不断提高物流设备的运行速度和处理能力。

在提高物流设备运行速度的同时，物流设备的准确性和稳定性也在不断提高。没有准确性，速度再快也将失去意义。因此，各厂商纷纷采取先进的技术满足客户对物流设备高准确度的要求。如林德电动前移式叉车采用数字控制系统，使行驶及提升控制更平稳精确。

配送中心为满足客户即时性需要，对物流系统的稳定、可靠运行提出了很高的要求。在制造企业，物流设备虽不是生产设备，却对生产设备高效率运行起到很大作用，同样不允许因经常发生故障影响正常生产。所以，为保证物流系统连续安全运作，物流设备的高稳定性、高可靠性越来越受到各厂商重视，物流设备质量提高，保用期延长。

3. 信息化

未来社会将是一个完全信息化的社会，信息和信息技术在物流领域的作用会更加明显，条形码技术、数据库技术、电子订货系统、电子数据交换、快速反应、有效客户反应、企业资源计划等将在物流中得到广泛应用。物流信息化将表现为物流信息收集的数据库化和代码化、物流信息处理的电子化和计算机化、物流信息传递的标准化和适时化、物流信息存储的数字化等。随着人们对信息的重视程度日益提高，要求物流与信息流实现在线或离线的高度集成，使信息技术逐渐成为物流技术的核心。物流设备与信息技术紧密结合、实现高度自动化是未来发展的要求。

目前，越来越多的物流设备供应商已从单纯提供硬件设备，转向提供包括控制软件在内的总体物流系统，并且在越来越多的物流设备上加装电脑控制装置，实现了对物流设备的实时监控，大大提高了其运作效率。物流设备与信息技术的完美结合，已制装置将发展成为全电子数字化控制系统，可提高单机综合自动化水平；公路运输智能交通系统(ITS)、GPS 等技术在物流中的应用，实现了物流的适时、适地、适物、适量、适价。

4. 多样化

为满足不同行业、不同规模的客户对不同功能的要求，物流设备形式越来越多，专业化程度日益提高。

许多物流设备厂商都致力于开发生产多种多样的产品，以满足客户的多样化需求作为自己的发展方向，所提供的物流设备也由全行业通用型转向针对不同行业特点设计制造，由不分场合转向适应不同环境、不同工况要求，由一机多用转向专机专用。例如，仅叉车就有内燃叉车、平衡重叉车、前移式叉车、拣选叉车、托盘搬运车、托盘堆垛车等多种产品，其中每种产品又可细分为不同车型。世界著名叉车企业永恒力公司就拥有 580 多种不同车型，以满足客户的各种实际需要。此外，自动化立体库、分拣设备、货架等也都有按行业、用途、规模等不同标准细分的多种形式产品。许多厂商还可根据用户特殊情况为其量身定做各种物流设备，体现了更高的专业化水平。

5. 标准化

当前，经济全球化特征日渐明显。物流设备也需要走向全球化，而只有实现了标准化和模块化，才能与国际接轨。因此，标准化、模块化成为物流设备发展的必然趋势。标准化既包括硬件设备的标准化，也包括软件接口的标准化。

物流设备、物流系统的设计与制造按照统一的国际标准，才能适应各国各地区之间相互实现高效率物流的要求。比如，运输工具与装卸储存设备的标准化，可以满足国际联运和“门对门”直达运输的要求；推进通信协议的统一和标准化，可以满足电子数据交换的要求。

通过实现标准化，可以轻松地与其他企业生产的物流设备或控制系统对接，为客户提供多种选择和系统实施的便利性。模块化可以满足客户的多样化需求，可按不同需要自由选择不同功能模块，灵活组合，增强了系统的适应性。同时模块化结构能够更好地利用现有空间，可以根据货物存取量的增加和供货范围的变化进行调整。

6. 系统化

物流系统化是指组成物流系统的设备成套、匹配，达到高效、经济的要求。在物流设备单机自动化的基础上，计算机将各种物流设备集成系统，通过中央控制室的控制，与物流系统协调配合，形成不同机种的最佳匹配和组合，以取长补短，发挥最佳效用。为此，成套化和系统化是物流设备的重要发展方向，尤其将重点发展工厂生产搬运自动化系统、货物配送集散系统、集装箱装卸搬运系统、货物的自动分拣系统与搬运系统等。

物流设备供应商按客户实际情况，制定系统方案，将不同用途的物流设备进行有机整合，达到最佳效果。自动化立体库、无人搬运车、分拣系统、机器人系统等各种设备功能各异，各有所长，只有在整体规划下选择最合适的产品综合利用，才能使其各显其能，发挥最大效益。为使系统容易整合且效果最佳，物流设备最好选择同一家公司，也可自行设计生产全部物流设备，满足客户整体要求。

同时，客户对物流系统的投入往往不是一步到位，而是按需配置，预留能力，因此要考虑今后系统的可扩展性。当然，在物流设备实现了模块化设计后，可较容易地根据需要进行扩展，有些物流设备也可通过改变控制软件完成系统的调整或扩展。

7. 智能化

智能化是物流自动化、信息化的更高层次，物流作业过程中大量的运筹和决策，如库存水平的确定、运输(搬运)路径的选择、自动导向车的运行轨迹和作业控制、自动分拣机的运行、物流配送中心经营管理的决策支持等问题都需要借助于大量的知识才能解决。智能化已成为物流技术与设备发展的新要求。

科技的进步使物流设备越来越重视智能化与人性化设计，应用人工智能技术，以降低工作的劳动强度，改善劳动条件，使操作更轻松自如。目前，人们在人工智能及在物料储运领域中的专家系统技术方面进行了大量研究。

8. 实用化

实用化是指一个物流系统的配置，在满足使用条件之下，应选择简单、经济、可靠的物流设备。也就是说，在构筑这样的物流系统里面，要善于运用现有的各种物流设备，组成非常实用的简单的系统，这种简单以满足需要为原则，不一定非要追求自动化成本低，具有优越的耐久性、无故障性和良好的经济效益，以及较高的安全性、可靠性和环保性的物流设备，应是一种发展必然要求。

9. 绿色化

绿色化就是要达到环保要求。随着全球环境的恶化和人们环保意识的增强，对物流设备提出了更高的环保要求，有些企业在选用物流设备时会优先考虑对环境污染小的绿色产品或节能产品。因此，物流设备供应商也开始关注环保问题，采取有效措施达到环保要求。如尽可能选用环保型材料，有效利用能源，注意解决设备的震动、噪音与能源消耗量等。更多的企业已经通过或正在抓紧进行 ISO14000 认证，借此保证所提供产品的“绿色”特性。

总之，客户需求与科技进步将推动物流技术与设备不断向前发展。物流设备供应商应随时关注市场需求的变化，采用更加先进的技术，提供客户满意的产品与服务，提高物流设备整体发展水平。

知识链接

精准瑞士邮政的风格

一说到瑞士人们想到很多，瑞士军刀、瑞士手表和美味的巧克力。瑞士邮政同样也给人留下了深刻的印象，其主要原因在于它像手表一样精准按时可靠。

REMA即邮政业务流程再造(Reengineering of Mail Processing)，这是在瑞士全国推行的邮政物流重建计划，旨在使瑞士成为全球快递业中最先进的、最快的自动化和软件解决方案的国家。在此项目中西门子公司与瑞士邮政合作，安装了12台交叉带分拣机、约40km的物料输送设备、3个高价立体库、32个信函分拣设备、7套预处理设备、OCR识别系统以及先进的信息系统，用于流程监控、生产数据获取和车辆停泊管理。

设备的更新使得瑞士邮政物流高效、准时和可靠。由自动分拣机和输送机组成的物流系统可满足不同类型邮件的处理需求：系统可以随时查询到信件和包裹的数量以及位置，并且区分已被分拣的包裹，此外，系统能够实时计算出可以处理邮件的空闲设备。将先进的设备、高效的软件和IT系统有效地结合起来是瑞士邮政成功的关键因素。

（资料来源：西门子(中国)有限公司．精准，瑞士邮政的风格[J]．物流技术与应用，2003(1)．有删改．）

实训任务

任务1：物流设备选配

1. 观看视频资料

观看《仓储分拣设备作业》视频。

2. 任务目标

认识仓储分拣作业设备，了解仓储分拣设备现场作业的情景、使用的条件和场合，据此原理能够进行简单的选配工作。

3. 任务完成

1）完成步骤

（1）首先，回顾课本上仓储设备分拣设备的种类。

（2）观看视频资料，对视频资料中出现的仓储分拣设备辨别其类型，认识仓储分拣机械设备的作业流程，观察各种仓储分拣设备的作业特点。

（3）结合课本所学理论知识，讨论仓储分拣设备适用对象和场地，总结作业特点；最后根据实物进行模拟选配仓储设备工作。

（4）小组讨论教师总结。

2）检查标准

物流设施与设备——仓储分拣设备检查标准表

检查标准	考评标准	分　值	实际得分
课本理论知识	理论知识归纳总结分类	10	
	理论知识与视频资料结合分析	20	
选配设备	选配适合场地和类型	20	
	总结全面、分析透彻	20	
公开讲解	小组代表讲解生动全面、内容熟练、反应良好	30	

任务2：地区物流设施设备现状分析和升级建议

1. 任务目标

（1）认识郑州地区物流企业现有设施设备现状。

（2）发现郑州物流企业现有物流设施设备的局限性并提出改进意见。

2. 案例引入

首先要求利用前期市场调研的相关数据和现有网络资源，对郑州市物流设施设备现状进行分析，对通达物流公司河南分公司提出更新建议。

3. 任务完成

1）完成步骤

（1）制定评估方案。小组成员通过前期各项市场调研结果，利用相关数据和网络资源，分析郑州地区物流企业设施设备的应用状况。

（2）提出现有物流设备存在的局限性，设计物流设施设备改进方案。

2）检查标准

地区物流业地区物流设施设备改进更新标准表

检查标准	考评标准	分　值	实际得分
地区物流企业设备现状分析	现有资料整理分类情况、企业规模分类	10	
	设备使用现状及更新建议状况	20	
地区物流企业设备效率	整理分析企业现有设备使用效率和建议更新设备后预计效率	10	
	分析资料全面、分析透彻	20	
	提交的网址(2～3个)和参考文献适用性强	10	
公开讲解	小组代表讲解生动全面、内容熟练、反应良好	30	

模块小结

物流设备是组织实施物流活动的重要手段，是物流活动的基础。物流设备主要包括包装设备、装卸搬运设备、运输设备、仓储设备、流通加工设备、信息采集与处理设备。伴随着用户需求的变化以及自动控制技术和信息技术在物流设备上的应用，在大力吸收国外先进技术发展我国机械制造业的基础上，建立了比较完善的物流设备制造体系，我国的物流设备技术水平有了较大提高。现代物流设备向大型化、高速化、信息化、多样化、标准化、系统化、智能化、实用化和绿色化方向发展。

模块 4

现代物流组织与控制

XIANDAI WULIU ZUZHI YU KONGZHI

【技能目标】

(1) 具有确定物流服务水平的能力。
(2) 具有控制物流成本的能力。
(3) 具有物流质量管理的措施和能力。

【知识目标】

(1) 了解物流服务管理、物流成本管理、物流质量管理、物流标准化管理的含义。
(2) 了解现代物流管理的特征和内容。
(3) 了解物流成本的特征与构成。
(4) 了解物流标准化的特点和作用。

【工作任务】

肖阳、王琳和赵宁3个同学在河南省郑州市开设通达物流公司河南分公司后，公司发展过程中存在诸多成本与管控方面的问题，请结合前期调研数据和调研结果来进行分析，完成以下任务。

（1）利用前期调研数据，分析物流标准化对于降低企业物流运作成本的重要意义。

（2）演习并且总结出企业各个岗位进行物流服务的标准化运作流程。

单元 4.1 现代物流管理

近几年来，我国现代物流业取得了蓬勃发展。但与发达国家相比，发展水平仍然处于低水平程度。因此加强物流管理水平，降低物流成本，提高物流服务水平，实施标准化管理，进行物流质量管理是发展物流产业的重要任务。

4.1.1 现代物流管理概述

1. 物流管理的概念

我国《物流术语》对物流管理的定义是：为达到既定的目标对物流活动的全过程进行计划、组织、协调与控制。

物流管理涵盖丰富的内涵。

（1）物流管理不仅仅是对单个构成要素的管理，而是一个动态的、全要素和管过程的管理。

（2）物流管理要合理解决二律背反问题。既要实现最低化成本管理，又要确保对客户提供满意的物流服务。因此物流管理侧重于对物流服务和成本管理。

（3）物流管理需要实施有效的计划、组织、协调和控制的管理手段，合理利用各种要素的融合，实现整体的最优化。

2. 物流管理的目标

现代物流管理是供应链管理，因此它区别于企业管理，不是对一个企业进行管理，而是从供应链角度来实施管理。其管理目标如下。

（1）满足客户的服务需求是现代物流管理的第一目标。客户包括物品的需求方和物流服务的委托方。

（2）现代物流管理以整体最优为目的。这里的整体最优表现为对运输、储存、装卸、库存、配送和信息等基本功能要素实施优化管理，处理好各功能要素之间的背反关系，在保证物流系统效率和质量的前提下，实现物流成本的最小化。

（3）现代物流管理既重视效率更重视效果，即在确保整体最优的基础上充分重视环保、交通等要素，重视绿色物流的发展。发展物流不能以牺牲环境为代价。

3. 物流管理的原则

（1）总体上，坚持物流合理化原则，这是物流管理的最根本原则。物理合理化是指在兼顾成本和服务的前提下，对物流系统的构成要素进行调整和改进，实现物流系统整体优化的过程。

(2) 宏观上，一是完善支撑要素建设原则，二是物流管理要强调政府及相关专业组织的规划和指导的原则，即宏观物流发展要靠科学的规划和引导。

(3) 微观上，除了实现供应链整体最优化管理目标外，现代物流管理更在服务的专业化和增值化发展等层面上有了新的要求。现代物流管理永恒的主题是成本和服务，即在消减成本的基础上，提升物流增值服务。

(4) 在服务上，实现 7R 原则，即适合的质量(Right Quality)、适合的数量(Right Quantity)、适合的时间(Right Time)、适合的地点(Right Place)、适合的价格(Right Price)、适当的商品(Right Commodity)、优良的印象(Right Impression)。

4. 现代物流管理的特征

(1) 现代物流管理是系统整合的协作物流，以企业整体最优为目的。从商品供应体系的角度来看，现代物流不是单个生产、销售部门或企业的事，而是包括供应商、批发商、零售商等有关联企业在内的整体的共同活动，从而使物流管理成为一种供应链管理。从供应链战略管理的角度出发，现代物流管理指挥着跨企业组织的物流作业，通过强化流通过程中所有企业的关系，以实现产品供应链全过程的价值和经营行为的最适化。

(2) 现代物流是客户服务物流，客户服务是物流管理创新的原动力。传统物流认为物流是“内部事务”，只对组织体内部产生影响，其服务对象是组织内部的生产或销售部门；现代物流认为物流是“外部事务”，其服务对象是组织体外的顾客，与此相适应，企业经营理念的核心已从产品制造转向市场营销和客户服务。企业的物流活动也以客户服务为价值取向，同时向生产过程的上下游延伸，通过提供顾客所期望的服务，在积极追求自身交易扩大的同时，强调实现与竞争者顾客服务的差别化。

(3) 现代物流管理要依靠先进的信息技术。现代企业物流管理依靠高度发达的信息网络和全面、准确的市场信息，实现企业各自的经营目标和整个供应链的效率化。信息已成为物流管理的核心，现代物流活动必须及时了解和反映市场的需求，并反馈到供应链的各个环节，才能保证生产经营决策的正确和再生产的顺利进行。

【案例 4-1】

沃尔玛物流管理的成本控制

沃尔玛的配送中心一般设立在 100 多家零售店的中央位置，以 320km 为一个商圈建立一个配送中心，也就是配送中心设立在销售主市场，这使得一个配送中心可以满足周边城市 100 多个销售网点的需求。

配送中心就是一个大型的仓库，但是规划布局与作用与仓库有所区别。配送中心的一端是装货的月台，另外一端是卸货的月台，两项作业分开。看似与装卸没有什么区别，但是运作效率会提高很多。

800 名员工 24 小时倒班装卸搬运配送。沃尔玛的工人的工资并不高，因为这些工人基本上是初中生和高中生，只是经过了沃尔玛的特别培训。

每家店每天送 1 次货(竞争对手每 5 天 1 次)。至少一天送货一次意味着可以减少商店或者零售店里的库存。这就使得零售场地和人力管理成本都大大降低。要达到这样的目标就要通过不断地完善组织结构，使得建立一种运作模式能够满足这样的需求。

竞争对手一般只有 50%的货物进行集中配送，而沃尔玛 90%以上是进行集中配送的，只有少数可以从加工厂直接送到店里去，这样成本与对手就相差很多了。

思考：物流服务对沃尔玛的重要性体现在哪？请分析企业物流成本，供应链企业的物流成本如何控制？

4.1.2 物流管理实施过程

物流管理实施过程按管理进行顺序可以分为计划阶段、实施阶段和评价阶段三个阶段。

1. 物流计划阶段的管理

计划作为行动基础某些事先的考虑。物流计划是为了实现物流预想达到的目标所做的准备性工作。

(1) 要确定物流所达到的目标，以及为实现这个目标所进行的各项工作的先后次序。

(2) 要分析研究在物流目标实现的过程中可能发生的任何外界影响，尤其是不利因素，并确定对这些不利因素的对策。

(3) 做出贯彻和指导实现物流目标的人力、物力、财力的具体措施。

2. 物流实施阶段的管理

物流的实施阶段管理就是对正在进行的各项物流活动进行管理，它在物流各阶段的管理中具有最突出的地位，这是因为在这个阶段中各项计划将通过具体的执行而受到检验，同时，它也把物流管理与物流各项具体活动进行紧密的结合。

1) 组织和指挥物流活动

物流的组织是指在物流活动中把各个相互关联的环节合理地结合起来，而形成一个有机的整体，以便充分发挥物流中的每个部门、每个物流工作者的作用。物流的指挥是指在物流过程中对各个物流环节、部门、机构进行的统一调度。

2) 监督和检查物流活动

通过监督和检查可以了解物流的实施情况，揭露物流活动中的矛盾，找出存在的问题，分析问题发生的原因，提出克服的方法。

3) 调节物流活动

在执行物流计划的过程中，物流的各部门、各环节总会出现不平衡的情况。这时就需要根据物流的影响因素，对物流各部门、各个环节的能力做出新的综合平衡，重新布置实现物流目标的力量。这就是对物流活动的调节。

3. 物流评价阶段的管理

在一定时期内，人们对物流实施后的结果与原计划的物流目标进行对照、分析，这便是物流的评价。通过对物流活动的全面剖析，人们可以确定物流计划的科学性、合理性如何，确认物流实施阶段的成果与不足，从而为今后制定新的计划、组织新的物流提供宝贵的经验和资料。

【案例 4－2】

上海通用公司物流管理秘笈之一：精益生产　及时供货

随着汽车市场竞争越来越激烈，很多汽车制造厂商采取了价格竞争的方式来应战。在这个背景下，大家都不得不降低成本。而要降低成本，很多厂家都从物流这个“第三大利润”的源泉入手。

有资料显示，我国汽车工业企业，一般的物流成本起码占整个生产成本的20%以上，差的公司基本在30%～40%，而国际上物流做得比较好的公司，物流的成本都控制在15%以内。

上海通用在合资当初就决定，要用一种新的模式，建立一个在“精益生产”方式指导下的全新理念的工厂，而不想再重复建造一个中国式的汽车厂，也不想重复建造一个美国式的汽车厂。

精益生产的思想内涵很丰富，最重要的一条就是像丰田一样——即时供货(Just In Time，JIT)，即时供货的外延就是缩短交货期。所以上海通用在成立初期，就在现代信息技术的平台支撑下，运用现代的物流观念做到交货期短、柔性化和敏捷化。

从这几年的生产实践来说，上海通用每年都有一个或一个以上新产品下线上市，这是敏捷化的一个反映。而物流最根本的思想就是怎样缩短供货周期来达到低成本、高效率。这个交货周期包括从原材料到零部件，再从零部件到整车，每一段都有一个交货期，这是敏捷化至关重要的一个方面。

思考：上海通用物流的精细化管理对物流成本产生了怎样的影响？

单元 4.2 现代物流服务管理

产品质量是企业生存的灵魂，而作为服务行业的第三方物流企业，服务质量就是企业生存的灵魂。随着市场经济的发展，物流企业的竞争越来越体现在服务质量上的竞争，服务已成为企业取得竞争优势的重要手段。

4.2.1 现代物流服务管理概述

1. 物流服务

物流服务是企业为满足客户(包括内部和外部客户)的物流需求，开展的一系列物流活动的结果。物流服务包括三种要素。

(1) 拥有客户所期望的商品(保证备货)。

(2) 在客户希望的时间内送交商品(保证送货)。

(3) 符合客户所期望的质量(保证品质)。

物流服务具有从属性、即时性、移动性和分散性、需求波动性、可替代性的特点。

1) 从属性

由于货主企业的物流需求是以商流为基础，伴随商流而产生、发展，因此，物流服务必须从属于货主企业物流系统，表现在流通货物的种类、流通时间、流通方式、提货配送方式都是由货主选择决定，物流企业只是按照货主的需求，提供相应的物流服务。

2) 即时性

物流服务是属于非物质形态的劳动，它生产的不是有形的产品，而是一种伴随销售和消费同时发生的即时服务。

3) 移动性和分散性

物流服务是以分布广泛、大多数是不固定的客户为对象，所以，具有移动性及面广分散的特性，它的移动性和分散性会使产业局部的供需不平衡，也会给经营管理带来一定的难度。

4) 需求波动性

由于物流服务是以数量多而又不固定的顾客为对象，它们的需求在方式上和数量上是多变的，有较强的波动性，为此容易造成供需失衡，成为在经营上劳动效率低、费用高的重要原因。

5) 可替代性

物流服务的可替代性主要表现在两个方面。

（1）站在物流活动承担主体的角度看，物流服务既可以由产生物流需求的企业自己完成，也可以外包给专业公司完成，也就是采用社会化物流的方式来完成。因此，对于专业物流企业，不仅有来自行业内部的竞争，也有来自货主企业的竞争。如果物流行业整体水平还难以满足货主企业的需求，则意味着物流企业会失去一部分市场。反过来说，物流行业的服务水准难以达到货主要求的情况下，货主企业就会以自营物流的形式拒绝物流企业的服务，物流企业的市场空间的扩展就会面临困难。

（2）站在物流企业提供的服务品种角度看，由于存在着公路、铁路、船舶、航空等多种运输方式，货主可以对服务的成本和质量等各种相关因素权衡后，自主选择运输形式。因此，不同运输手段便会产生竞争。物流企业的竞争不仅会来自同业种内的不同企业，还会来自不同业种的其他企业。物流服务的可替代性，为货主企业增加了物流服务实现形式的选择，但对物流企业，特别是运输企业，就增加了经营难度。

2. 物流服务管理意义

1）提高物流服务水平有利提升企业竞争力

随着时代的发展，企业间的竞争日益激烈，竞争的方式和手段除了价格、成本、质量外，现在物流服务水平成了企业竞争的有力手段。

2）物流服务已成为企业经营差别化的重要一环

企业物流功能不再只停留在商品传递和保管等一般性活动上，不再是企业生产和消费的附属职能。而是实现企业经营差别化的重要部分，是企业实现差别化战略的重要方式和途径。

3）物流服务水平的确立将影响企业的经营绩效

决定物流服务水平是构筑物流系统的前提条件，在物流开始成为经营战略重要一环中，物流服务越来越具有经济性的特征。因此物流服务的供给不能够无限制，否则会带来过高的成本，严重损害经营绩效，影响企业稳定收益。因此确立物流服务水平是企业战略的重要内容之一。

4）物流服务方式选择有利于降低企业流通成本

成本是企业竞争的重要内容，从生产资料、零配件和人力成本等方面可以降低成本。除此之外物流服务方式等软性要素的选择对成本也具有相当重要的影响。合理的物流方式能够提高流通效率，能够在利益上推动企业发展，是企业利用的重要源泉。

5）物流服务是连接生产厂家、批发商和零售商的纽带

随着经济一体化形式的出现，企业间的竞争不再是单个企业的竞争，而是供应链间的竞争，体现了网络竞争的形势。企业经营网络的构筑是当今竞争战略的主要内容。物流服务作为一种特有的服务方式，一方面以商品为媒介，打破了供应商、批发商和零售商之间的隔阂，有效推动商品从生产到消费全过程的顺利流动；另一方面，物流服务通过自身特有的系统设施不断将商品销售、在库等重要信息反馈给流通中的相关企业，使整个流通过程顺利协调运作，适应动态的市场变化。

4.2.2 物流服务水平决策

加强物流服务管理的同时，明确相应的物流服务水平，从而保持成本和服务之间的一种均衡关系。

1. 物流服务和成本的关系

物流服务管理的目的是以适当的成本实现高质量的顾客服务。物流服务和成本呈现了二律背反的关系，物流服务质量提高，成本就会上升，因此二者之间的关系适用于收益递减规律，如图 4.1 所示，在服务水平较低的阶段，如果追加 X 单位服务成本，服务质量将提高 Y，而在物流服务水平较高阶段，同样地提高 X 单位的成本，物流服务质量程度明显降低。因此，无限度的提供物理服务水平，会因为成本的上升的速度加快，反而使物流服务效率没有多大的变化，甚至下降。

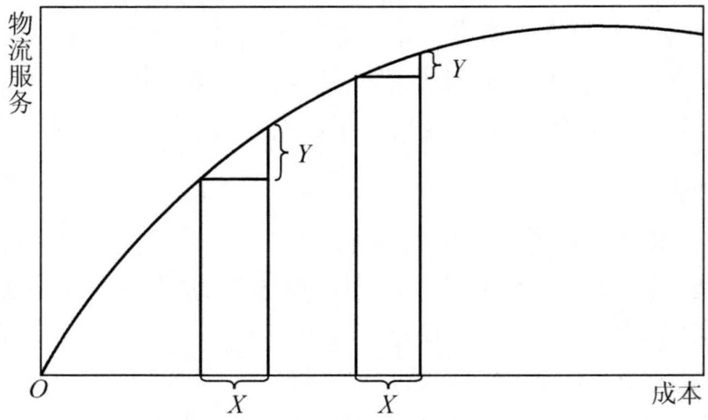

图 4.1　物流服务与成本关系

2. 确定物流服务水平

随着物流活动的提高，企业可以达到更高的客户服务水平，成本将加速增加。在大多数经济活动中，只要活动水平超出其利益最大化的点，人们将能够观察到这样的一种现象。销售—服务关系中的边际收入递减和成本—服务曲线的递增将导致利润曲线的形成，如图 4.2 所示。

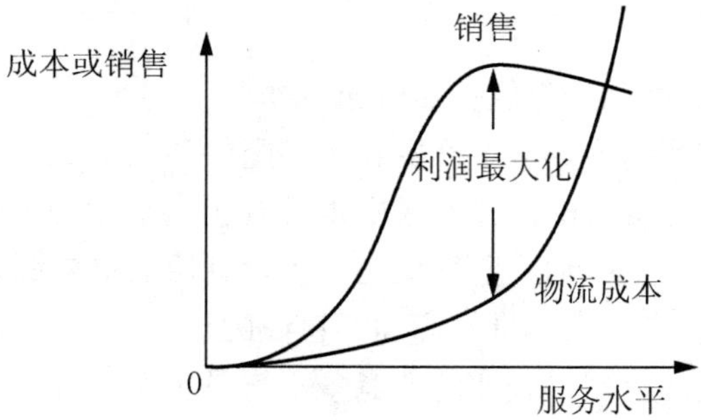

图 4.2　不同服务水平下收入—成本关系

不同服务水平下收入与成本之差就决定了利润曲线。因为利润曲线上有个利润最大化的点，所以规划物流系统就是要寻找这一理想的服务水平。

3. 确定物流服务水平步骤

从图 4.2 可见，确定物流服务水平对企业来说至关重要。因此要根据合理的步骤确立此水平程度，确定物流水平步骤如图 4.3 所示。

1）进行客户服务市场调研

通过调研问卷、专家访谈和座谈，收集物流服务信息。了解客户提出的服务要素是否重

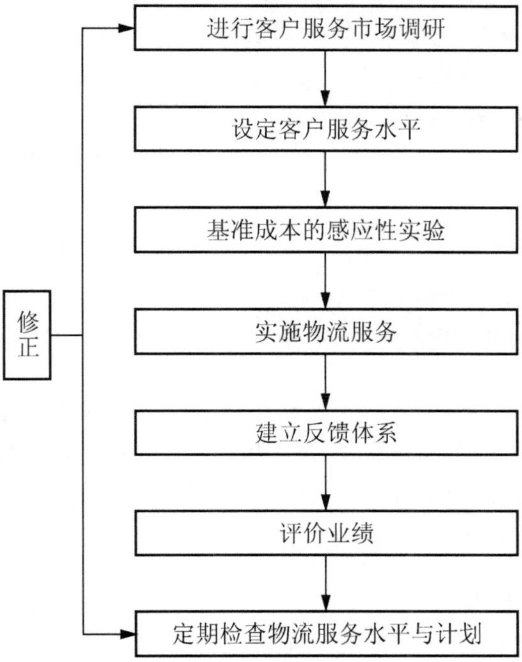

图 4.3　物流服务水平确定步骤

要，他们的满意情况，对比与其他企业是否有竞争力。

2）设定客户服务水平

根据对客户服务调查结果，对客户服务的各环节的水平进行界定，设立初步水平标准。

3）基准成本的感应性实验

基准成本的感应性是指客户服务水平变化时成本的变化程度。

4）根据客户服务水平实施物流服务

5）建立反馈体系

客户的评定是物流服务质量的基本测量，但是客户一般不主动提供自己对服务质量的评定，因此要建立服务质量的反馈体系，及时了解客户的反应，以便采取针对性措施改进物流服务。

6）评价业绩

实施物流服务后，企业相关部门应该对业绩情况进行评价，检查客户的索赔、迟配、事故和破损等。以此了解服务水平是否达到标准。

7）定期检查基准与计划

物流服务水平是动态变化的过程，因此物流服务水平标准应该进行定期的检查、变更，以保证物流服务质量。

8）修正标准

通过对以往物流服务标准实施和执行情况，对存在问题标准进行修订优化。

【案例 4－3】

残缺的物流服务

据武汉市某报纸报道，武汉有位女士，其居住在河南的女儿、女婿为尽孝心，委托某货运公司托运了苹果和梨各一箱。该女士按原定的到货时间致电货运公司，货运公司称货物均尚未运到。事隔多天后货运公司通知该女士，说水果已经到武汉。该女士前往货运站取货，却发现两箱水果残缺不全，一箱苹果只剩下几个，梨也只剩下1/3。在多次询问后，经理称水果在运输保管途中因气候原因变质、腐烂，尚好的部分让工人吃掉了，所以只剩下这么一点。当记者问及承运部门是否知道箱内物品的类别，以及不同类型的货物不能混装时，这位经理竟答道："这个我们不管。"

思考：客户服务工作的基本前提是什么？就物流企业来讲客户的基本需求是什么？这位物流公司的经理应如何提高服务满足客户。

单元 4.3　现代物流成本管理

"物流是企业成本最后一块未开发的处女地，是管理的黑暗大陆。"这是著名管理大师德鲁克在1962年提出的物流观点；日本早稻田大学的西泽修教授业提出"物流是企业的第三利润源"的说法。他们的观点都提出物流成本的重要性，因此降低物流成本，提供运营效率是企业提成竞争优势的有效途径。

4.3.1　现代物流成本管理概述

1. 物流成本

1）物流成本的含义

我国的标准《物流术语》对物流成本的定义是：物流活动中所消耗的物化劳动和活劳动的货币表现。具体地讲，物流成本是指在企业物流活动中，物品在空间位移(包括静止)过程中和时间上，耗费各种资源进行的活劳动和物化劳动的货币表现总和，即在企业经营活动的需求预测、选址、采购、配送、包装、装卸搬运、运输、储存、流通加工、订单处理、客户服务、返还品处理、废弃物处理及其他辅助活动等环节中支出的人力、财力和物力的总和。具体表现为企业向外部企业支付的物流费用、企业内部消耗掉的物流费用、企业材料物流费用、销售物流费用等。

以制造企业的物流系统流程(图4.4)为例，可以进一步了解物流成本。

通过图4.4，可以看出制造企业物流过程具体包括从生产企业内部原材料和协作部件的采购、供应开始，经过生产制造过程中的半成品存放、成品包装、搬运、装卸及运输到流通领域，进入仓库验收、分类、储存、保管、配送、运输，最后到顾客手中的全过程，在这些过程中所发生的所有费用就是制造企业物流成本。

2）物流成本的特点

要进行物流成本管理，必须熟悉和掌握物流成本的特点。企业物流成本的特点如下。

（1）系统性。物流成本产生于企业从事物资流动活动所耗费的资源，物资流动过程贯穿企业的整个业务，因此企业物流成本具有系统性的特点。从物资流动的整体性观点来看，企业的物流成本系统实际上是由采购、生产、销售等各个子系统的物流成本共同构成。企业必须从系统的角度来分析物流成本控制，通过对整个系统运行的协调控制，加强各组织部门的协作管理，才能最大限度地降低系统物流总成本。

（2）隐含性。现有的会计核算制度是按照劳动力和产品来分摊企业成本的，在企业的"损益表"中没有物流成本的独立核算，而只是把运输、仓储等对外支付的物流费用单列出来，而在整个运营过程中，许多物流环节的费用大多划入生产成本核算导致企业物流成本难以

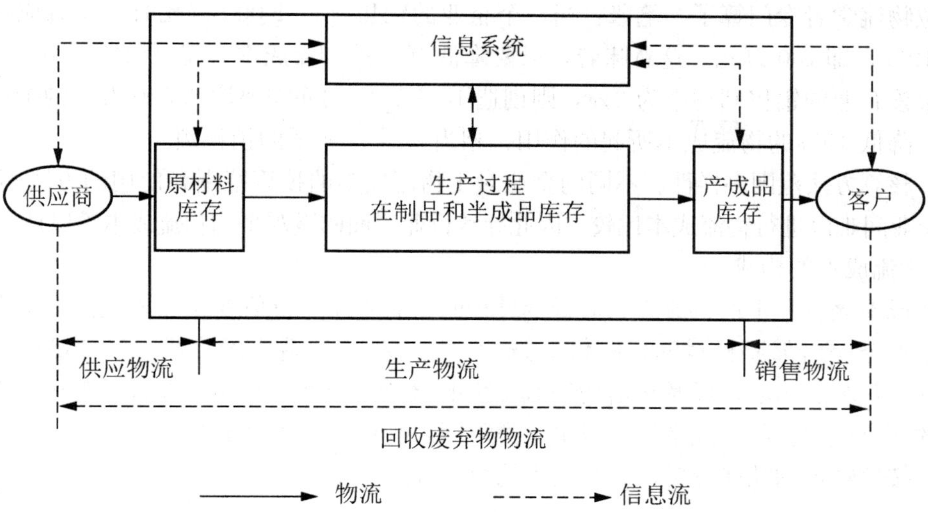

图 4.4　典型制造企业物流系统流程

准确体现。物流成本冰山理论中也指出人们读财务报表时，只注意到企业公布的财务统计数据中的物流费用，而这只能反映物流成本的一部分，因为有相当数量的物流费用是不可见的。

（3）效益背反性。“效益背反”是现代经济社会物流领域中常见的现象，是物流管理活动中矛盾的反映。物流系统中的效益背反包括物流各功能的效益背反和物流成本与服务水平效益背反。

① 物流各功能活动的效益背反。如减少各存储网点的库存，必然增加库存补货的频率，增加运输次数；简化包装，由包装强度降低，会增加运输装卸中货物的破损，增加成本；铁运改航空，提高了运输速度，降低库存费用，但增加了运输费用等。

② 物流成本与服务水平的效益背反。即提高物流服务，物流成本上升，它们之间存在效益背反。如仓库库存量大，客户的服务水平提高(如缺货率降低)，但库存保管成本增加，如图 4.5 所示。但物流成本与物流服务之间存在非线性关系。在低水平阶段追加成本，物流可以大幅度上升，在高水平阶段，追加成本，服务水平上升幅度不大。

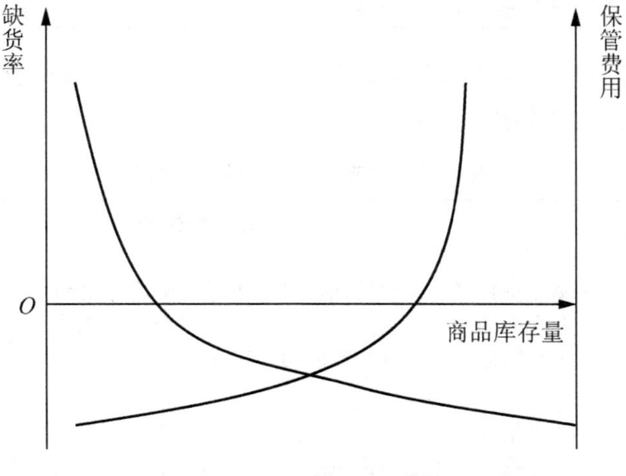

图 4.5　客户服务水平与库存量效益背反

（4）乘法效应性。物流成本消减乘法效应类似于物理学中的杠杆原理，指物理成本的下降通过一定的支点，可以使销售额获得成倍的增长。因此，物流成本的下降会产生极大的效益。一位物流学者专门算了一笔账：当一个企业的销售额是1 000万元时，物流成本约占销售额的10%，即100万元。这意味着，只要降低10%的物流成本，就可以增加100万元的利润。如果该企业的销售利润率为2%，则创造10万元的利润需要增加500万元的销售额。也就是说，降低10%的物流成本所起的作用，相当于增加50%的销售额。

（5）核算方法范围多样性。不同的企业对于物流成本的核算范围和使用的方法不尽一致，因此各企业间难以进行物流成本比较。因此导致行业层面的微观平均物流成本难以计算。

3）物流成本的构成

物流成本涵盖了生产、流通、消费全过程的物品实体与价值变化而发生的全部费用。包括了从生产企业内部原材料的采购供应开始，经过生产制造中的半成品、产品的仓储、搬运、装卸、包装、运输，以及在消费领域发生的验收、分类、仓储、保管、配送、废品回收等过程的所有成本。物流成本按照成本分类不同，其构成主体也不同。

（1）按照物流的功能分类，物流成本构成见表4-1。

表4-1 物流功能分类的成本构成

类别	描述	具体费用
运输成本	指将产品移动到消费者过程的活动中所消耗的费用	人工费用、营运费用等。如营运车辆燃料费、折旧、公路运输管理费等
库存成本	指库存活动中所消耗的费用	库存持有成本、缺货成本、在途库存持有成本等
包装成本	指为运输或库存的便利而包装时所消耗的费用	包装材料费用、机械费用、技术费用、辅助费用及人工费用等
装卸搬运成本	指在指定的地点以人力或机械设备装入或卸下物品所消耗的费用	人工费用、营运费用及合理损耗费用等
流通加工成本	指在流通过程加工所消耗的费用	设备使用费、折旧费、材料费及人工费等
物流信息成本	指一定时期内企业为收集、传输、处理物流信息而发生的全部费用	物流信息人员费用、软硬件折旧费、维护保养费、通信费
物流管理成本	指一定时期内物流管理部门及物流作业现场所发生的管理物流管理成本费用	管理人员费用、差旅费、办公费、会议费等

（2）按照物流流通环节的成本分类，其成本构成主要包括供应物流成本、生产物流成本、销售物流成本、废弃物物流成本，见表4-2。

表4-2 物流流通环节的成本构成

类别	相关物流活动
供应物流成本	供应物流是指经过采购活动，将企业生产所需原材料从供应者的仓库或者货场运回企业仓库的物流活动，它包括确定原材料等的需求数量、采购、运输、流通加工、装卸搬运、储存等物流活动。在这个物流活动中发生的费用即供应物流成本
生产物流成本	生产物流是按照企业布局、产品生产过程和工艺流程的要求，实现原材料、配件、半成品等物料在企业内部供应库与车间、车间与车间、工序与工序、车间与产成品之间流转的物流活动。它是由原材料等从供应仓库运动开始，经过制造转换形成产品，一直到产品进入成品库待销售为止。生产物流成本也就是在这个过程中发生的与物流业务相关的成本

续表

类　　别	相关物流活动
销售物流成本	销售物流是指企业经过销售活动，将产品从成品仓库通过拣选、装卸、搬运、运输等环节，一直到运输至中间商的仓库或消费者手中的物流活动，其发生的费用支出即销售物流成本
废弃物物流成本	废弃物物流成本指将在经济活动中失去原有使用价值的物品，根据实际需要进行收集、分类、加工、包装、储存、搬运等，并分送到专门处理场所的物流活动。这个过程中所发生的物流费用

(3) 按照支付形态分类，按照物流费用支付形态进行分析，物流成本的构成可以划分为委托物流成本和内部物流成本。

① 委托物流成本指企业向外部物流机构所支付的费用支出，可分为支付给专业物流公司的费用和支付给物流子公司的费用。

② 内部物流成本指为自己从事物流功能所发生的费用，具体包括材料费、人工费、维护费、一般经费、特别经费。具体费用成本构成见表4-3。

表4-3　内部物流成本的构成

费　　用	描　　述
材料费	主要包括材料费、工具费、器具费等
人工费	指物流作业中消耗的劳务所支付的费用，包括工资、福利、奖金、补贴等费用
维护费	指为使用和维护设备、车辆、搬运工具等而产生的维修费、折旧费、燃料和动力消耗费等费用
一般经费	指物流活动中所发生的一般管理费，指差旅费、会议费、教育费、杂费、通信费、土地使用税、租赁费、保险费等
特殊经费	指向企业外支付的运输费、保管费、包装费、出入库装卸费、委托物流加工费和手续费等

2. 物流成本管理

物流成本管理是对物流活动中发生的相关费用进行的计划、协调与控制。物流成本管理的意义在于通过对物流成本的有效控制，利用物流要素之间的效益背反关系，科学合理地组织物流活动，加强对物流活动过程中费用支出的有效控制，降低物流活动中的活劳动和物化劳动的消耗，达到减低企业物流总成本，提高企业和社会经济效益的目的。

1) 宏观意义

降低物流成本有利于促进国民经济发展。美国的物流成本占GDP的比重逐年递减，而经济发展水平逐年递增。可见物流成本的降低有效地促进国家经济发展水平。近年来我国加强对物流的投入，物流成本相对降低，我国经济发展水平也呈现了跨越式发展。但与国外的发展水平相比，我国的物流设备配置、物流专业化水平及物流管理水平都仍处在一个比较低的水平线上，物流成本相对较高。因此，加强对物流的投入，降低企业物流成本势在必行。

另外，降低物流成本能有效节约社会财富。物流成本作为社会财富的一个减项，实施科学合理的物流成本管理可以降低财产的损失和物品的消耗。

【案例 4－4】

上海通用公司物流管理秘笈之二：循环取货　驱除库存“魔鬼”

上海通用目前有 4 种车型，不包括其中 1 种刚刚上市的车型在内，另外 3 种车型零部件总量有 5 400 多种。上海通用在国内外还拥有 180 家供应商，拥有北美和巴西两大进口零部件基地。那么，上海通用是怎么提高供应链效率、减少新产品的导入和上市时间并降低库存成本的呢?

为了把库存这个“魔鬼”赶出自己的供应链，通用的部分零件是本地供应商生产的，零件会根据生产的要求在指定的时间直接送到生产线上去生产。这样，因为不进入原材料库，所以保持了很低或接近于“零”的库存，省去大量的资金占用。

有些用量很少的零部件，为了不浪费运输车辆的运能，充分节约运输成本，上海通用使用了称为“牛奶圈”的小技巧：每天早晨，上海通用的汽车从厂家出发，到第一个供应商那里装上准备好的原材料，然后到第二家、第三家，依次类推，直到装上所有的材料，然后再返回。这样做的好处是，省去了所有供应商空车返回的浪费。前两年还很少有人关注汽车物流，可现在它俨然成了汽车业的香饽饽，很多公司都希望通过降低物流成本提高竞争力。作为国内最大的中美合资汽车企业，上海通用是如何降低物流成本的?

上海通用聘请一家第三方物流供应商，由他们来设计配送路线，然后到不同的供应商处取货，再直接送到上海通用，利用循环取货的方式解决了这些难题。通过循环取货，上海通用的零部件运输成本下降了30%以上。这种做法体现了上海通用的一贯思想：把低附加价值的东西外包出去，集中精力做好制造、销售汽车的主营业务，即精干主业。

思考：通用公司在物流管理中的供应链管理对“零库存”和物流成本有哪些意义?

2）微观意义

企业加强物流成本管理，能给企业带来多方面的优势。

(1) 能够降低企业产品成本。因为物流成本是产品价格的组成部分之一，因此物流成本的大小直接影响着产品价格的高低。企业物流成本管理通过采取多种方法和措施，科学、合理地组织企业物流，使企业的物流成本降到最低，降低企业产品成本。

(2) 通过成本管理暴露企业存在问题。根据企业物流成本历年数据资料，认识到企业物流成本发展的趋势，通过掌握物流成本现状，发现企业物流中存在的主要问题，并进行针对性管理。通过物流成本管理，发现降低物流成本的环节，强化总体物流管理。

(3) 作为绩效评价依据。根据客观的统计，分析各部门的物流成本，能够正确评估企业物流部门对企业的贡献，公平合理的实施绩效奖惩。同时评估企业物流经营的绩效，制定物流规划，从供应链全过程对物流作业进行整合、管理。

(4) 增强企业的竞争能力。现代企业竞争力突出表现在产品价格、产品质量及服务水平的高低等方面。通过实施物流成本管理可以实现企业物流活动的合理化，降低企业物流成本，降低企业产品成本和改善企业的服务质量，以最经济的物流活动达到最优化的服务水平，提高企业的市场竞争力。

4.3.2　降低物流成本管理措施

目前，我国物流总成本与国外物流总成本相比仍然居高不下，采取多种有效措施控制物流成本的任务迫在眉睫。降低物流成本的基本措施包括以下几种。

1. 加强成本核算

企业要根据物流成本的会计核算对象确定本企业物流成本核算的具体项目。按照物流成本会计核算管理的要求，设置相应的会计科目、凭证和账簿，这是物流成本会计核算的关键。企业还应根据物流成本的核算特点设置适合本企业的物流成本会计报表，编制其物流成本会计报表，提供本企业的物流成本信息，同时设计具体操作流程，以期通过加强物流成本核算，降低企业的物流成本。

2. 建立物流责任会计管理制度

物流责任会计制度是根据不同级别的物流管理部门和人员应负的责任，搜集、汇总及报告有关资料的一种会计制度，它能把责任实体控制与物流成本核算有效地结合在一起，以“谁受益谁负担”的原则归集成本，进而实现物流成本的降低。

3. 优化物流服务

物流服务水平的提高有利于确保企业长期盈利。根据物流服务和物流成本之间的效益背反关系，在满足客户个性化需求的前提下，提高对物流服务水平的管理，优化物流服务，有助于降低企业的物流成本。

4. 实施供应链管理

随着企业间价格竞争的激化，现代物流成本控制不仅强调局部控制，更应重视系统化的综合控制。企业应考虑在新型物流供应链管理体制下从产品制造到最终用户整个过程的整合优化，协调企业与其他企业(如零件供应商)、运输商及客户之间的关系，实现整个供应链活动的效率化，从而降低物流成本。

5. 建立现代信息系统

现代化的信息系统能把物流活动的各个环节紧密地联系在一起，使企业物流活动中的各项物流作业能准确迅速的进行，减少物流活动各个环节之间因物流信息不畅通而造成的不必要的损失；同时，企业能依靠现代化高科技下的信息系统，建立一体化的物流运营管理系统。这样企业可以从整体上控制了物流成本发生的可能性，实现了降低整个供应链上物流总成本的目标。

6. 加强企业员工物流成本管理意识

企业应该把降低物流成本的工作，从单个的物流职能部门推广至企业各个职能部门，从单个的企业推广至整个供应链上各个成员企业，使得企业的所有员工都具有降低企业物流成本的强烈意识，企业物流成本管理能在整个供应链上所有企业及企业内部的各个部门和每位员工的身上推广开来，使企业的每一个员工都具有整体上相互联系的“供应链成本意识”和长期发展的“战略性成本意识”，从而有利于降低企业的物流成本。

【案例4-5】

上海通用公司物流管理秘笈之三：建立供应链预警机制　追求共赢

上海通用所有的车型国产化都达到了40%以上，有些车型已达到60%甚至更高。这样可以充分利用国际国内的资源优势，在短时间内形成自己的核心竞争力。上海通用也因此非常注意协调与供应商之间的关系。

上海通用采取的是“柔性化生产”，即一条生产流水线可以生产不同平台多个型号的产品，如同时生产别克标准型、较大的别克商务旅行型和较小的赛欧。这种生产方式对供应商的要求极高，即供应商必须处于“时刻供货”的状态，会产生很高的存货成本。而供应商一般不愿意独自承担这些成本，就会把部分成本加在给通用供货的价格中。如此一来，最多也就是把这部分成本转嫁到了上游供应商那里，并没有真正降低整条供应链的成本。

为克服这个问题，上海通用与供应商时刻保持着信息沟通。公司有一年的生产预测，也有半年的生产预测，生产计划是滚动式的，基本上每星期都有一次滚动，在此前提下不断调整产能。这个运行机制的核心是要让供应商也看到公司的计划，让他们能根据通用的生产计划安排自己的存货和生产计划，减少对存货资金的占用。

市场千变万化，供应链也是千变万化的，对突发事件的应变也是如此。某段时间上海通用在北美的进口零部件出现了问题，就启动了“应急计划”，不用海运而改用空运。再比如考虑到世界某个地区存在战争爆发的可能性，将对供应链产生影响，上海通用就尽可能增加零部件的库存，而且也预警所有的供应商，让他们对有可能受影响的原材料进行库存。供应链归根结底就是要贯彻一个共赢的概念。

思考：物流管理信息系统、供应链管理、预警制度对企业物流管理有何意义？

单元 4.4 现代物流质量管理

物流服务除了具有服务的基本性质之外，还具有从属性、即时性、移动性、分散性、较强的需求波动性及可替代性。物流服务必须从属于货主企业物流系统，表现在流通货物的种类、流通时间、流通方式、提货配送方式都是由货主选择决定，物流业只是按照货主的需求，站在被动的地位来提供物流服务。物流服务的特性，决定企业经营者必须关注物流服务，通过物流质量管理来提高物流服务水平。

4.4.1 现代物流质量管理概述

1. 质量与质量管理

戴明认为质量是一种最经济的手段，以最低的成本来生产最适合市场的产品。日本著名的质量权威石川馨在 1985 年提出一个广义的质量概念：“从广义上说，它是指工作质量、服务质量、信息质量、过程质量、部门质量、人员质量(包括工人、工程师、经理和行政人员)、系统质量、公司质量、目标质量等，控制质量的方方面面是我们的基本方法。”

中华人民共和国国家标准《质量管理体系 基础和术语》(GB/T 19000—2008)对质量管理中的基本术语分别给出了标准定义。指出质量是反映实体满足明确或隐含需要的能力特性总和。质量管理则是为使产品和服务的质量能满足不断更新的质量要求而开展的策划、组织、计划、实施、检查、监督审核、改进等所有管理活动的总和，是一种指导和控制组织的关于质量的协调性活动，由最高管理者负责，全员参与。

2. 物流质量管理

1) 物流质量

物流质量指现代物流活动过程满足现代企业生产需要和顾客需要的各个特性的总和。物流质量是物流商品(对象)质量、物流服务质量、物流工作质量及工程质量的总和。从这个含义中可以分析出物流质量涵盖以下内容。

(1) 物流商品质量。物流对象是具有一定质量的实体，即有合乎要求的等级尺寸、规格、性质、外观。这些质量是在生产中形成的，物流过程主要在于转移和保护这些质量，把商品完好地交给用户，以实现对客户的质量保证。

（2）物流服务质量。物流具有很强的服务性质，整个物流的质量目标就是其服务质量。服务质量因客户要求不同而各异，因而必须要了解和掌握客户对物流服务的要求，主要包括：商品质量的保持程度；流通加工对商品质量的提高程度；批量及数量的满足程度；配送额度、间隔期及交货期的保证程度；配送、运输方式的满足程度；成本水平及物流费用的满足程度：相关服务(如信息提供，索赔及纠纷处理)的满足程度。

（3）物流工作质量。物流工作质量是指围绕物流生产所做的各环节、各工种、各岗位的具体工作质量。工作质量和物流服务质量既有联系又有区别。物流服务质量水平取决于各个工作质量的总和。可见工作质量是物流服务质量的保证和基础，做好了工作质量也就在一定程度上保证了物流服务质量的提高。

（4）物流工程质量。在物流过程中，将对产品质量发生影响的各种因素如人的因素、体制的因素、设备因素、工艺方法因素等统称为工程。物流工程是支撑物流活动的工程系统。任何物流企业都必须依靠有效的工程系统来保证高质量的服务。工程设施、技术装备的质量从根本上决定物流整体质量，因而需要对其进行有效控制。

2）现代物流质量管理

现代物流质量管理是指用经济的方法，对现代物流确定和达到质量要求所必需的全部管理职能的所有活动。现代物流质量管理具备以下特点。

（1）全员参与。要保证物流服务质量，就涉及物流活动的相关环节、部门和人员，需要各方紧密配合，共同努力。物流质量管理的全员参与正是由物流管理活动的综合性、物流质量问题的重要性和复杂性决定的。

（2）全程控制。物流质量管理是对物品的包装、储存、运输、配送、流通加工等若干过程进行的全过程管理，同时又是对物品在社会再生产全过程中进行全面质量管理的重要体现。在这一过程中，必须一环紧扣一环地进行全过程管理才能保证最终的物流服务质量，达到物流管理质量目标的控制要求。

（3）全面管理。影响物流服务质量的因素具有综合性、复杂性，加强物流服务质量管理就必须全面分析各种相关因素，把握内在规律。物流服务质量管理不仅管理物流对象本身，而且还管理物流工作质量和物流工程质量，最终对成本及交货期起到管理作用，具有全面性。

（4）整体发展。物流质量管理必须从系统的各个环节、各种资源及整个物流活动的相互配合和相互协调做起，只有物流质量管理的整体发展和全面运作才能最终实现物流管理目标。

3）物流质量管理和商品质量管理的区别

从物流质量的内容分析中可以看出物流质量管理和一般商品质量管理有很大的区别，主要表现在以下两个方面。

（1）物流质量管理要满足生产者要求，使其产品能及时准确地转移给用户。

（2）物流质量管理要满足用户的需求，即按照用户的需求送交需求商品，同时使两者在经济效益上一致。

4.4.2 物流质量改进的途径

1. 物流质量改进原则

物流质量改进是指为向企业物流和客户提供增值效益，在整个企业范围内所采取的提高物理质量的效果和效率的所有措施。但是物流质量是由客户的满意度决定的，同时取决于整个物流服务过程的效果和效率，因此改进物流质量必须从改进过程着手。质量改进是一种以追求更高的过程效果和效率为目标的持续活动。质量改进不断寻求改进机会，通过预防和纠正措施消除或减少产生质量问题的原因。

2. 物流服务质量改进方法

全面质量管理是现在企业里进行质量改进的权威方法，由于物流服务质量的改进是一个循序渐进的过程。因此也应该利用全面质量管理，按照 PDCA 循环法来改进物流质量。物流质量改进从策划—实施—检查—改进 4 个方面循环进行。

1）P——策划阶段

在策划阶段要树立正确的服务理念。如何树立服务理念，应从以下 3 个方面进行。

(1) 要强化“以顾客为中心”的服务理念，正确认识顾客对服务质量的期望。“以顾客为中心”的服务理念能使服务人员产生让顾客更满意的强烈愿望，从而在与顾客接触的过程中重视顾客的各种意见和建议，关注顾客对服务质量的感知和评价，自觉产生改进服务质量的要求。

(2) 加强员工服务质量培训，同时给员工传授具体的操作技巧。一线员工是物流企业与顾客直接接触最多的人，在与顾客交流时他们服务质量观念的自然流露就可以展示出企业的实力和提供服务的能力，使顾客对企业产生信赖。同时，他们也最有机会听到或收集到顾客对其他服务和竞争对手的评价等信息。增强他们收集顾客信息的技巧和主动性，可以使物流企业掌握的顾客信息大量增加，使物流企业服务质量的测评更加真实和有效。

(3) 制订服务质量改进计划。通过在市场调研中顾客所期望的服务质量标准及现有服务的跟踪评价结果制定服务质量改进计划。在改进计划中要对制定该计划原因、改进的对象、改进的目标、完成改进的时间、改进计划实施负责人及如何完成改进等方面做出说明。

2）D——实施阶段

此阶段的主要任务是实施改进计划。在改进计划的实施过程中，物流企业要从技术、方法、管理等方面创造利于改进的环境。

(1) 采用现代信息技术提高服务水平。要改变传统的电话跟踪单一方式，应用先进的跟踪系统 GPS 和电子地图系统 GIS，通过车载智能移动信息终端实现对车辆的全程实时监控、跟踪，提高车辆的有效利用率。

(2) 建设完善的计算机配送网络管理系统，减少人工工作量，提高部门协同工作效率。为货主建立货物信息查询系统，使货主可以实时、透明地查询货物信息，了解整个配送过程、时间进度，方便货主在货物流转过程中更加合理安排自己的生产销售计划。

(3) 借鉴国际上先进的管理经验，完善管理方法。可以加强内部管理的柔性手段，促进个性化服务的发展。

3）C——检查阶段

这一阶段就是把服务质量改进结果与计划的目标进行对比，从而确定质量改进有无成效。在这一阶段，物流企业可以制定一个服务补救策略，用以处理服务质量问题。它可以包括公平对待顾客、跟踪并预期补救良机、授予员工解决问题的权利等措施。当然设置服务补救策略并不仅仅为了有机会补救有缺陷的服务和加强与客户的联系，同时也有助于进行根本原因分析，识别问题来源，进行过程改进，主动查找潜在服务失误，从而消除对补救的需要。

4）A——处置阶段

这一阶段的任务就是总结上述所有过程的经验教训，将改进过程中的成功经验和失败教训纳入有关标准、规定和制度中，同时把发现的问题转入下一个 PDCA 循环。

单元 4.5 现代物流标准化

物流作业环节使用的设备，以及包装、运输和装卸等流通环节，都缺少必要的行业标准和行业规范，导致物流效率普遍不高。有专家预计，如果我国的物流企业能够采用国际标准，其运行成本还可以降低至少 40%。

4.5.1 物流标准化概述

1. 标准与标准化概念

标准是对重复性的事务和概念所做的统一规定。以科学、技术和实践经验的综合成果为基础，经有关方面协商一致，由一个公认的机构批准，以特定形式发布，作为共同遵守的准则和依据。

标准化是指在经济、技术、科学及管理等社会实践中，对重复性事务的概念通过制订、发布和实施标准达到统一，以获得最佳秩序和社会效益的活动。它是一门综合性学科，具有综合性、政策性和统一性的特点。标准化的实质是通过制定、发布和实施标准，达到统一；获得最佳经济秩序是标准化的目的。标准是标准化活动过程的成果。标准化的过程一般包括标准的产生、标准的实施和标准的更新 3 个过程。

2. 物流标准化的特征

物流标准化是指以物流为一个大系统，制定系统内部设施、机械装备，包括专用工具等的技术标准，包装、仓储、装卸、运输等各类作业标准，以及作为现代物流突出特征的物流信息标准，并形成与国际接轨的标准化体系。要从以下几方面来理解物流标准化的内涵，见表 4－5。

表 4－5 物流标准化主要内容分类

标准化类别	描 述
基础编码标准	是对物流对象编码，并且按物流过程的要求，转化成条形码，这是物流大系统能够实现衔接、配合的最基本的标准，也是采用信息技术对物流进行管理和组织、控制的技术标准。在这个标准之上，才能实现电子信息传递、远程数据交换、统计、核算等物流活动
物流基础模数尺寸标准	基础模数尺寸指标准化的共同单位尺寸，或系统各标准尺寸的最大公约尺寸。在基础模数尺寸确定之后，各个具体的尺寸标准，都要以基础模数尺寸为依据，选取其整数倍数为规定的尺寸标准。由于基础模数尺寸的确定只需在倍数系列进行标准尺寸选择其他尺寸标准，这就减少了尺寸的复杂性。物流基础模数尺寸的确定不但要考虑国内物流系统，而且要考虑到与国际物流系统衔接，具有一定难度和复杂性

续表

标准化类别	描　述
物流建筑基础模数尺寸	主要是物流系统中各种建筑物所使用的基础模数，它是以物流基础模数尺寸为依据确定的，也可选择共同的模数尺寸。该尺寸是设计建筑物长、宽、高等尺寸，门窗尺寸，建筑物柱间距，跨度及进深等尺寸的依据
集装模数尺寸	是在物流基础模数尺寸基础上，推导出的各种集装设备的基础尺寸，以此尺寸作为设计集装设备三向尺寸的依据。在物流系统中，由于集装是起贯穿作用的，集装尺寸必须与各个环节物流设备、设施、机具配合，因此，整个物流系统设计时往往以集装尺寸为核心，然后，在满足其他要求前提下决定各设计尺寸。因此，集装模数尺寸影响和决定着与其有关各环节标准化
物流专业名词标准	为了使大系统有效配合和统一，尤其在建立系统的情报信息网络之后，要求信息传递异常准确，这首先便要求专用语言集所代表的含义实现标准化，如果同一个命令，不同环节有不同的理解，这不仅会造成工作的混乱，而且容易出现大的损失。物流专业名词标准包括物流用语的统一化及定义的统一解释
物流单据、票证的标准	物流单据、票证的标准化，可以实现信息的录入和采集，将管理工作规范化和标准化，也是应用计算机和通信网络进行数据交换和传递的基础。它可用于物流核算、统计的规范化是建立系统情报网、对系统进行统一管理的重要前提条件，也是对系统进行宏观控制与微观监测的必备前提
标志、图示和识别标准	物流中的物品、工具、机具都是在不断运动中，因此识别和区分的标志十分重要，对于物流中的物流对象，需要易于识别并易于区分的标志，有时需要自动识别，这就可以用复杂的条形码代替用肉眼识别的标志
专业计量单位标准	除国家公布的统一计量标准外，物流系统还有许多专业的计量问题，必须在国家和国际标准基础上，确定本身专门的标准，同时，由于物流的国际性突出，专业计量标准还需要考虑国际计量方式的执行，还要考虑国际习惯用法，不能完全以国家统一计量标准为唯一的依据

物流标准化的特点如下。

(1) 物流标准化系统涉及面广泛。与一般标准化系统相比，物流标准化系统涉及面更为广泛，涉及对象较多，包括名称、单据、标识、建筑、工具等多种。因此物流系统标准种类繁多、内容复杂。

(2) 物流标准化系统是属于二次系统。构成物流大系统的各个分系统，在物流概念形成及发展之前，有的已经拥有和应用了相应的标准化。在推行物流标准化时，必须以此为依据，在各个分系统标准化基础上建立物流标准化系统。因此物流标准化系统不是全部创新的系统。

(3) 物流标准化要体现科学性、民主性和经济性。科学性、民主性和经济性，是标准的"三性"，由于物流标准化的特殊性，必须非常突出地体现这"三性"，才能搞好这一标准化。

(4) 物流标准化有非常强的国际性。由于经济全球化的趋势所带来的国际交往大幅度增加，而所有的国际贸易又最终靠国际物流来完成。各个国家都很重视本国物流与国际物流的衔接，在本国物流管理发展初期就力求使本国物流标准与国际物流标准化体系一致，若不如此，不但会加大国际交往的技术难度，更重要的是在本来就很高的关税及运费基础上又增加了因标准化系统不统一所造成的效益损失，使外贸成本增加。

(5) 贯彻安全与保险的原则。物流安全问题是在标准化制订过程中要重点关注的问题。因为物流事故的发生不仅会带来经济上的严重损失，还会带来人身伤亡。因此要制定物流安全标准，以提高物流运作的安全水平。

4.5.2 物流标准化的作用

1. 实施物流标准化有利于提高现代物流管理水平

物流系统从生产的原料供应，生产出产品，经流通到消费，直到回收再生，是一个综合的大系统，分工越来越细，要求这个系统高度社会化。因此，要使整个物流系统形成一个统一的有机整体，从技术和管理的角度来看，物流标准化起着纽带作用。只要在物流系统的各个环节制定标准，并严格贯彻执行，就能实现整个物流系统的高度协调统一，提高系统的管理水平。

2. 实施物流标准化有利于降低货物在流通中的质量损失

物流是物的实体流动过程，即货物从生产场地要被送到消费者手中。物流标准化对运输、包装、装卸、搬运、仓储、配送等各个子系统都制定了相应标准，形成了物流的质量保证体系，只要严格执行这些标准，就能将合格的物资送到用户手中。

3. 实施物流标准化有利于提高经济效益

在整个物流系统中实现标准化，可以加快运输、装卸搬运的速度，降低暂存费用，减少中间损失，降低物流成本，提高工作效率，从而提高经济效益。例如我国铁路与公路两个交通部门由于集装箱没有实现统一标准，双方在运输转换时要增加一道倒箱工作，为此每吨货物要增加1元的费用，相当于火车30km以上的运费。

4. 实施物流标准化有利于与国际接轨

物流标准化是消除壁垒、促进国际贸易发展的重要保障。在国际贸易中，由于各国或地区标准不一致，已成为重要的技术壁垒，影响了一个国家的进口或出口。因此，必须在运输工具、包装、装卸器具、仓库、信息，甚至资金结算等方面采用国际标准，实现国际统一化，才能使国际贸易得到更快地发展。比如，集装箱的尺寸规格与国际上不一致，就会产生与国外的物流设施、设备、机具不配套，使运输、装卸、仓储都发生困难，就会影响物资的出口。又如“无纸张贸易”将商品销售与生产厂家之间的一系列活动的时空减小到最低限度，没有标准化作保证，“无纸张贸易”是很难实现的。

4.5.3 物流标准化方法

1. 确定物流的基础模数尺寸

物流基础模数尺寸的作用和建筑模数尺寸的作用大体是相同的，其考虑的基点主要是简单化。基础模数尺寸一旦确定，设备的制造、设施的建设、物流系统中各环节的配合协调、物流系统与其他系统的配合就有所依据。目前国际标准化组织(ISO)中央秘书处及欧洲各国已基本认定600(mm)×400(mm)为基础模数尺寸。

知识链接

由于物流标准化系统较之其他标准化系统建立较晚，所以，确定基础模数尺寸主要考虑了目前对物流系统影响最大而又最难改变的事物，即输送设备。采取“逆推法”，由输送设备的尺寸推算最佳的基础模数。当然，在确定基础模数尺寸时也考虑到了现在已通行的包装模数和已使用的集装设备，并从行为科学的角度研究了人及社会的影响。从其与人的关系看，基础模数尺寸 600(mm)×400(mm)是适合人体操作的高限尺寸。

2. 确定物流模数

物流模数即集装基础模数尺寸。物流标准化的基点建立在集装的基础上，所以，在基础模数尺寸之上，还要确定集装的基础模数尺寸(即最小的集装尺寸)。

集装基础模数尺寸可以从 600(mm)×400(mm)按倍数系列推导出来，也可以在满足 600(mm)×400(mm)的基础模数的前提下，从卡车或大型集装箱的分割系列推导出来。

3. 以分割及组合的方法确定系列尺寸

物流模数作为物流系统各环节的标准化的核心，是形成系列化的基础。依据物流模数进一步确定有关系列的大小及尺寸，再从中选择全部或部分，确定为定型的生产制造尺寸，这就完成了某一环节的标准系列。由物流模数体系，可以确定各环节系列尺寸。根据物流模数可以推导出大量的系列尺寸，如图 4.6 所示。

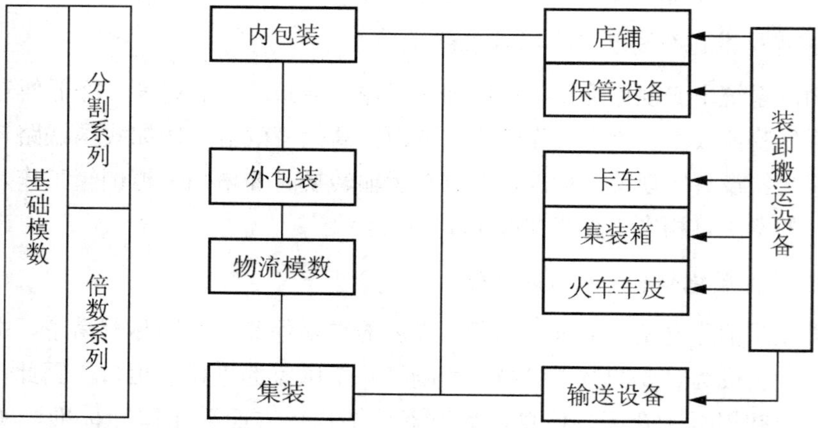

图 4.6　系列尺寸推导关系

4.5.4　国际标准化

1. 国际标准化组织

1）国际标准化组织概况

国际标准化组织(International Organization for Standardization，ISO)是一个全球性的非政府组织，是国际标准化领域中一个十分重要的组织。ISO 成员由来自世界上 100 多个国家的国家标准化团体组成，代表中国参加 ISO 的国家机构是国家质量监督检验检疫总局。ISO 与国际电工委员会(IEC)有密切的联系，中国参加 IEC 的国家机构也是国家质量监督检验检疫总局。ISO 和 IEC 作为一个整体担负着制订全球协商一致的国际标准的任务，ISO 和 IEC 都是非政府机构，它们制订的标准实质上是自愿性的，这就意味着这些标准必须是优秀的标准，它们会给工业和服务业带来收益，所以工业和服务业自觉使用这些标准。ISO 和 IEC 不是联合国机构，但它们与联合国的许多专门机构保持技术联络关系。ISO 和 IEC 有约 1 000 个专业技术委员会和分委员会，各会员国以国家为单位参加这些技术委员会和分委员会的活动。ISO 和 IEC 还有约 3 000 个工作组，ISO 和 IEC 每年制订和修订 1 000 个国际标准。

2）国际标准化组织的宗旨和任务

（1）宗旨。国际标准化组织的宗旨是在世界范围内促进发展标准化工作，以利于国际物资交流和互助，并扩大知识、科学、技术和经济方面的合作。

（2）任务。国际标准化组织的主要任务是制定国际标准，协调世界范围内的标准化工作，与其他国际性组织合作研究有关标准化问题。

2. 国际标准化的几个参数

目前，ISO 对物流标准化的研究工作仍在进行中。对于物流标准化的重要模数尺寸已大体取得了一致意见并拟定出了初步方案。几个基础模数尺寸如下。

（1）物流基础模数尺寸：600(mm)×400(mm)。

（2）物流模数尺寸(集装基础模数尺寸)：1 200(mm)×1 000(mm)为主，也允许 1 200(mm)×800(mm)及 1 100(mm)×1 100(mm)。

（3）物流基础模数尺寸与集装基础模数尺寸的配合关系如图 4.7 所示。

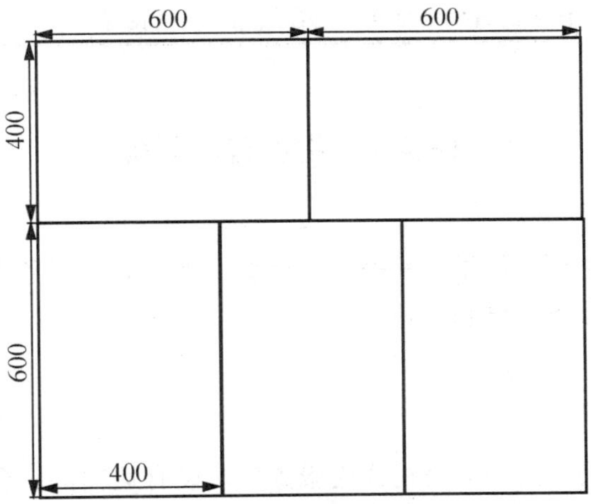

图 4.7 模数尺寸配合关系

标准化是国民经济中一项重要的技术基础工作，对于改进产品过程和服务的适用性，防止贸易壁垒，促进技术合作，提高社会效益具有重要意义。

实训任务

任务 1：物流标准化

1. 任务目标

（1）使学生掌握物流标准化涉及哪些设施设备的尺寸。

（2）物流标准化在具体物流操作中的重要性表现在什么地方？

2. 任务完成

1）完成步骤

（1）复习相关理论知识，例如：物流基础模数尺寸是400(mm)×600(mm)；物流模数尺寸(集装基础模数尺寸)：1 200(mm)×1 000(mm)为主，也允许1 200(mm)×800(mm)及1 100(mm)×1 100(mm)。

（2）请同学们到实训室或者企业的实训基地进行包装箱往托盘上堆放操作、托盘在仓库中的堆放操作、叉车与托盘的配合操作等。

（3）小组讨论，教师总结。

2）检查标准

物流标准化检查标准表

检查标准	考评标准	分　值	实际得分
课本理论知识	理论知识归纳总结分类	10	
	理论知识与实际操作结合分析	20	
现场或实训室操作	物流标准化思路清晰、设置摆放合理	20	
	总结全面、分析透彻	20	
公开讲解	小组代表讲解生动全面、内容熟练、反应良好	30	

任务2：物流客户服务

1. 任务目标

通过本任务的学习和训练使学生掌握不同类型物流企业的服务内容；掌握物流企业的服务要素；了解物流客户服务要求和一般流程。

2. 案例引入

设定以下练习情景。

（1）通达物流集团公司河南分公司物流服务公司设有运输部、仓储、报关、码头、商贸等子公司。请选定子公司，利用电话形式完成对各个子公司的业务介绍。

（2）该集团公司综合物流服务公司，设有运输部、仓储、报关、码头、商贸等子公司。大马摩托厂来公司进行业务洽谈，请给予接待安排。

（3）该集团公司物流服务公司，设有运输部、仓储、报关、码头、商贸等子公司。西西涂料厂投诉货物未按时装柜，请完成投诉受理业务。

3. 任务完成

1）完成步骤

（1）小组抽签选择以上情景模拟任务。

（2）课下准备。

（3）课堂上分别演练。

（4）其他同学点评，教师总结。

2）检查标准

岗位人员招聘检查标准表

检查标准	考评标准	分 值	实际得分
课本理论知识	理论知识应用	20	
	理论知识实践结合灵活应用	20	
业务流程	物流服务内容、服务要素、物流服务客户和一般流程	30	
公开讲解	小组代表讲解生动全面、内容熟练、反应良好	30	

模块小结

现代物流管理是以最低的物流成本达到用户所满意的服务水平，对物流活动进行的计划、组织、协调和控制。现代物流区别于传统物流，是系统整合的协作物流，以企业整体最优为目的；是客户服务物流，客户服务是物流管理创新的原动力；依靠先进的信息技术实现物流管理。

物流企业的竞争越来越体现在服务质量上的竞争，服务已成为企业取得竞争优势的重要手段。物流服务具备从属性、即时性、移动性和分散性、需求波动性、可替代性的特点。

物流成本涵盖了生产、流通、消费全过程的物品实体与价值变化而发生的全部费用。包括了从生产企业内部原材料的采购供应开始，经过生产制造中的半成品、产品的仓储、搬运、装卸、包装、运输，以及在消费领域发生的验收、分类、仓储、保管、配送、废品回收等过程发生的所有成本。

物流服务水平需要从物流时间、物流成本、物流效率 3 个方面进行物流质量衡量，考核服务指标，进行全面物流质量管理。

标准化工作有利用提高现代物流管理水平，提高企业竞争力。抓好物流标准化工作意义深远。

模块 5

现代物流信息管理

XIANDAI WULIU XINXI GUANLI

【技能目标】

(1) 了解现代物流信息技术的类型、特征。
(2) 掌握现代物流信息管理职能在物流系统中的作用和地位。
(3) 可对物流信息管理系统软硬件进行识别和基本操作。

【知识目标】

(1) 掌握现代物流信息管理职能在物流系统的应用。
(2) 掌握现代物流信息技术基本功能和基本应用。

【工作任务】

通达物流公司河南分公司需要构建现代化的物流信息管理系统，综合了解国内外物流信息管理系统发展状况，通达物流公司决定首先建立条码系统及 RFID 系统作为整个公司物流信息管理系统的基础平台。

为确保条码系统配置科学、合理、有效，需要你做以下准备工作。

（1）通过资料调研，为通达物流公司选择合适的条码生成软件。

（2）掌握货物对应条码的生成、打印和存档的技能。

（3）掌握 RFID 系统的应用。

单元 5.1 现代物流信息的内涵和意义

5.1.1 物流信息概述

物流信息(Logistics Information)是反映物流各种活动内容的知识、资料、图像、数据和文件的总称(GB/T 18354—2006)。物流信息产生于物流活动中，是贯穿生产环节到消费环节发生的物流活动而形成的信息流，为物流系统中各项活动，如运输、仓储、装卸、包装等提供了基础支撑和保障，属于人力、物力、财力、时间、信息 5 大生产必备资源中的信息资源。

随着网络的普及和计算机应用的推广，信息化已经成为各行业现代化的重要标志之一；而物流的现代化，信息化是其首要条件。通过利用计算机网络、通信网络，可以极大地提高物流信息处理和传递速度，使得物流活动效率提高、反应时间缩短，变相地降低了企业的运营成本，提高了企业的服务能力。因此，建立一套科学、合理、有效的物流信息系统，是现代物流企业的一项关键工作。

5.1.2 物流信息的内涵

物流信息根据信息源不同，可分为内部信息和外部信息两类。

1. 内部信息

内部信息指物流系统内信息，是产生于物流活动中运输、仓储、包装、装卸、配送、流通加工等环节的各类信息。物流活动中选择什么样的运输工具、运输路线的制定、仓库位置的选择、中途货物追踪、仓储效率的提高、订单管理等，都需要物流信息的支撑，所以物流系统内信息对运输管理、仓储管理、订单管理等物流活动提供了支撑。

2. 外部信息

外部信息指物流系统外信息，是产生于物流活动之外的，但又服务于物流活动的信息，如供货人信息、收货人信息、订单合同信息、交通运输信息、市场信息、政策信息，以及企业生产、财务等部门产生的与物流有关的信息。

5.1.3 物流信息的分类

物流管理信息按管理层次方式分类，有操作管理、知识管理、战术管理、战略管理4类，见表5-1。

表5-1 物流管理信息的分类

类别	描述	常见管理内容	特点
操作管理信息	产生于物流的作业活动，是企业日常生产和经营工作的反映。它处于管理信息中的底层，是管理信息中其他信息的源头	常见的有订货信息、计划管理、运输管理、库存管理、设备管理等	数量庞大、发生频度高
知识管理信息	隐藏在企业内部的，由企业相关人员对自己工作总结提炼的知识信息	管理者的决策知识、工人的技术知识、员工的经验知识等	隐蔽性强、专业技术性强、贯穿企业各个部门
战术管理信息	企业中战术层面的决策信息内容，是部门负责人作局部和中期决策所涉及的内容	合同订单信息、客户关系管理、质量管理、计划管理、市场商情等管理信息	范围的局部性、时间的中期性
战略管理信息	企业中管理层战略层面的决策信息内容，如企业年度经营目标、企业战略规划所需要的信息	综合报表管理、供应链管理、企业战略管理、市场动态、国家有关政策法规等	准确性有限、内容抽象不具体、多为报表的表现形式、外部战略管理信息数量较少

5.1.4 物流信息的特征

物流信息除具备信息通用特征外，还具有以下特有特征。

1. 信息总量大

物流信息是伴随着物流活动和商品交易而产生的，随着物流服务标准的提高、货物品种的丰富、多频次小额度货物配送要求的增加、运输情况的复杂化等情况，使得物流信息总量呈现几何级增长的趋势。

2. 信息更新速度快

零库存、POS系统的及时销售、多频次小额度货物配送需求，对物流信息更新要求越来越高、速度要求越来越快。

3. 信息类型多、来源多样化

物流信息不仅包括内部信息，还包括企业之外的信息，如与物流活动有关的现代物流技术基础设施、法律、法规、条例等。因此，物流信息存在着信息类型多、来源多样化、难以分类筛选的特点。

4. 信息标准化程度高

由于物流信息存在总量大、更新速度快的特点，为更高效准确的进行信息交换和共享，需要对不同类型的信息进行统一编码。因此，物流系统必须按照国际或国内相关要求，对信息进行标准化定制。

5.1.5 物流信息的基本功能

1. 控制流程功能

物流活动的流程依次为安排仓储、材料管理人员选择作业程序、运输、配送、交货。而在控制流程方面物流信息具有标准化、规范化、效率第一的特征。

2. 控制管理功能

物流服务的管理是物流服务水平和质量的保障，而管理功能的实施对象主要是物流企业员工及相关资源。通过计算机网、通信网、GPS定位等技术实现物流信息网络化，有助于提高管理力度，实现成本核算、资产平衡、服务效率计算等功能。故而准确、高效的信息通道是物流企业管理控制的前提保障。

3. 组织协调功能

物流信息系统提供的信息，可以为供货方、消费者、中间商之间搭建沟通平台，满足各方不同的需求，同时也协调物流各活动的协作运行；在物流运作中，加强信息的集成与流通，有利于工作的时效性，提高工作的质量与效率，降低劳动强度系数。

4. 辅助决策功能

物流网络规划决策、运营线路设计与选择、仓库作业计划、库存管理、利用外部资源补充内部瓶颈资源、物流系统中的短期决策等管理工作都需要经过处理的大量信息支持，包括评估信息、成本—收益信息等。因此，物流信息系统为企业管理者进行决策提供了依据和数据支持。

【案例 5－1】

家电物流成功案例——TCL 速必达

深圳速必达物流服务有限公司是TCL集团的全资子公司，为TCL集团各事业部的提供物流集成服务。同时，利用现代的IT技术，搭建物流资源信息及物流运作操作平台，为上游客户和下游物流供应商提供物流资源整合服务。

TCL速必达物流平台由WMS、TMS和FMS构成，通过EDI SERVER与其TCL的SAP、K3系统无缝集成。从生产下线产品基地仓库开始，到中心区域库，干线运输到区域物流中心，最后将家电产品送到终端客户。订单实行平台集中管理，CDC和RDC的统一管理，干线运输调度，货物集拼，二次配送等业务。从需求录入到计划编排和物流操作，所有角色都基于这一平台进行作业，使用同一个数据源信息，保证了数据的准确性和及时性；该系统成功地实现了各RDC动态的库存数据，使各级人员能及时了解库存的变动信息，有利于对库存的管理和控制；从订单录入开始到计划审核、财务审核以及物流操作的各个环节，所有人员都可以在系统上进行操作并查询，实现了订单全生命周期管理，供应链透明化运作。

（资料来源：http：//www. vtradex. com/case2. html. ）

思考：现代物流系统中，信息管理职能到底发挥着什么样的作用，是如何将物流信息整合为一个系统，为物流其他职能提供支撑和保障功能的？科学、合理、高效的物流信息管理系统是如何成为物流现代化的核心标志的？为什么说物流信息管理系统是一家物流企业的核心竞争力？

单元 5.2 现代物流信息技术

近几年，我国的第三方物流市场以每年 16%～25%的速度增长。虽然我国物流行业发展很快，但目前我国第三方物流信息化应用的水平还比较低。据统计，大量第三方物流企业的信息化水平还停留于 GPS、RFID 等初级阶段，有的企业甚至连办公套件、企业邮箱都还不具备，这类企业占第三方物流企业总数的 50%以上。

5.2.1 物流信息技术概述

信息技术(Information Technology，IT)泛指能拓展人们信息处理能力的技术。信息技术主要包括传感技术、计算机技术、通信技术、控制技术等，它替代或辅助人们完成了对信息的检测、识别、变换、存储、传递、计算、提取、控制和利用。

物流信息技术是指运用于物流领域的信息技术。根据物流的功能和特点，物流信息技术主要包括条形码技术、无线射频识别技术、计算机网络技术、多媒体技术、地理信息技术、全球卫星定位技术、自动化仓库管理技术、智能标签技术、信息交换技术、电子数据交换技术、数据库技术、数据仓库技术、数据挖掘技术、Web 技术等。主要应用于物流信息的采集，处理、传输、动态跟踪和控制。

5.2.2 条形码技术

条形码技术又称条码技术，是 20 世纪在计算机应用中产生和发展起来的一种自动识别技术，是集条码理论、光电技术、计算机技术、通信技术、条码印制技术于一体的综合性技术。条码技术是物流自动跟踪的最有力工具，在物流的数据采集、快速响应、运输的应用极大地促进了物流业的发展。

1. 条形码的概念

条码(bar code)是由一组规则排列的条、空及其对应字符组成的，用以表示一定的信息的标识(GB/T 18354—2006)。图 5.1 为 EAN 商品条码字符结构实例。条形码可以利用专用的光电扫描读码装置转换为一定的脉冲信号，并解读为一定的数字或字母，标示生产国、制造商、商品名称、生产日期、图书分类号、邮件起止地点、类别、日期等各种信息。

条形码最早产生于 1949 年，在此后的半个世纪中在多数行业得到了广泛的应用，在各种读码设备的配合下，成为现代物流信息系统的重要信息采集手段。1991 年，我国正式加入国际物品编码协会，该协会分配给我国的商品条码的前缀码为 690～695。

2. 条形码的优点

1）可靠性强

条形码的读取准确率远远超过人工记录，平均每 15 000 个字符才会出现一个错误。

2）效率高

条形码的读取速度很快，相当于每秒 40 个字符。

3）成本低

与其他自动化识别技术相比较，条形码技术仅仅需要一小张贴纸和相对构造简单的光学

图 5.1　EAN 商品条形码字符结构

扫描仪，成本相当低廉。

4）易于制作

条形码的编写很简单，制作也仅仅需要印刷，被称为“可印刷的计算机语言”。

5）构造简单

条形码识别设备的构造简单，使用方便。

6）灵活实用

条形码符号可以手工键盘输入，也可以和有关设备组成识别系统实现自动化识别，还可和其他控制设备联系起来实现整个系统的自动化管理。

3. 条形码的类型

条形码可分为一维条码和二维条码，一维条码按照应用可分为商品条码和物流条码，二维条码可分为行排式二维条码和矩阵式二维条码两类。一维条码只是在一个方向(一般是水平方向)表达信息，而在垂直方向则不表达任何信息，其一定的高度通常是为了便于对准阅读器。目前国际上通用的条形码编码有以下几种。

1）商品条码

商品条码主要用于对零售商品、非零售商品及物流单元的条码标识。

零售商品是指在零售端通过 POS 扫描结算的商品。非零售商品是指不通过 POS 扫描结算的用于配送、仓储或批发等操作的商品。非零售商品的条码符号主要采用采用 ITF-14 条码或 UCC/EAN-128 条码，也可使用 EAN/UPC 条码。一个装有 24 条香烟的纸箱、一个装有 40 箱香烟的托盘都可以作为一个非零售商品进行批发、配送。

EAN 商品条码是国际上通用的、企业最常用的商品代码，通常情况下，不选用 UPC 商品条码。当产品出口到北美地区并且客户指定时，才申请使用 UPC 商品条码。EAN 商品条码主要是由 13 位数字及相应的条码符号组成，在较小的商品上也采用 8 位数字码及其相应的条码符号。13 位 EAN 条码结构如图 5.1 所示，具体含义如下。

（1）前缀码。前缀码由 2～3 位数字组成，是国际物品编码协会 EAN 分配给国家(或地区)编码组织的代码。

（2）厂商识别代码。由 7～9 位数字组成，用于对厂商的唯一标识。

（3）商品项目代码。由 3～5 位数字组成，商品项目代码由厂商自己编码。

（4）校验码。校验码为 1 位数字，用来校验厂商识别代码和商品项目代码（即 X13～X2 的编码）的正确性。

2）物流条码

物流条码是供应链中用以标识物流领域中具体实物的一种特殊代码，是整个供应链过程，包括生产厂家、配销业、运输业、消费者等环节的共享数据。它贯穿整个贸易过程，并通过物流条码数据的采集、反馈，提高整个物流系统的经济效益。物流条码是由 EAN 和 UCC 制定的用于商品单元标识的条码。商品单元由消费单元、储运单元和货运单元组成。物流条码包含商品条码（EAN/UPC）、储运单元条码（ITF-14）和货运单元 128 码（EAN/UCC-128 码）等。

在物流领域，除了可以采用通用商品条形码外，还可以使用的物流条码包括 25 码、39 码、交插 25 码、EAN-128 码、库德巴（Codabar）、ITF 码等。

3）二维条码

一维条码的出现提高了流通领域商品信息的采集和处理功能，提高了企业运作的效率。但是由于一维条码携带的信息量有限，如商品条码仅能容纳 13 位（EAN-13 码）阿拉伯数字，更多的信息只能依赖商品数据库的支持，离开了预先建立的数据库，这种条码就毫无意义，因此也在一定程度上限制了条码的应用范围。

20 世纪 90 年代，二维条码逐渐引起人们的重视，这种条码在继承一维条码优点的同时，还具有信息量大、可靠性高，保密、防伪性强等优点，如图 5.2～图 5.4 所示。

图 5.2　PDF417 二维码

图 5.3　QR code 二维码

图 5.4　二维条码防伪火车票

二维条码（2-Dimensional Bar Code）又称二维码，是在水平和垂直方向的二维空间存储信息的条码。

二维条码作为一种新的信息存储和传递技术，从诞生之时就受到了国际社会的广泛关注。二维条码可以把照片、指纹等个人信息编制于其中，有效地解决了身份证件的自动识别和防伪问题，因此，可以广泛应用于护照、身份证、签证、驾驶证、军人证、健康证、保险卡等身份证件的管理。另外在海关报关单、长途货运单、税务报表、保险登记表上也有人利用二维条码技术来解决数据输入，防止伪造、篡改表格。在国防、公共安全、交通运输、医疗保健、工业、商业、金融、海关、政府管理等多个领域，二维条码也得到了广泛的应用。

一维条码和二维条码的对比，见表 5－2。

表5-2 一维条码和二维条码的对比

区别项目	一维条码	二维条码
信息容量	仅能容纳13位（EAN－13码）阿拉伯数字	是一种高密度、高信息含量的便携式数据文件，根据不同的条空比例，每平方英寸可以容纳250～1 100个字符。比一维条码信息容量高几十倍
编码范围	以数字和字母信息为主	二维条码可以将图片、声音等各种信息收入其中，因此照片、指纹、掌纹、签字、声音、文字等凡可以数字化的信息都可以通过编码组成二维条码信息，是实现证件及卡片等大容量、高可靠性信息自动存储、携带并可用机器自动识读的理想手段
保密、防伪性能	很差	具有多重防伪特性，它可以采用密码防伪、软件加密及利用所包含的信息如指纹、照片等进行防伪，保密防伪性能极强
译码可靠性	译码错误率约为百万分之二	误码率不超过千万分之一，译码可靠性极高
修正错误能力	低	采用了世界上最先进的数学纠错理论，这种隐含于符号内的错误修正技术，可以有效地防止译码错误，提高译码的速度及可靠性，还可以破译破损、玷污等的条码符号中丢失的信息，只要破损面积不超过50％
制作成本	很高	利用现有的点阵、激光、喷墨、热敏/热转印、制卡机等打印技术，即可在纸张、卡片、PVC、甚至金属表面上印出PDF417二维条码。费用仅是油墨的成本，因此又称其是零成本技术
条码符号的形状	只能增加长短	同样的信息量，二维条码的形状可以根据载体面积及美工设计等进行自我调整

4）条形码识别采用的各种光电扫描设备

条形码识别采用的光电扫描设备主要有以下几种。

(1) 光笔扫描器，似笔形的手持小型扫描器。

(2) 台式扫描器，固定的扫描装置，手持带有条码的物品在扫描器上移动。

(3) 手持式扫描器，能手持和移动使用的较大的扫描器，用于静态物品扫描。

(4) 固定式光电及激光快速扫描器，是现在物流领域应用较多的固定式扫描设备。

各种扫描设备(如图5.5所示)都和后续的光电转换、信息信号放大及与计算机联机形成完整的扫描阅读系统，完成电子信息的采集。

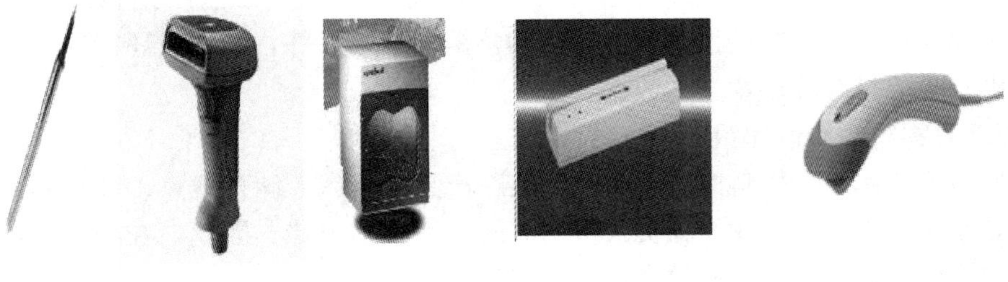

图5.5 各类条码扫描设备

4. 条形码在物流管理领域的应用

条形码由于其特有的识别功能，已经成为推动物流管理的重要技术手段之一，在运输、仓储、零售等领域得到了广泛的应用。总的来说，目前条码和扫描技术在物流方面的应用主要有以下几个方面。

1）在仓储管理中的应用

在仓储管理中，仓库管理系统可以根据货物的供应商、品名、型号、规格、产地、包装等分配其唯一的编码。入库作业时仓库管理人员利用条码扫描枪、激光扫描仪等扫描货物包装上的条码，条码信息进入计算机后，计算机借助后台的数据库或者二维条码本身记录货物入库信息，根据现有的货架闲置情况，以及货物本身的规格、属性安排库位。随后，按照计划，货物被搬运到计算机指定库位，工作人员在将货物安放稳妥后再利用手持扫描仪或其他扫描设施输入库位条码，计算机系统则动态调整该种货物的库存资料(库存数量、库存时间、存储地点等)。

当仓库接到订单信息后，会根据数据库信息、先进先出或批次管理原则判断首先应该出库的货物，搜索系统中所记录的货物所在库位，发出出库指令。工作人员根据事先安排好的出库计划到达指定货物，找到相应货物，扫描货物条码和货位上的条码，记录出库信息。仓库管理系统再次动态调整仓库内库存信息、库位闲置信息等。

盘货时库房管理人员可以利用便携式条码识别器，到每个库位、货架前扫描货物物品，并与库位相匹配。当所有货物清点完毕后，把采集到的数据与数据库中的原始数据相对比，就可以进行盘亏、盘盈处理。

2）在运输管理中的应用

类似的管理方法也可以用于运输管理中，装车前可以扫描条码记录货物开始运输时间，同时借助车船上的GPS系统跟踪车辆信息。在转运或到达目的地后再次扫描货物条码，就可以记录转运过程或运输终止过程。

特别提示

仓储或运输管理环节得到的信息既可以提供给客户做货物跟踪查询，也可以作为库存信息的内容成为库存控制的基础数据之一。无论哪种情况，都是利用产品标识的条码记录单件产品经过的物流环节，从而实现对单件产品的跟踪管理。

3）用于零售商店的销售点(POS系统)

除了在现金收入机上给顾客打印收据外，在零售销售点应用是在商店层次提供精确的存货控制，因为实际的单位销售数能迅速传输到供应商处。实际销售跟踪可以减少不确定性，并可去除缓冲存货。除了提供精确的再供给和营销调查数据外，销售点还能向所有的渠道内成员提供更及时的具有战略意义的数据。

4）用于对物料的搬运和跟踪

通过扫描枪的使用，物料搬运人员能够跟踪产品的搬运、储存地点、装船和入库。虽然这种信息能够手工跟踪，但却要耗费大量的时间，并容易出错。因此，在物流应用中更广泛使用的是扫描仪，以便提高作业效率，减少差错。

条码自动识别系统的组成如图5.6所示。

条形码的使用解决了物流运作过程中数据量大、信息采集环节多的难题。首先，条码标识的唯一性保证了在整个物流过程中借助数据库对货物实行单件管理；其次，条码扫描仪扫

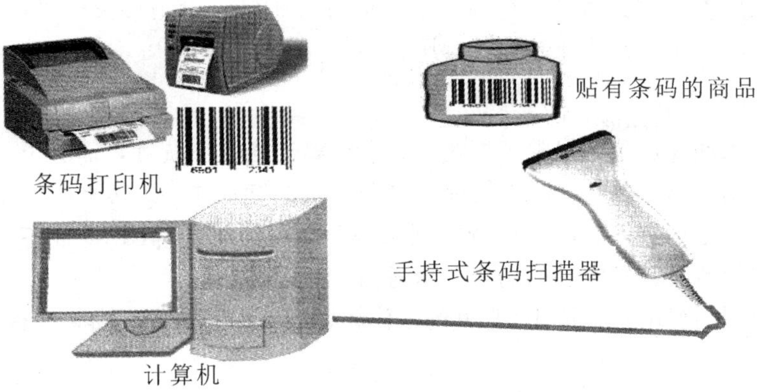

图 5.6 条码自动识别系统的组成

描准确率比人工录入有较大幅度的提高，扫描仪扫描速度快，提高了各环节的运作效率，缩短了出入库时间，为进一步降低物流成本提供了可能。不仅如此，由于条码制作简易，操作简单，而且可以根据物流管理的需要灵活运用，因此受到了物流管理者的推崇，成为物流管理者不可或缺的重要工具。

5.2.3 无线射频识别技术

1. 无线射频识别技术系统及其技术原理

无线射频识别技术(Radio Frequency Identification，RFID)，又称为电子标签，是 20 世纪 90 年代兴起的一种非接触式自动识别技术。RFID 技术的基本原理是电磁理论，是利用无线电波对记录媒体进行读写。与其他识别技术相比，RFID 技术具有防水、防磁、耐高温、使用寿命长、读取距离大、标签上数据可以加密、存储数据容量更大、存储信息更改自如等优点。RFID 技术通过射频信号自动识别目标对象并获取相关数据，具有精度高，抗干扰性强的特点，既可以用于各种恶劣自然环境条件下的野生动物跟踪识别，也可用于识别公路上的汽车等高速运动的物体，或同时识别多个标签，且在识别过程中无须人工干预。

与条形码相比，电子标签具有很多技术上的优势：不需要光源，甚至可以透过外部材料读取数据；使用寿命长，能在恶劣环境下工作；能够轻易嵌入或附着在不同形状、类型的产品上；读取距离更远；可以写入及存取数据，写入时间相比打印条形码更少；标签的内容可做动态改变；能够同时处理多个标签；标签的数据存取有密码保护，安全性更高；可以对 RFID 标签所附着的物体进行追踪定位。常见的射频标签读取设备如图 5.7 所示。

图 5.7 常见的射频标签读取设备

此外，电子标签特有的辨识器不能被复制，因此保密性比条形码更强。但是，由于条形码的造价就是条形码纸张和油墨费用，而且各国已经建立了完善的标准体系，并已经在全球广泛使用，因此成本低廉。而电子标签由于组成部分不同，价格要贵得多，与条形码相比，成本劣势极大地限制了它在物流领域的应用。

2. RFID 技术的应用

射频识别技术的优点是不局限于视线，识别距离比光学系统远，而且电子标签射频识别卡可携带大量数据，难以伪造，且有智能，具备一定的读写能力。因此，非常适用于物料跟踪、运载工具和货架识别等要求非接触数据采集和交换的场合，RFID 标签具有可读可写能力，对于需要频繁改变数据内容的场合尤为适用。

从当前的应用情况来看，RFID 常见的工作频率有低频、中频、高频 3 种，见表 5－3。

表 5－3　RFID 常见的工作频率

类型	工作频率	特点及应用
低频	125KHz，134.2KHz	电子标签内保存的数据量较少，阅读距离短，电子标签外形多样，阅读天线方向性不强，主要用于门禁控制、校园卡、煤气表、水表等短距离、低成本等方面
中频	13.56MHz	用于需传送大量数据的应用系统
高频	860MHz ～ 930MHz、2.45GMHz、5.8GHz	电子标签及阅读器成本均较高，标签内保存的数据量较大，阅读距离较远（可达十几米），适应物体高速运动，性能好。阅读天线及电子标签天线均有较强的方向性，但其天线宽波束方向较窄且价格较高，主要用于需较长的读写距离和高速读写的场合，多在火车监控、高速公路收费等系统中应用

电子标签因为其具有防冲撞性、封装任意性、使用寿命长、可重复利用等特点，非常适合现代仓储管理系统。它避免了现有条码标签容易复制、不防污、不防潮等缺点，减少了人工录入的烦琐和高错误率，是现代物流管理的理想技术之一。它可以将电子标签封装成卡状，贴在每个货物的包装上或托盘上，在标签中写入货物的具体资料、存放位置等信息。同时，在货物进出仓库时可写入送达方的详细资料，在仓库和各经销管道设置固定式或手提式卡片阅读机，以辨识、监测物流过程。通过这种模式，可以有效管理货物装箱作业，减少人为损失；信息全面收集自动化，减少出错率；随时核对产品来源，提高管理精度，更有效地进行质量监督；随时更改标签资料，而无须更改产品包装；全程跟踪库存货物的物流运作过程，减少损失和失误。

【案例 5－2】

RFID 在烟草物流配送中的应用

某烟草公司卷烟销售网络学习借鉴国外先进企业仓储管理经验，应用无线射频识别技术(RFID)对卷烟配送中心进行完全数字化仓库建设。

无线射频识别技术(RFID)是将货物以托盘为基本数字化管理单位，即托盘上嵌入一个 HF-915MHz 电子标签。这样既不影响货物的外观质量，又提高货物整体数字化平均单位数量，便于实现大批量货物的精确数字化管理。电子标签在物流配送中心的应用，是基于数字仓库管理应用软件、计算机无线网络技术、现代物流立体高架仓库思想等实现的。

数字仓库 RFID 应用流程主要有以下几步，如图 5.8 所示。

(1) 进货：当货物通过进货口传送带进入仓库时，每托盘货物信息通过进货口读写器写入托盘，然后通过计算机仓储管理信息系统计算出货位，并通过网络系统将存货指令发到叉车车载系统，按照要求存放。

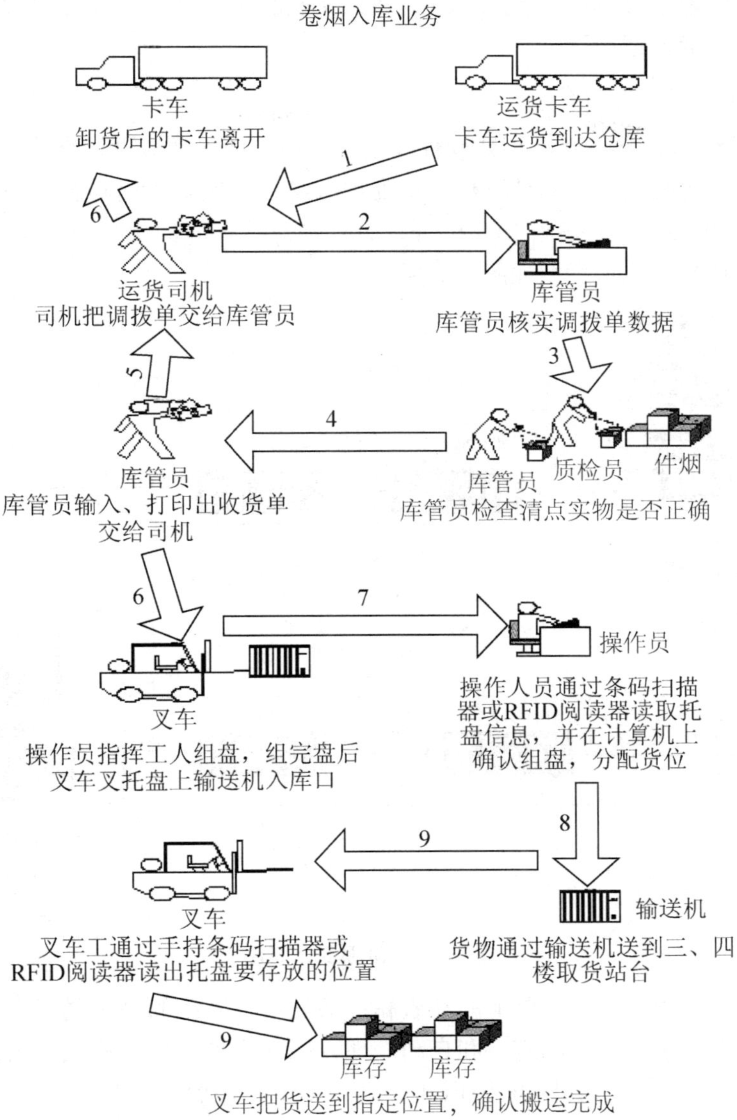

图 5.8 数字仓库 RFID 应用流程

(2) 出货：叉车接到出货指令，到指定货位叉取托盘货物。叉取前叉车读写器再次确认托盘货物准确性，然后将托盘货物送至出货口传送带，出货口传送带读写器读取托盘标签信息是否准确，校验无误出货。

通过以上手段，该公司在数字化仓库管理信息系统中实现了：卷烟的收货管理、卷烟实托盘入库管理、仓库业务管理、卷烟实托盘出库管理、接口服务等软件功能。

思考：RFID 技术应用在现代物流中最大的价值体现在哪里？

5.2.4 电子数据交换技术

1. 电子数据交换技术的概念

电子数据交换技术(Electronic Data Interchange，EDI)，又称为 EDI 技术，是指通过电子方式，采用标准化的格式，利用计算机网络进行结构化数据的传输和交换。

EDI 系统是按照统一规定的一套通用标准格式，将标准的经济信息，通过通信网络传输，在贸易伙伴的电子计算机系统之间进行数据交换和自动处理，又称为无纸化贸易，被誉为一场“结构性的商业革命”。

2. 物流管理中 EDI 的构成

构成 EDI 系统的 3 个要素是 EDI 软件和硬件、通信网络及数据标准化。一个部门或企业若要实现 EDI，首先必须有一套计算机数据处理系统；其次，为使本企业内部数据比较容易地转换为 EDI 标准格式，须采用 EDI 标准；另外，通信环境的优劣也是关系到 EDI 成败的重要因素之一。EDI 系统示意图如图 5.9 所示。

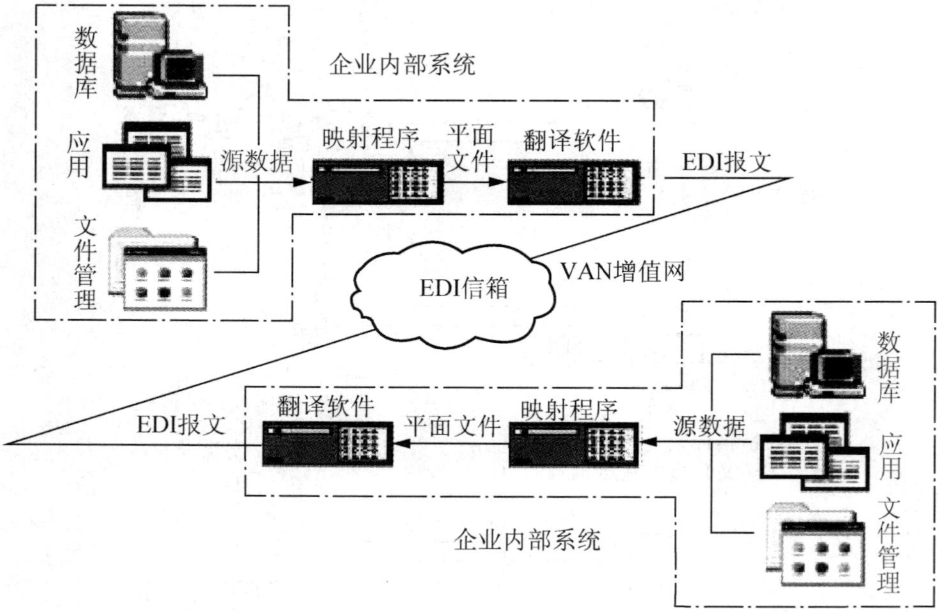

图 5.9 EDI 系统示意图

EDI 是为了实现商业文件、单证的互通和自动处理，采用的是不同于人机对话方式的交互式处理，是计算机之间的自动应答和自动处理，因此文件结构、格式、语法规则等方面的标准化是 EDI 的关键。世界各国开发 EDI 得出一条重要经验，就是必须把 EDI 标准放在首要位置。EDI 标准主要包括基础标准、代码标准、报文标准、单证标准、管理标准、应用标准、通信标准和安全保密标准。

3. 物流管理中 EDI 的一般流程

物流管理中的 EDI 的一般流程如下。

（1）发送货物业主(如生产厂家)在接到订货后制定货物运送计划，并把运送货物的清单及运送时间安排等信息通过 EDI 发送给物流运输业主和接收货物业主(如零售商)，以便物流运输业主预先制定车辆调配计划，接收货物业主制定货物接收计划。

（2）发送货物业主依据顾客订货的要求和货物运送计划下达发货指令，分拣配货，打印出物流条形码的货物标签并贴在货物包装箱上，同时把运送货物品种、数量、包装等信息通过 EDI 发送物流运输业主和接收货物业主，据此请示下达车辆调配指令。

（3）物流运输业主在向发货货物业主取运货物时，利用车载扫描读数仪读取货物标签的物流条形码，并与先前收到的货物运输数据进行核对，确认运送货物。物流运输业主在物流中心对货物进行整理、集装，做成送货清单并通过EDI向收货业主发送发货信息，在货物运送的同时进行货物跟踪管理，并在货物交给收货业主之后，通过EDI向发货物业主发送完成运送业务信息和运费请示信息。

(4) 收货业主在货物到达时，利用扫描读数仪读取货物标签的物流条形码，并与先前收到的货物运输数据进行核对确认，开出收货发票，货物入库；同时通过EDI向物流运输业主和发送货物业主发送收货确认信息。

在物流管理中，运用EDI系统的优点在于供应链组成各方基于标准化的信息格式和处理方法，通过EDI共同分享信息，提高流通效率，降低物流成本。

EDI的好处已日益明显，运费和海关单据使用EDI，使承运人、货运代理和跨国的产品大大受益。在零库存的作业中使用EDI，使运作效率有了很大的提高，在销售环节中使用EDI能减少交易费用并降低存货，这在欧美等一些发达国家尤为明显。目前，EDI对采购业务有着很重要的影响，它不仅是一种通信用的业务交易工具，也是一种联合设计、计划、交换预测数据等与其他组织协调的方式。

EDI的竞争优势不仅在于作为通信工具的运用，而且在于它使组织内部和组织之间的竞争结构发生变化。EDI的交互效用可分成与供应商有关的、与内部有关的和与客户有关的3个方面。在买方为主导的市场上，EDI迫使它们整合成较少的客户；而在卖方为主导的市场上，EDI可以为市场设计一些附加超值服务，例如，通过监控客户存货而自动的追加订货，收集即时市场信息为生产计划增加灵活性和反应能力等。

特别提示

EDI对于组织供应链的意义：在不必连续接触的情况下，EDI能加强组织内部的协调。

5.2.5 电子自动订货系统

1. 电子自动订货系统概述

电子自动订货系统(Electronic Ordering System，EOS)是指不同组织间利用通信网络和终端设备以在线联结方式进行订货作业与订货信息交换的体系。电子订货系统是将批发、零售商场所发生的订货数据输入计算机，即刻通过计算机通信网络连接的方式将资料传送至总公司、批发商、商品供货商或制造商处。因此，EOS能处理从新商品资料的说明直到会计结算等所有商品交易过程中的作业，可以说EOS涵盖了整个商流。

EOS按应用范围可分为3类：企业内的EOS(如连锁店经营中各个连锁分店与总部之间建立的EOS系统)，零售商与批发商之间的EOS系统，零售商、批发商和生产商之间的EOS系统。在当前竞争的时代，若要有效管理企业的供货、库存等经营管理活动，并且能使供货商及时补足售出商品的数量且不能缺货，就必须采用EOS系统。EDI/EOS因内含了许多先进的管理手段和方法，在国际上使用非常广泛，随着普及面的不断推广，人们更有必要对其进行全面地分析与掌握。

2. 电子订货系统的构成

EOS系统并非是单个的零售店与单个的批发商组成的系统，而是许多零售店和许多批发商组成的大系统的整体运作方式。EOS系统结构如图5.10所示。

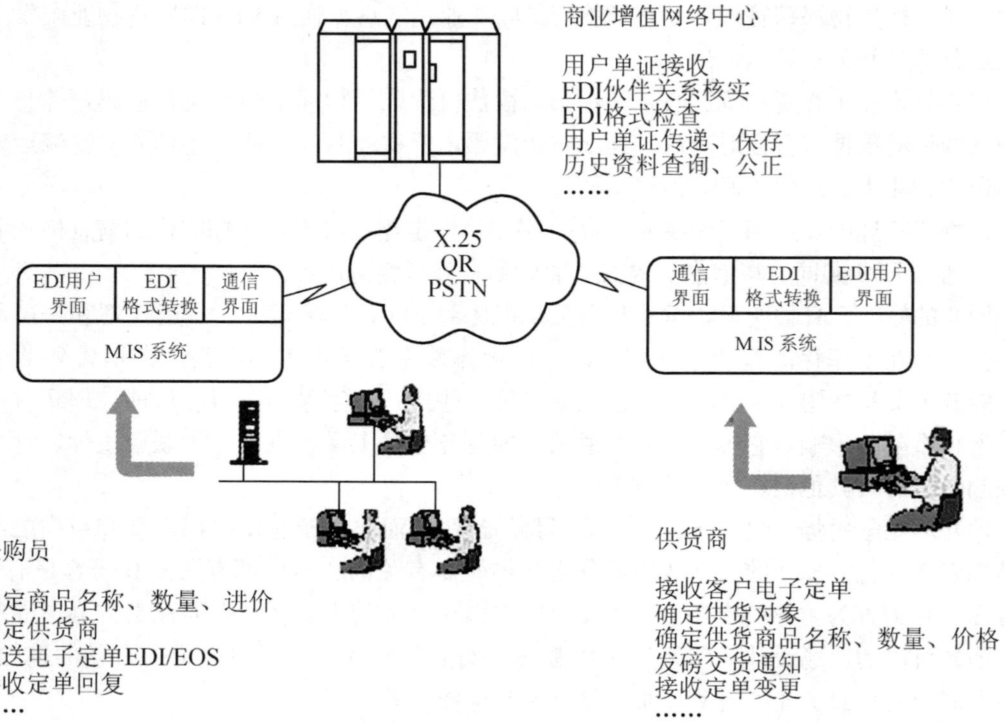

图 5.10 电子订货系统示意

3. 电子订货系统的基本流程

(1) 在零售店的终端利用条码阅读器获取准备采购的商品条码，并在终端机上输入订货材料，利用网络传给批发商。

(2) 批发商开出提货传票，并根据传票，同时开出拣货单，实施拣货，然后依据送货传票进行商品发货。

(3) 送货传票上的资料成为零售商的应付账款资料及批发商的应收账款资料，并传到应收账款的系统中去。

(4) 零售商对送到的货物进行检验后，便可以陈列与销售了。

4. EOS 与物流管理

物流作业流程将供货商发运作业过程中的业务往来划分成以下几个步骤。

(1) 供货商根据采购合同要求将发货单通过商业增值网络中心发给仓储中心。

(2) 仓储中心对接收到的商业增值网络中心传来的发货单进行综合处理，或要求供货商送货至仓储中心，或发送至各批发、零售商场。

(3) 仓储中心将送货要求发送给供货商。

(4) 供货商根据接收到的送货要求进行综合处理，然后根据送货要求将货物送至指定地点。

上述 4 个步骤完成了一个基本的物流作业流程(如图 5.11 所示)，通过这个流程，将物流与信息流牢牢地结合在了一起。

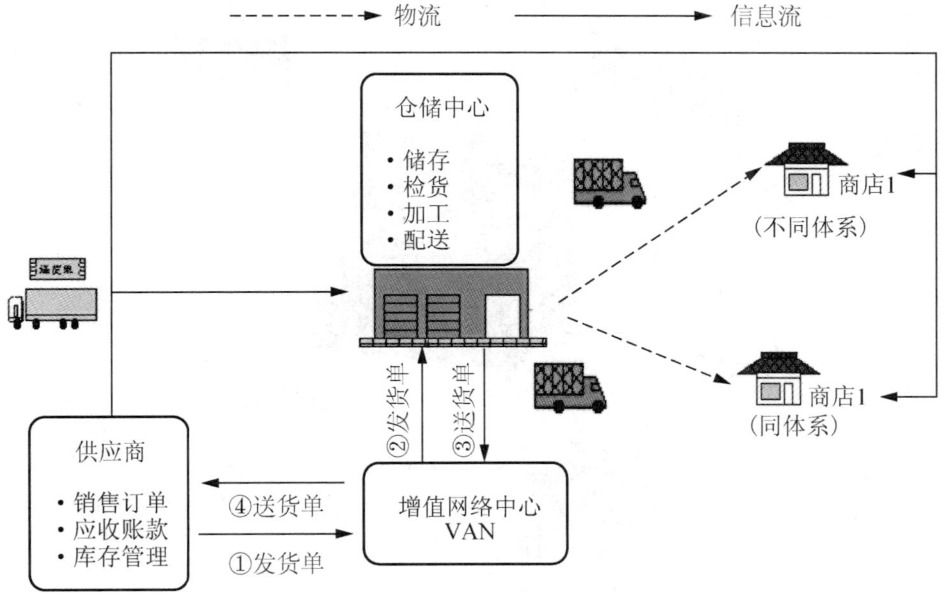

图 5.11 物流作业流程

5.2.6 销售时点系统

1. 销售时点系统的概念

销售时点信息系统(Point of Sale，POS)是指通过自动读取设备(如收银机)在销售商品时直接读取商品销售信息(如商品名、单价、销售数量、销售时间、销售店铺、购买顾客等)，并通过通信网络和计算机系统传送至有关部门进行分析加工以提高经营效率的系统。它包含前台POS系统和后台MIS系统两大基本部分。

POS系统最早应用于零售业，以后逐渐扩展至金融、旅馆等服务性行业，利用POS信息的范围也从企业内部扩展到整个供应链。现代POS系统已不仅仅局限于电子收款技术，它要考虑将计算机网络、电子数据交换技术、条形码技术、电子监控技术、电子收款技术、电子信息处理技术、远程通信、电子广告、自动仓储配送技术、自动售货技术等一系列科技手段融为一体，从而形成一个综合性的信息系统。同时，它必须符合和服从商业管理模式，按照对商品流通管理及资金管理的各种规定进行设计和运行。POS系统的构成如图5.12所示。

1）前台POS系统

前台POS系统是指通过自动读取设备(如收银机)，在销售商品时直接读取商品销售信息(如商品名称、单价、销售数量、销售时间、销售店铺、购买顾客等)，实现前台销售业务的自动化，对商品交易进行实时服务和管理，并通过通信网络和计算机系统传送至后台计算机系统(MIS)。

2）后台MIS系统

后台MIS系统又称管理信息系统。它负责整个商场进、销、调、存系统的管理，以及财务管理、库存管理、考勤管理等。它可根据商品进货信息对厂商进行管理，又可根据前台POS提供的销售数据控制进货数量、合理周转资金，还可分析统计各种销售报表，快速准确

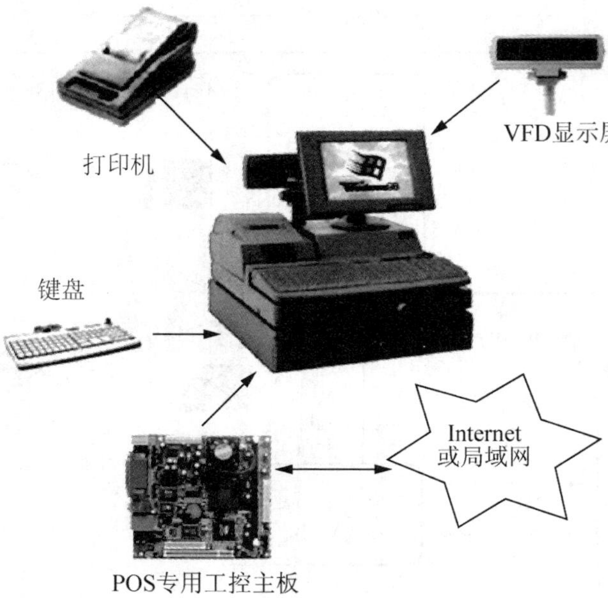

图 5.12　POS 系统构成

地计算成本与毛利，也可以对售货员、收款员业绩进行考核，是员工分配工资、奖金的客观依据。因此，商场现代化管理系统中前台 POS 与后台 MIS 是密切相关的，两者缺一不可。

2. POS 系统的结构

POS 系统的硬件结构主要依赖于计算机处理信息的体系结构。结合商业企业的特点，POS 硬件系统的基本结构可分为单个收款机；收款机与计算机相连构成 POS 系统；收款机、计算机与网络构成 POS 系统。目前大多采用第三种类型的 POS 结构，它的硬件结构如下。

1）前台收款机

前台收款机即 POS 机。共享网上商品库存信息，保证了对商品库存的实时处理，便于后台随时查询销售情况，进行商品的销售分析和管理。条码扫描仪可根据商品的特点选用手持式或台式以提高数据录入的速度和可靠性。

2）网络

目前，我国大多数商场内部信息的交换量很大，而对外的信息交换量则很小，因此，计算机网络系统应采用高速局域网为主、电信系统提供的广域网为辅的整体网络系统。考虑到系统的开放性及标准化的要求，选择 TCP/IP 协议较合适。操作系统选用开放式标准操作系统。

3）硬件平台

大型商业企业的商品进、存、调、销的管理复杂，账目数据量大且须频繁地进行管理和检索，选择较先进的客户机/服务器结构，可大大提高工作效率，保证数据的安全性、实时性及准确性。

3. POS 系统的特征

1）单品管理、职工管理和顾客管理

零售业的单品管理是指对店铺陈列展示销售的商品以单个商品为单位进行销售跟踪和管理的方法。由于 POS 信息即时准确地反映了单个商品的销售信息，因此 POS 系统的应用使高效率的单品管理成为可能。

职工管理是指通过POS终端机上的计时器的记录，依据每个职工的出勤状况，销售状况进行考核管理。

顾客管理是指在顾客购买商品结账时，通过收银机自动读取零售商发行的顾客ID卡或顾客信用卡来把握每个顾客的购买品种和购买额，从而对顾客进行分类管理。

2）自动读取销售时点的信息

在顾客购买商品结账时，POS系统通过扫描器自动读取商品条形码标签或OCR标签上的信息，在销售商品的同时获得实时的销售信息，这是POS系统的最大特征。

3）信息的集中管理

在各个POS终端获得的销售时点信息以在线联结方式汇总到企业总部，与其他部门发送的有关信息一起由总部的信息系统集中并进行分析加工，如把握畅销商品、滞销商品、新商品的销售倾向，分析商品的销售量和销售价格、销售量和销售时间之间的相关关系，分析商品店铺陈列方式、促销方法、促销期间、竞争商品的影响等。

4）连接供应链的有力工具

供应链参与各方合作的主要领域之一是信息共享，而销售时点信息是企业经营中最重要的信息之一，通过它能及时把握顾客的需要信息，供应链的参与各方可以利用销售时点信息并结合其他的信息来制定企业的经营计划和市场营销计划。

4. 应用POS系统的效果

1）营业额及利润增长

采用POS系统的企业供应商品众多，其单位面积的商品摆放数量是普通的3倍以上，吸引顾客，自选率高，会带来营业额及利润的相应增长。

2）节约大量人力、物力

由于仓库管理是动态管理，即每售出一件商品，POS的数据库中就相应减少该件商品的库存记录，免去了商场盘存之苦，节约了大量人力、物力；同时，企业的经营报告、财务报表及相关的销售信息，都可以及时提供给经营决策者，以保持企业(如商场等)的快速反应。

3）有效库存增加，资金流动周期缩短

由于仓库采用动态管理，仓库库存商品的销售情况，每时每刻都一目了然，商场的决策者可将商品的进货量始终保持在一个合理水平，可提高有效库存，使商场在市场竞争中占据更有利的地位。

4）提高企业的经营管理水平

在应用POS系统后，可以提前避免出现缺货现象，使库存水平合理化，从而提高商品周转率，最终提高了企业的资本周转率。同时，可以进行促销方法的效果分析，把握顾客购买动向，按商品品种进行利益管理，基于销售水平制定采购计划，有效地进行店铺空间管理和基于时间段的广告促销活动分析等，从而使商品计划效率化。

综上所述，POS系统是随着零售业的迅速发展，在计算机技术逐渐成熟的基础上产生的新一代销售结算方式。它主要负责销售点的销售，同时又是所有销售数据的采集点。POS系统的应用不但结束了手工结算的许多弊病，而且利用计算机结算快速、准确的特点，及时将各种详尽的销售信息予以采集，为制定各种销售策略、实现商品的单品管理和库存的优化管理提供了便捷。

5.2.7 地理信息系统

1. 地理信息系统的概念

地理信息系统(Geographical Information System，GIS)是指以地理空间数据为基础，采用地理模型分析方法，适时地提供多种空间的和动态的地理信息，是一种为地理研究和地理决策服务的计算机技术系统。GIS 系统的基本功能是将表格型数据(无论它来自数据库、电子表格文件或直接在程序中输入)转换为地理图形显示，然后对显示结果浏览、操作和分析。其显示范围可以从洲际地图到非常详细的街区地图，显示对象包括人口、销售情况、运输线路及其他内容。GIS 的工作原理如图 5.13 所示。

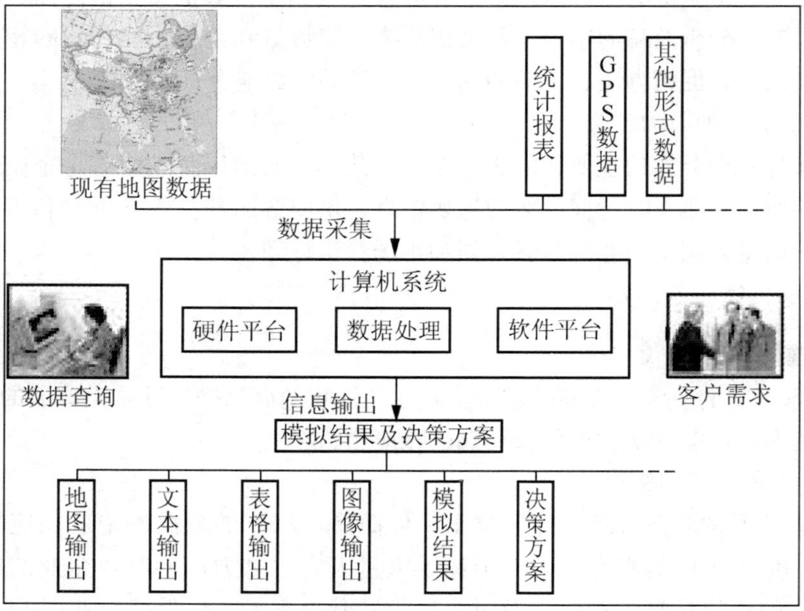

图 5.13 GIS 工作原理示意图

2. 地理信息系统的应用

GIS 应用于物流分析，主要是指利用 GIS 强大的地理数据功能来完善物流分析技术。国外公司已经开发出利用 GIS 为物流分析提供专门分析的工具软件。完整的 GIS 物流分析软件集成了车辆路线模型、最短路径模型、网络物流模型、分配集合模型和设施定位模型等。

1) 车辆路线模型

该模型用于解决在一个起始点、多个终点的货物运输中如何降低物流作业费用，并保证服务质量的问题，包括决定使用多少辆车，每辆车的行驶路线等。

2) 网络物流模型

该模型用于解决物流网点布局问题，也就是寻求最有效的分配货物路径问题。如将货物从 N 个仓库运往到 M 个商店，每个商店都有固定的需求量，因此需要确定由哪个仓库提货送给哪个商店，而其运输代价最小。

3) 分配集合模型

该模型可以根据各个要素的相似点把同一层上的所有或部分要素分为几个组，用以解决确定服务范围和销售市场范围等问题。如某一公司要设立 X 个分销点，要求这些分销点覆盖某一地区，而且要使每个分销点的客户数目大致相等。

4）设施定位模型

该模型用于确定一个或多个设施的位置。在物流系统中，仓库和运输线共同组成了物流网络，仓库处于网络的节点上，节点决定着线路，如何根据供求的实际需要并结合经济效益等原则，在既定区域内设立多少个仓库，每个仓库的位置，每个仓库的规模及仓库之间的物流关系等，运用此模型均能很容易地得到解决。

知识链接

白沙物流烟草配送 GIS 及线路优化系统是基于集成了国际上发展成熟的网络数据库、WEB/GIS 中间件、GPS、GPRS 通信技术，结合白沙物流的实际，开发设计的集烟草配送线路优化、烟草配送和烟草稽查车辆安全监控、烟草业务(访销、CRM 等)可视化分析、烟草电子地图查询为一体的物流 WEB/GIS 综合管理信息系统。该系统即可直接合理调配人力、运力资源，求得最佳的送货路线，又能有效地为综合管理决策提供依据。系统中使用的 GPS 技术可以实时监控车辆的位置，根据道路交通状况向车辆发出实时调度指令，实现对车辆进行远程管理。白沙烟草物流开发使用 GIS 线路优化系统后，可以实现以下 6 大应用功能：①烟草配送线路优化；②烟草综合地图查询；③烟草业务地图数据远程维护；④烟草业务分析；⑤烟草物流 GPS 车辆监控管理；⑥烟草配送车辆信息维护。

5.2.8 全球定位系统

1. 全球定位系统的概念

全球定位系统(Global Positioning System，GPS)是指具有在海、陆、空进行全方位实时三维导航与定位能力的系统。GPS 系统是利用导航卫星进行测时和测距，使地球上的任何用户都能确定自己所处的方位，是由一系列卫星组成的，它们 24 小时提供高精度的世界范围的定位和导航信息。GPS 工作原理示意图及终端如图 5.14 所示。

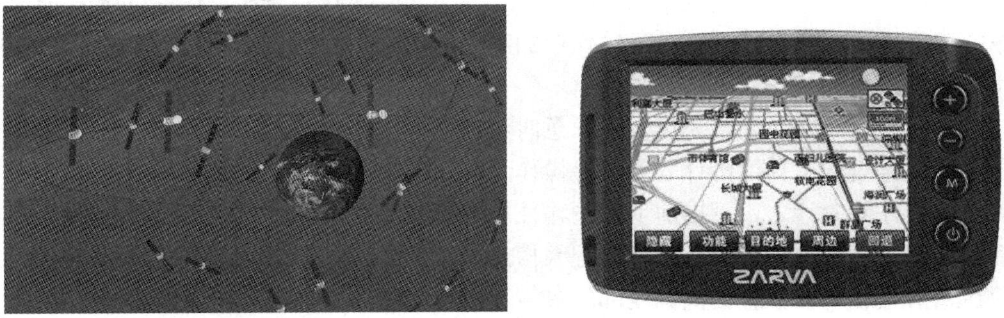

图 5.14　GPS 工作原理示意图及终端

2. GPS 技术的应用

1）铁路运输管理中的应用

我国铁路系统应用的基于 GPS 的计算机管理信息系统，可以通过 GPS 和计算机网络实时收集全路列车、机车、车辆、集装箱及所运货物的动态信息，可实现列车、货物追踪管理。只要知道货车的车种、车型、车号，就可以立即从近 10 万千米的铁路网上流动着的几十万辆货车中找到该货车，还能得知这辆货车现在在何处运行或停在何处，以及所有的车载货物发货信息。铁路部门运用这项技术可大大提高其路网及其运营的透明度，为货主提供更高质量的服务。

2）GPS在交通系统中的应用

GPS导航系统与电子地图、无线电通信网络及计算机车辆管理信息系统相结合，可以实现车辆跟踪和交通管理等许多功能。

（1）车辆跟踪。利用GPS和电子地图可以实时显示出车辆的实际位置，并任意放大、缩小、还原、换图；可以随目标移动，使目标始终保持在屏幕上；还可实现多窗口、多车辆、多屏幕同时跟踪，利用该功能可对重要车辆和货物进行跟踪运输。

（2）提供出行路线的规划和导航。规划出行路线是汽车导航系统的一项重要辅助功能，包括自动线路规划和人工线路规划。

（3）信息查询。为用户提供主要物标，如旅游景点、宾馆、医院等数据库，用户能够在电子地图上根据需要进行查询。查询资料可以文字、语言及图像的形式显示，并在电子地图上显示其位置。同时，监测中心可以利用监测控制台对区域内任意目标的所在位置进行查询，车辆信息将以数字形式在控制中心的电子地图上显示出来。

（4）话务指挥。指挥中心可以监测区域内车辆的运行状况，对被监控车辆进行合理调度。指挥中心也可随时与被跟踪目标通话，实行管理。

（5）紧急援助。通过GPS定位和监控管理系统可以对遇有险情或发生事故的车辆进行紧急援助。监控台的电子地图可显示求助信息和报警目标，规划出最优援助方案，并以报警声、光提醒值班人员进行应急处理。

3）GPS对物流产业所起的作用

（1）实时监控功能。在任意时刻通过发出指令查询运输工具所在的地理位置(经度、纬度、速度等信息)并在电子地图上直观地显示出来。

（2）双向通信功能。GPS的用户可使用GSM的话音功能与司机进行通话，或使用本系统安装在运输工具上的汉字液晶显示终端进行汉字消息收发对话。驾驶员通过按下相应的服务、动作键，将该信息反馈到网络GPS，质量监督员可在网络GPS工作站的显示屏上确认其工作的正确性，了解并控制整个运输作业的准确性(包括发车时间、到货时间、卸货时间、返回时间等)。

（3）动态调度功能。调度人员能在任意时刻通过调度中心发出文字调度指令，并得到确认信息。可进行运输工具待命计划管理，操作人员通过在途中信息的反馈，在运输工具未返回车队前即做好待命计划，可提前下达运输任务，减少等待时间。加快运输工具周转速度运能管理：将运输工具的运能信息、维修记录信息、车辆运行状况信息、司机人员信息、运输工具的在途信息等多种信息提供调度部门决策，以降低重车率，尽量减少空车时间和空车距离，充分利用运输工具的运能。

（4）数据存储、分析功能。实现路线规划及路线优化，事先规划车辆的运行路线、运行区域，何时应该到达什么地方等，并将该信息记录在数据库中，以备以后查询、分析使用。

依据资料库储存的信息，可随时调阅每台运输工具的以前工作资料，并可根据各管理部门的不同要求制作各种不同形式的报表，使各管理部门能更快速、更准确地做出判断并提出新的指示。

单元 5.3 现代物流信息系统

现代物流信息管理主要是通过物流信息系统实现的，建立高效的信息系统是现代物流管理必备的条件。物流信息系统是多种信息技术的综合运用，体现了现代物流管理的核心思想。

5.3.1 物流信息系统概述

1. 物流信息系统的定义

物流信息系统(LIS)是指使用系统的观点、思想和方法建立起来的，以电子计算机为基本信息处理手段，以现代通信设备为基本传输工具，并且能够为管理决策提供信息服务的人机系统。它根据管理工作的要求，采用特定的计算机技术，对原始数据处理后输出对管理工作有用的信息的一种系统。它具有一般信息系统的基本功能。由于整个物流过程是多个环节的复杂过程，物流信息系统中的各个子系统必须有机结合，使各环节协调和物流信息畅通，从而保证物流活动正常而有效地进行，最终实现物流价值。

信息系统具有数据的收集和录入、信息的存贮、信息的传输和交换、信息的加工处理、信息的输出和发布这些基本功能。

特别提示

信息和物流是同时进行的，其关键是两者内容要一致。

2. 物流信息系统的特点

随着社会经济的发展和科技的进步，物流信息系统正在向信息分类的集成化、系统功能的模块化、信息采集的在线化、信息存储的大型化、信息传输的网络化、信息处理的智能化及信息处理界面的图形化方向发展。

1）集成化

物流信息系统将业务逻辑上相互关联的部分连接在一起，为企业物流活动中的集成化信息处理工作提供基础。在系统开发过程中，数据库的设计、系统结构及功能的设计等都应遵循统一的标准、规范和规程(即集成化)，以避免出现“信息孤岛”的现象。

2）模块化

把物流信息系统划分为各个功能模块的子系统，各子系统通过统一的标准进行功能模块开发，然后再集成，组合起来使用，这样就能既满足物流企业的不同管理部门的需要，也保证了各个子系统的使用和访问权限。

3）标准化

标准化包括两个方面内容：一是物流信息本身的标准化，如数据格式、语言、传输协议、处理程序等的标准化；二是物流信息系统的结构、接口、基本模块的基本统一性。标准化有利于物流企业信息系统与其他企业信息系统之间的数据和信息进行交换与共享。

4）实时化

借助于编码技术、自动识别技术、GPS、GIS 等现代物流信息技术，对物流活动进行准确、实时的信息采集，并采用先进的计算机与通信技术，及时地进行数据处理和传送物流信息，将供应商、分销商和客户在业务关系上连接起来，使整个物流信息系统能够及时掌握和共享属于供应商、分销商或客户的信息。

5）网络化

通过网络技术和通信技术将分散在不同地理位置的物流分支机构、供应商、客户等连接起来，形成一个复杂但有密切联系的信息网络，实时地了解各地业务的运作情况。物流信息中心将各地传来的物流信息进行汇总、分类及综合分析，并通过网络把结果反馈和传达，以指导、协调、综合各个地区的业务工作。

6）智能化

目前，智能化物流信息系统还没有十分成功的案例，但物流信息系统正在朝着这个方向努力发展。如在物流企业决策支撑系统中的知识子系统，它就负责收集、存储和智能化处理在决策过程中所需要的物流领域知识、专家的决策知识和经验知识。

5.3.2 物流信息系统的地位和作用

现代物流与传统物流的主要区别在于现代物流应用现代电子信息技术及装备对传统的、各自分离的物流基本功能（如包装、装卸搬运、运输、储存、保管、流通加工和物流信息处理等业务）实现有机组合，协调运行以形成一个完整的系统来管理，从而使各子系统发挥各自特定功能，最终实现物流系统的总体目标。

物流信息系统对物流信息进行收集、整理、存储传播和利用，也就是将物流信息从分散到集中，从无序到有序，从产生、传播到利用。同时对涉及物流信息活动的各种要素，包括人员、技术、工具等进行管理，实现资源的合理配置。在这个意义上，物流信息系统将硬件和软件结合在一起，对物流活动进行管理、控制和衡量，其作用和地位主要表现在以下方面。

1. 提高管理效率，降低成本

信息系统能提高信息处理的效率，及时提供各类经营管理所需的信息，从而提高经营效率，降低成本。例如，库存管理系统的应用，可以减少库存积压，加快资金的周转；计划管理系统的应用，可以及时调整生产计划，提高设备利用率；质量管理系统的应用，可以及时掌握质量状况，加强质量控制，降低质量成本。另外信息系统还可以改善工作条件，减轻信息处理人员的劳动强度，减少人员开支。

2. 加强与外部环境之间的联系

物流信息系统是利用信息技术，通过信息流，将各种物流活动与某个一体化过程连接在一起的通道。物流系统中的相互衔接是通过信息予以沟通的，基本资源的调度也是通过信息共享来实现的，因此，组织物流活动必须以信息为基础。为了使物流活动正常而有规律地进行，必须保证物流信息畅通。物流信息的网络化就是要将物流信息通过现代信息技术使其在企业内、企业间乃至全球达到共享的一种方式，从而整合供应链上的各个企业。

物流信息已经从“点”发展到“面”，以网络方式将物流企业的各部门、各物流企业、物流企业与生产企业和商业企业等连在一起，实现了社会性的各部门、各企业之间低成本的数据高速共享；从平面应用发展到立体应用，企业物流更好地与信息流和资金流综合，统一加工消除了部门间的冗余，实现了信息的可追溯性。

3. 开发新产品和新服务，创造更高效益

物流信息系统是高新信息科技之集大成者，由于它能广泛、及时地收集信息，精确、灵活地处理信息，以众多的零售信息终端，探测到市场瞬息万变的消费需求，为客户架起一道道供需桥梁，从而实现物资流通畅达的商品经济新局面，也为物流企业带来无限的发展空间。

总之，物流信息系统使企业在降低运营成本，提高工作效率和管理水平，为客户提供优质服务，保证供应链畅通等方面具有竞争力，是企业实现物流价值的关键。

5.3.3 物流信息系统的分类

根据物流信息的功能和服务对象可以把物流信息系统分为以下几类。

1. 物流管理信息系统

物流管理信息系统(Logistics Management Information Systems，LMIS)是由计算机软硬件、网络通信设备及其他办公设备组成的，服务于物流作业、管理、决策等方面的应用系统。这是以数据库为中心，以计算机网络为支撑，主要完成物流企业操作层的数据处理和结构化的决策，是企业的信息源和企业信息系统的基础。

物流运输业由于其行业特点，传统操作过程复杂，文件繁多，随着竞争日趋激烈，越来越多的信息问题涌现出来，例如：一方面，要不断开发客户市场，对客户的基本资料、货物分布情况、联系人的喜好及联系人方式有较为全面的了解；另一方面，要做好财务的收付工作，确保运费能按时地收付。采用物流管理信息系统不仅可以轻松解决上述问题，更能节省大量的人力，减少工作中的失误，帮助决策者及时调整公司经营策略，提高公司在同行业中的知名度，增强公司的竞争力，如图5.15所示。

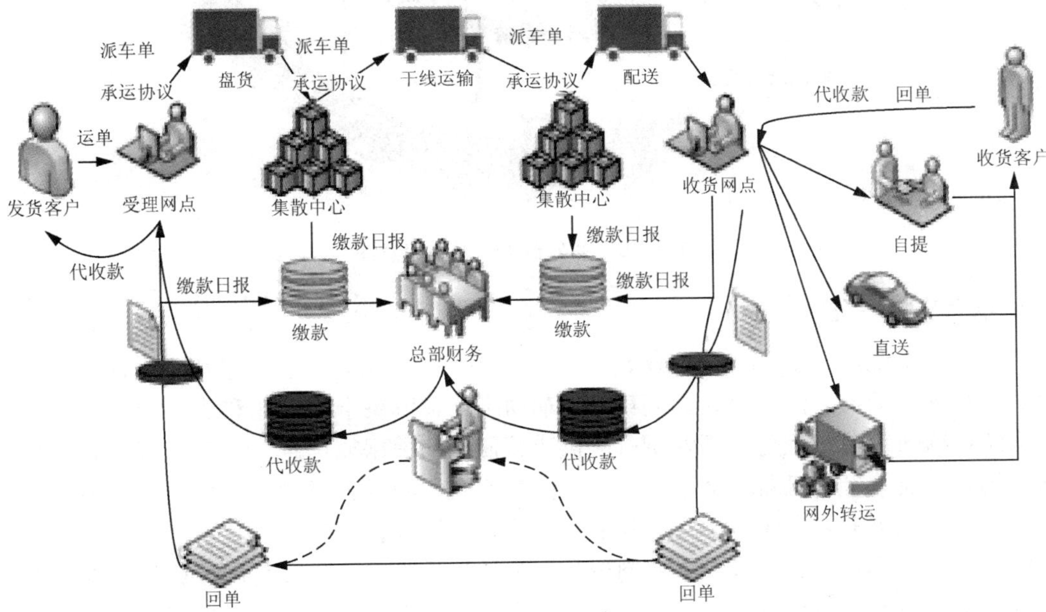

图5.15 物流管理信息系统示意图

2. 办公自动化系统

办公自动化系统(Office Automation，OA)是基于先进的网络互连基础上的分布式软件系统，通过有效的资源共享和信息交流、发布，达到优化管理流程、提高工作效率、降低劳动强度、减少重复劳动的目的。

办公自动化系统为公司领导决策和日常办公管理提供信息服务，提高办公效率，减轻工作人员的工作负担，节约宝贵的办公经费，改变传统的管理思路和管理模式，提高管理人员和工作人员的素质，从而实现企业的管理流程化、办公无纸化、决策科学化。办公自动化系统更加强调岗位职能和作业的流程化，实际作业中对人的依赖转变为对岗位的依赖，强调事物处理的客观性和规范性，这正是一流公司和现代企业管理必须实现的要素。办公自动化系统如图 5.16 所示。

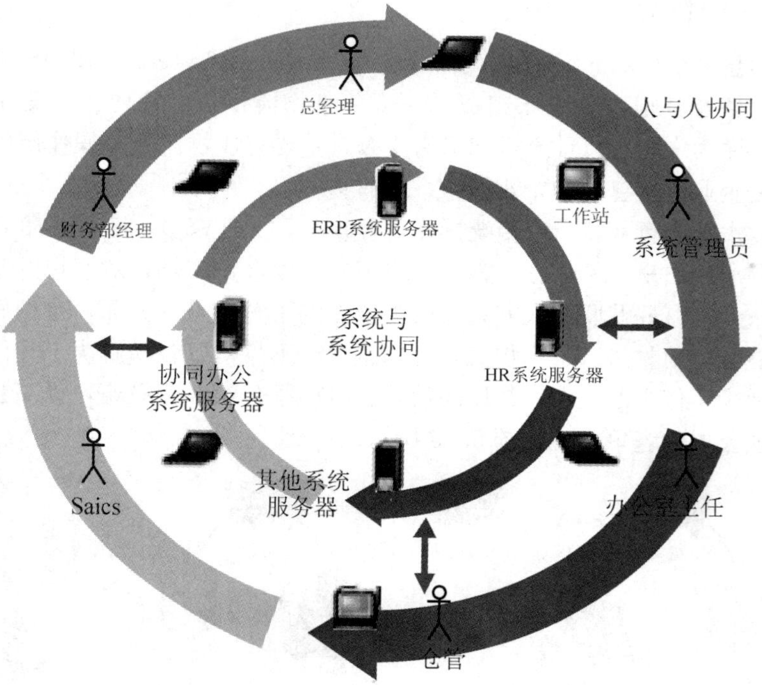

图 5.16　办公自动化系统示意图

3. 决策支持系统

决策支持系统(Decision Support System，DSS)是一种以计算机为工具，应用决策科学及有关学科的理论与方法，以人机交互方式辅助决策者解决半结构化和非结构化决策问题的信息系统。DSS 就是组织与管理好所有能供决策使用的数据或信息、计算模型、分析方法与判断规则，在决策者与机器的交互过程中，针对不同的问题，通过各种数据、模型与方法的组合作用来引导决策者完成一系列的判断而获得问题的解答。

DSS 是以管理科学、运筹学、控制论和行为科学为基础，充分利用计算机技术、人工智能技术、仿真技术和信息技术等，针对半结构化、非结构化的问题，在决策过程中以人—机交互的方式，为决策者提供决策所需的数据、信息和背景材料，帮助明确决策目标和进行问题的识别，提供多种决策的参考方案，并对其进行评价、选优，为决策者做出正确决策提供有力的支持，如图 5.17 所示。

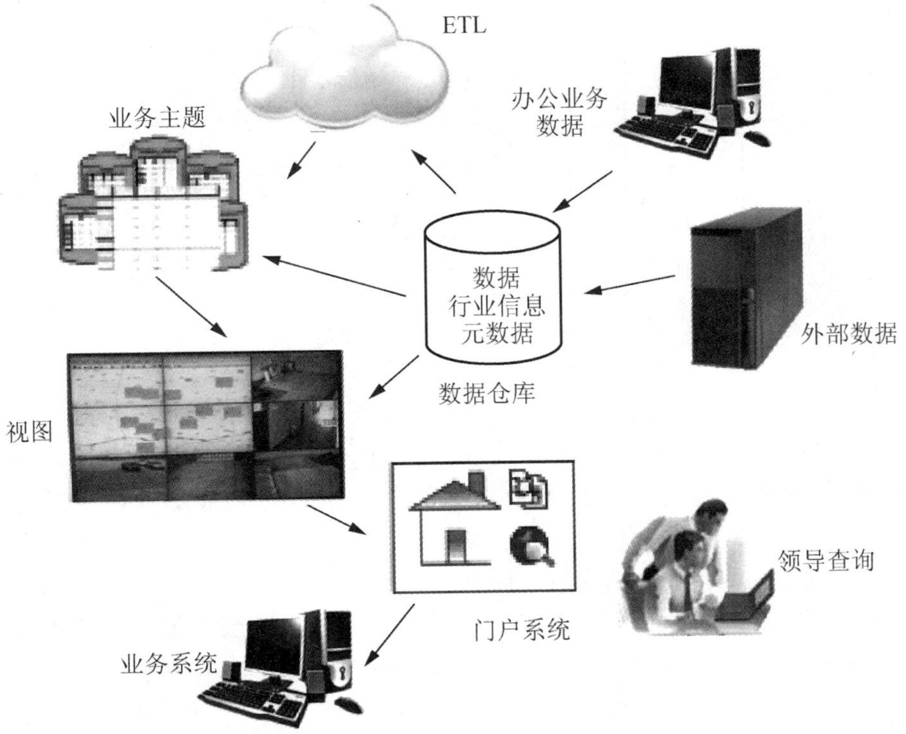

图 5.17 决策支持系统示意图

4. 物流电子商务系统

电子商务并不是要建立一个全新的商务，而是要疏通现有商务的各个环节，提高现有商务的运作效率，改善现有商务程序，开辟一个全新的交易场所。电子商务系统不仅可为客户提供更有价值的内容，而且也巩固了与客户的关系，提高了企业自身的价值和核心竞争力。物流电子商务系统指综合利用 Internet 技术、数据采集与识别技术等信息技术帮助物流企业进行信息搜索、谈判处理、物流单证处理、信息采集与识别、货物及物流资源的自定位和跟踪调度、支付等商务活动和管理活动的信息系统。

5. 专家系统

物流企业的运作和管理需要各类的专家，如运输路径的设计专家、配载专家、库存专家、管理问题咨询专家、战略决策专家等，但是专家会由于各种原因，不在复杂问题的发生现场，或者离开企业，而且企业还会不断地吸纳新员工。在这样的情况下，如何保证处理问题的高水平，是物流企业管理者关注的问题。专家系统(Logistics Expert Systems，LES)就是解决这类问题的信息系统。

专家系统是利用人类领域专家的经验、方法来解决问题的信息系统。专家系统具有大量的专门知识，能应用人工智能的理论和技术，根据领域专家的知识和经验进行推理，模拟人类专家进行决策，解决需要专家才能解决的复杂问题。在可比的情况下，专家系统求解问题的水平应达到或接近于专家水平。专家系统主要实现决策方案设计、决策问题提出层的功能，用于辅助非结构化决策问题的求解，如图 5.18 所示。

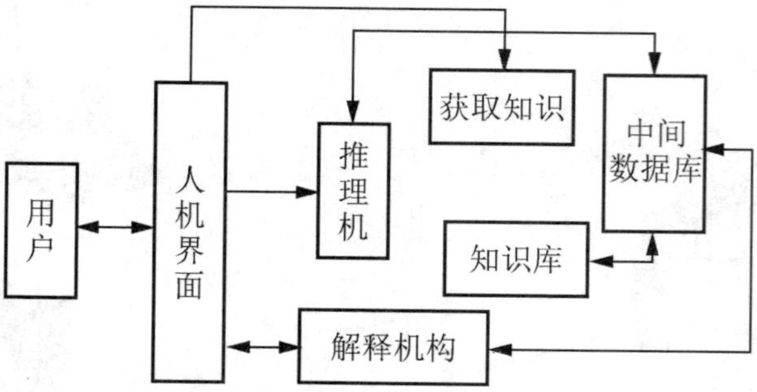

图 5.18　专家系统示意图

6. 企业内部网

Intranet 指采用 WWW 技术，以 TCP/IP 协议作为基础，以 Web 为核心应用，构成了企业内部统一和便利的信息交换平台，实现企业内部的信息发布和共享的一类信息系统。

Intranet 可以建立在企业内部原有的硬件、软件和服务器基础上，实现 Internet 上的几乎所有的应用，如 Web 服务、FTP 服务、DNS 服务、E-mail 服务等。与传统的管理信息系统相比，Intranet 的进步之处在于：基于 Intranet 的 Web 技术能够把文字、图形、图像、声音、影像等多媒体信息都放在 Intranet 上，而且 Web 使用十分简单，通过一个浏览器即可以访问各种信息资源。但是传统的管理信息系统只能管理结构化的信息（如人事档案）。

与管理信息系统不同，Intranet 的功能是信息在企业内部的发布和共享，不关注物流功能的实现，可以实现信息查询和信息分析。因此，该系统的用户局限于企业内部的员工。

7. 企业外部网

企业外部网(Extranet)系统是在国际互联网的基础上，采用特定的技术将相关企业合作伙伴之间的信息系统联系起来，以实现企业合作伙伴之间信息发布和信息共享的一种虚拟的信息系统。该系统的用户仅限于与企业有固定合作关系的企业。

8. 全球信息发布系统

全球信息发布系统是企业集各种信息资源为一体、实现信息向全球发布和共享的一类信息系统，具有最大的开放性和自由度，该系统的用户是无限制的。例如企业通过 ISP 提供的服务开发企业的主页。

5.3.4　物流信息系统的构成

1. 物流信息系统的组成要素

从系统的观点，构成物流企业信息系统的主要组成要素有硬件、软件、数据库和数据仓库、相关人员及企业管理制度与规范等。

1）硬件

硬件包括计算机、必要的通信设施等，如计算机主机、打印机、服务器、通信电缆、通信设施，它是物流信息系统的物理设备、硬件资源，是实现物流信息系统的基础，构成了系统运行的硬件平台。

2）软件

在物流信息系统中，软件一般包括系统软件、实用软件和应用软件。

系统软件主要有操作系统、网络操作系统等，它控制、协调硬件资源，是物流信息系统必不可少的软件。实用软件的种类很多，对于物流信息系统，主要有数据库管理系统、计算机语言、各种开发工具、国际互联网上的浏览器、插件等，主要用于开发应用软件、管理数据资源、实现通信等。应用软件是面向问题的软件，与物流企业业务运作相关，实现辅助企业管理的功能。不同的企业可以根据应用的要求来开发或购买软件。

3）数据库与数据仓库

数据库与数据仓库用来存放与应用相关的数据，是实现辅助企业管理和支持决策的数据基础，目前大量的数据存放在数据库中。

4）相关人员

系统的开发涉及多方面的人员，有专业人员、领导，还有终端用户，例如，企业高层的领导(CEO)、信息主管、中层管理人员、业务主管、业务人员、系统分析员、系统设计员、程序设计员、系统维护人员等，都是从事企业物流信息管理的专业人员。

5）物流企业管理思想和理念、管理制度与规范流程、岗位制度等

物流企业管理理念、管理制度等是物流信息系统成功开发和运行的管理基础和保障，是构造物流信息系统模型的主要参考依据，制约着系统硬件平台的结构、系统计算模式、应用软件的功能。

2. 物流信息系统的层次结构

一个经济实用的物流信息系统必须层次结构分明，不同层次上的部门和人员，需要不同类型的信息。一个完善的物流信息系统，主要有4个层次，从底层向上层依次分为操作管理层(也称作业层)、知识管理层、战术管理层(或称管理层)和战略管理层(或称决策层)。按照物流企业的管理职能，操作层又分为运输管理、仓储管理、配送管理、报关管理、货代管理、采购管理、商务管理等。

【案例5-3】

零售行业成功案例——国美电器

国美电器“领航者”项目由唯智运输管理系统与SAP系统、金力系统联动运行，三套核心系统各司其职，如图5.19所示。

物流服务的最主要目标就是为企业降低成本，快速满足客户的各种不同的需求，提高服务水平。无论是借助第三方物流企业还是实施一体化物流配送，家电销售企业都需要在标准化管理的前提下，搭建信息化平台，提高信息共享能力，从而使物流改革顺畅进行。国美电器采取的模式是建设自建与外包相结合的物流一体化，其唯智运输管理内不仅管理了区间调拨、三级区内调拨，还管理了各级DC的配送及配套服务。涉及的组织除去国美电器企业本身，还包括包装加工、运输车队、装卸队、仓储管理、门店等，为国美家电零售物流一体化实现提供强有力的信息化保证。

思考：物流信息系统的作用是什么？

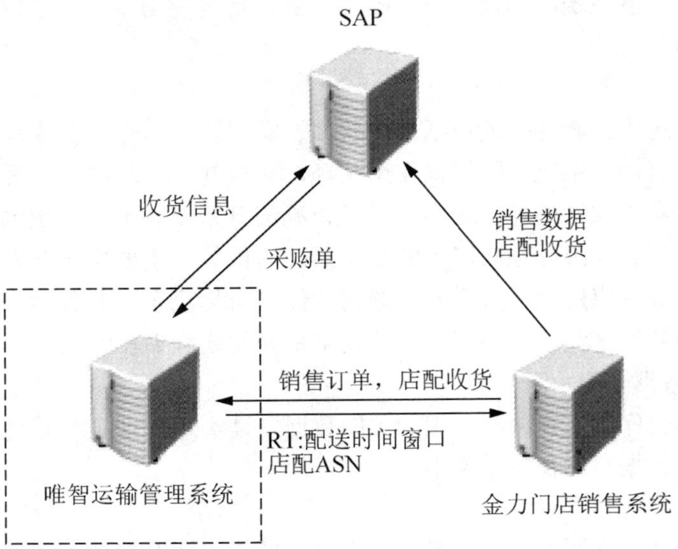

图 5.19 国美电器“领航者”项目运行图

实训任务

任务 1：员工胸卡条码制作

1. 任务目标

（1）通过本次实训，使学生加深对条码设备、条码制作的应用及物流理论知识的理解，了解条形码在物流、生产、流通等领域的作用。

（2）通过本次实训，加深对现代物流手段、工具作用的认识，了解最新应用技术知识，拓宽认识视野，为从事物流及运输工作打下良好的基础。

2. 案例引入

由你为通达物流河南分公司设计员工胸卡的条码。

3. 任务完成

1）完成步骤

（1）以学习小组为单位，对常用 12 种条码的码制、字符集、长度、连续性、校验码、自校验特性及应用范围进行认识体会，并完成下表填空。

常用 12 种条码常见参数表

码制	字符集	长度	连续性	校验码	应用范围
UPC-A					
UPC-E					
EAN-13					

续表

码制	字符集	长度	连续性	校验码	应用范围
EAN-8					
EAN-128					
交插 25 码					
ITF-14					
ITF-6					
Code 39					
库德巴码					
Code 128					
Code 93					

（2）以某本图书的条码为例，判断其码制。

（3）根据教师提供的员工胸卡卡号，制作相应条码(码制可自选)。

（4）总结讨论，以小组为单位，以小组发言人为媒介，进行经验教训的讨论，指导教师最后总结评价。

2）检查标准

员工胸卡条码制作检查标准表

检查步骤	考评标准	分　值	实际得分
步骤 1	常用 12 种条码常见参数表的填写完成情况	20	
步骤 2	能正确识别常见条码码制及相关参数	20	
步骤 3	能选取合适的一维码制并正确制作条码	40	
步骤 4	小组发言内容翔实、讲解透彻、针对性强	20	

任务 2：掌握货物对应条码的生成、打印和存档技能

1. 任务目标

（1）了解条码基础知识，能识别、设计、应用条码，并正确计算验证码。

（2）掌握商品和包装单元条码编码方案设计。

（3）掌握条码生成、打印、存档技能。

2. 案例引入

利用任务 1 所获得的数据资料，为通达公司河南分公司的员工打印条码胸卡。

3. 任务完成

1）完成步骤

（1）以学习小组为单位，开展前期准备工作，主要是对所实训条码生成软件的初步了解、配套硬件的认知。

（2）利用实训室资源，设计所需条码码制、编码结构、表示内容。

（3）利用实训室资源，学习并掌握条码数据采集系统。

（4）利用实训室资源，学习并掌握条码生产、打印、存档技能。

2）检查标准

条码生成、打印、存档检查标准表

检查标准	考评标准	分　值	实际得分
前期准备	条码编码及制作、条码数据采集器知识的掌握	10	
条码生成技能	条码生成软件使用熟练度、相关管理软件掌握	20	
条码打印技能	条码打印机掌握熟练度、相关软件掌握程度	25	
条码数据采集	条码数据采集器原理及使用方法的掌握	20	
条码存档技能	条码扫描设备技能熟练度、异常情况处理	25	

任务3：掌握RFID系统的应用

1. 任务目标

（1）掌握RFID系统组成。

（2）掌握RFID系统基本工作流程。

（3）掌握RFID系统应用。

2. 案例引入

通达物流公司河南分公司现在仓库有了一批货物，请你利用通达公司的RFID设备对货物进行标签处理，使货物能被识别并录入相关信息到计算机系统中。

3. 任务完成

1）完成步骤

（1）以学习小组为单位，开展前期准备工作，主要有对所实训RFID系统的初步了解、配套软件的认知。

（2）利用实训室资源，进行RFID系统组成实训。

（3）利用实训室资源，进行RFID系统基本工作流程模拟。

（4）利用实训室资源，进行RFID系统应用实训。

2）检查标准

RFID 系统学习检查标准表

检查标准	考评标准	分　值	实际得分
RFID 系统组成	掌握 RFID 三个组成部分：标签、阅读器、天线的作用及功能，并掌握其适配软件	30	
RFID 系统基本工作流程	阅读器软件的射频信号发送、标签感应后将自身编码发送、阅读器对编码的解码和软件处理	30	
RFID 系统应用	能对货物进行标签作业，并利用 RFID 系统对标签作业后的货物进行识别处理	40	

模块小结

现代物流依靠信息技术保证物流体系正常运作。物流系统的信息服务功能，包括进行与物流系统各项功能有关的计划、预测、动态(运量、收、发、存数)的情报及有关的费用情报、生产情报、市场情报活动。

物流系统的信息服务功能的主要作用表现为：缩短从接受订货到发货的时间；库存适量化；提高搬运作业效率；提高运输效率；使接受订货和发出订货更为省力；提高订单处理的精度；防止发货、配送出现差错；调整需求和供给；提供信息咨询；等等。

本模块首先介绍了物流信息的概念、内容、功能、特征及信息流在物流中的作用；然后对物流信息技术中的条形码技术、RFID 技术、EDI、EOS、POS、GIS、GPS 等技术及其各自的特点和应用领域进行了介绍，最后介绍了物流信息系统的概念及其组成结构。通过本模块的学习要掌握物流信息和物流信息系统的概念、功能，对常见的物流信息技术的应用领域有一定的了解。

模块 6

全面认识第三方物流

QUANMIAN RENSHI DISANFANG WULIU

【技能目标】

(1) 正确分析第三方物流现状与发展趋势的能力。
(2) 进行第三方物流企业利弊分析的能力。

【知识目标】

(1) 了解第三方物流的含义、特征、类型等基本概念。
(2) 了解第三方物流产生的原因及时代背景。
(3) 认识第三方物流的利弊。

【工作任务】

2014年年初，肖阳、王琳和赵宁代表公司来到自己的家乡开设通达物流公司河南分公司。作为一家第三方物流企业，他们兢兢业业、勤奋努力，希望通过自己的努力，将公司发展成为郑州当地发展领先的物流企业。现在，就请同学们帮助完成以下任务。

（1）通过理论学习，了解第三方物流企业的定义、类型、利益来源、现状和未来发展趋势，进而为客户提供更优质的服务。

（2）通过深入领悟企业采用第三方物流服务的优势和弊端，不断提升本企业的市场竞争力。

单元6.1 第三方物流概述

第三方物流，英文表达为Third-Party Logistics，简称3PL，也简称TPL，是20世纪80年代由欧美国家提出并开始盛行的。但是直到现在，国际上关于“第三方物流”也没有一个明确的定义。

6.1.1 第三方物流的概念

我国国家标准《物流术语》对第三方物流的定义是：独立于供需双方，为客户提供专项或全面的物流系统设计或系统运营的物流服务模式。第三方即物流服务提供者，是发货人或托运人(第一方)和收货人(第二方)之间的第三方，代表第一方和第二方来执行物流功能。

对于第三方物流所提供物流服务的范围和深度，与货主的要求和第三方物流企业的自身条件有密切关系。由此产生了广义和狭义的第三方物流概念。

广义的第三方物流是相对于自营物流而言，凡是由社会化的专业物流企业为他人提供物流服务的物流活动都包含在第三方物流范围之内，包括传统的运输公司、仓储企业等单一环节的服务提供商，也包括国际快运、快递市场上的巨头FedEX、UPS、TNT、DHL或国内的中远、中海等。

狭义的第三方物流是指能够提供现代化的、系统物流服务的第三方物流活动，具体标志有以下几个方面。

（1）有提供现代化的、系统物流服务的企业素质。

（2）可以提供包括供应链物流在内的全程物流服务和特定的、定制化服务的物流活动。

（3）不是货主与物流服务商偶然的、一次性的物流服务活动，而是采取委托承包形式的长期业务外包形式的物流活动。

（4）不是一般性物流服务，而是提供增值服务的现代化物流活动。

由此可见，第三方物流术语的运用，因人、因地不同其含义也有所区别。一般而言，在研究和建立现代物流系统时，第三方物流不是按照自营物流与否来进行区分的，尤其是我国现在小规模、小生产式的物流活动还很多，并且不可能在短时间解决这个问题，如果把这些企业都包括在第三方物流企业中，必然会混淆人们对第三方物流的认识，因此，在讨论第三方物流时，应从狭义的角度去理解第三方物流，把它看成一种高水平、专业化、现代化的物流服务形式。按照这个理解，可以把第三方物流进一步解释为：第三方物流是通过与第一方或第二方的合作来提供其专业化的物流服务，不拥有商品，不参与商品的买卖，而是为客户提供以合同为约束、以结盟为基础的专业化、个性化、系列化、信息化的物流服务。

【案例 6-1】

麦当劳的物流运营

谈到麦当劳的物流，不能不说到夏晖公司，这家几乎是麦当劳“御用 3PL”（该公司客户还有必胜客、星巴克等）的物流公司，它们与麦当劳的合作，至今在很多人眼中还是一个谜。麦当劳没有把物流业务分包给不同的供应商，夏晖也从未移情别恋，这种独特的合作关系，不仅建立在忠诚的基础上，麦当劳之所以选择夏晖，还在于后者为其提供了优质的服务。

而麦当劳对物流服务的要求是比较严格的。在食品供应中，除了基本的食品运输之外，麦当劳要求物流服务商提供其他服务，比如信息处理、存货控制、贴标签、生产和质量控制等诸多方面，这些“额外”的服务虽然成本比较高，但它使麦当劳在竞争中获得了优势。另外，麦当劳要求夏晖提供一条龙式物流服务，包括生产和质量控制在内。这样，在夏晖设在中国台湾的面包厂中，就全部采用了统一的自动化生产线，制造区与熟食区加以区隔，厂区装设空调与天花板，以隔离落尘，易于清洁，应用严格的食品与作业安全标准。所有设备由美国 SASIB 专业设计，生产能力为每小时 24 000 个面包。在专门设立的加工中心，物流服务商为麦当劳提供所需的切丝、切片生菜及混合蔬菜，拥有生产区域全程温度自动控制、连续式杀菌及水温自动控制功能的生产线，生产能力每小时 1 500kg。此外，夏晖还负责为麦当劳上游的蔬果供应商提供咨询服务。

麦当劳利用夏晖设立的物流中心，为其各个餐厅完成订货、储存、运输及分发等一系列工作，使得整个麦当劳系统得以正常运作，通过它的协调与连接，使每一个供应商与每一家餐厅达到畅通与和谐，为麦当劳餐厅的食品供应提供最佳的保证。目前，夏晖在北京、上海、广州都设立了食品分发中心，同时在沈阳、武汉、成都、厦门建立了卫星分发中心和配送站，与设在香港和台湾的分发中心一起，斥巨资建立起全国性的服务网络。

（资料来源：中国冷链产业网 .）

思考：夏晖公司在麦当劳的物流中承担了什么角色?

6.1.2 第三方物流的特征

从目前国内外第三方物流发展和现状来看，第三方物流具有以下基本特征。

1. 建立在现代信息技术基础上

信息技术的发展是第三方物流出现的必要条件，信息技术实现了数据的快速、准确传递，提高了仓库管理、装卸运输、采购、订货、配送发运、订单处理的自动化水平，使订货、仓储、运输、流通加工实现一体化；第三方物流在信息技术上所要做的核心工作就是从面向内部管理向市场客户服务转变，必须要有很好地与客户对接的系统，从而完成客户的指令和满足客户对信息方面的需求。

2. 基于合同管理的契约服务

第三方物流和客户之间存在着契约关系，只有这样才能明确双方的责任和权利。第三方物流不同于传统的外协，外协仅限于一项或一系列分散的物流功能，如运输公司提供运输服务、仓储公司提供仓储服务。第三方物流虽然也包括单项服务，但更多的是提供多功能、全方位的物流服务。它注重的是客户物流体系的整体运作效率与效益。同时，第三方物流都是根据合同条款的要求，而不是客户的临时需求来提供合同约定的物流服务。

3. 个性化物流服务

第三方物流服务的对象一般都较少，服务时间却较长，正如麦当劳和夏晖公司的合作。

这是因为需求方的业务流程各不相同，而物流、信息流是随价值流流动的，因而第三方物流服务应按照客户的业务流程来定，这也表明物流服务从产品推销发展到了市场营销阶段，第三方物流正从过去的面向社会提供服务的传统外包进化到面向企业的个性化服务阶段。第三方物流企业更像是客户的一个专职物流部门，只是这个物流部门更具有专业优势和管理经验。

4. 客户关系伙伴化

第三方物流企业不是单纯的货代公司，也不是速递公司。它的业务深深地触及客户企业销售计划、库存管理、订货计划、生产计划等整个生产经营过程，远远超越了与客户一般意义上的买卖关系，而是与其结合成了一体，形成了一种战略合作伙伴关系。从长远看，第三方物流的服务领域还将进一步扩展，甚至可能成为客户营销体系的一部分。它的生存发展必将与客户企业的命运紧密联系在一起。

5. 整合社会资源

作为客户的物流服务商，第三方物流能凭借良好的信息技术、客户关系，以及比较完善的运作网络、系统的解决方案和人才优势等占有市场客户，但是具体到实际运作，并不能完全满足客户在资源上的需求，因此，第三方物流只能是依靠整合社会资源来完成。整合其他资源对于第三方物流显得尤为重要，如果不能采购到服务质量好、具有价格优势的资源，势必会造成企业成本加大或者不能满足客户的需求而导致客户流失。因此，第三方物流和它的供应商之间存在着共担风险、利益共享的关系，只有对供应商进行良好的控制和较好的相互合作的状况，才能共同保证运作和客户的持续与长久。

【案例 6 - 2】

中海全力发展第三方物流

深圳市中海国际物流有限公司是中国海外集团的全资下属公司，目前已与 IBM、美能达、联想、三星电子、诺基亚、神达电脑、宏基电脑等几十家国际著名的跨国公司建立了长期稳定的合作关系，为其提供国际物流配送服务。

中海物流 1998 年年初与 IBM 合作，为其提供全方位 JIT(Just in Time)配送服务，在全国 15 家保税区内开辟了从事第三方物流服务的先河。1999 年 3 月，与日本 MINOLTA 合作开展配送项目，该项目与 IBM 相比，其客户要求、运作流程更为复杂。通过与 IBM 与 MINOLTA 的合作，中海物流配送业务从无到有、从熟悉到熟练、从成长到成熟，逐步探索出一套横向四流合一和纵向多对一、多对多的物流。

中海物流经过 5 年多的努力和探索，已成为一个集储存、运输、报关、配送和软件开发为一体的综合性第三方物流企业。

“中海物流网”是中海物流创立并运营的专业物流电子商务网站。网站的宗旨是推广中海现代物流经管理念，展示物流领域的新思维、新经验和新产品，为广大会员和客户提供物流领域的市场、资源、技术和服务。

“中海物流网”不仅仅是单纯的电子商务网站，它的背后是中国物流经验丰富、规模庞大、成绩斐然的大型跨境电子物料配送中心，在国内最早开展第三方物流配送。自行开发的“中海 2000”物流管理信息系统是“中海物流网”强大的后台支持系统，可以满足客户在仓储、运输、配送、货代、报关、商检以及物流信息服务等方面的需求，并承担着诸如 IBM、MINOLTA、ACER、LG、长城、联想、华为等数百家中外知名的大型 IT 企业的 JIT 供应链支持。

(资料来源：南开大学经济与社会发展研究论坛．)

思考：从中海物流的发展来看，第三方物流在物流发展中承担了怎样的角色？

6.1.3 第三方物流企业的分类

纵观国内外物流现状，物流企业种类非常多，但不同种类的第三方物流企业提供服务的内容与复杂程度不一样。按照不同的标准，可以将第三方物流企业分成不同的类型，见表6－1。

表6－1 第三方物流企业的类型

标准	类型	描述
是否拥有资产	资产型第三方物流企业	具有实物物流功能的资产或信息资产，可以向客户提供稳定的、可靠的物流服务。如UPS，FedEX等
	管理型第三方物流企业	以本身的管理、信息、人才等优势作为核心竞争力。以提供货物代理、信息和系统服务、物流增值服务为主的物流公司
运作模式	传统外包型物流运作模式	第三方物流企业独立承包一家（或多家）生产商（或经销商）的部分或全部物流业务
	战略联盟型物流运作模式	运输、仓储、信息经营者等以契约形式结成战略联盟，内部信息共享和信息交流，相互间协作，形成第三方物流网络系统，联盟可包括多家同地和异地的各类运输企业、场站、仓储经营者，理论上联盟规模越大，可获得的总体效益越大
	综合代理物流运作模式	不进行大的固定资产投资，低成本经营，将部分或全部物流作业委托他人处理，注重自己的销售队伍与管理网络，实行特许代理，将协作单位纳入自己的经营轨道，公司经营的核心能力就是综合物流代理业务的销售、采购、协调管理和组织的设计与经营，并注重创新业务流程和组织机构，使公司经营不断产生新的增长点
资本归属	外资和中外合资物流企业	国外物流公司以独资和合资方式进入中国物流领域
	民营物流企业	业务地域、服务和客户相对集中，效率也比较高，机制灵活、发展迅速。如宝供物流、南方物流、天津大田物流、珠海九川物流、上海炎黄在线物流等
	国有物流企业	借助原有物流资源发展起来，如中国物资储运公司、中国远洋运输有限公司

单元6.2 第三方物流的利润来源

第三方物流企业的利润从哪里来？从本质上讲，第三方物流服务的利润来源，不是来自运费、仓储费用等直接收入，不是以客户的成本性支出为代价的，而是来源于与客户一起在物流领域创造的新价值。为客户节约的物流成本越多，利润就越高，这与传统的经营方式有本质的区别，第三方物流的价值优势主要体现在物流成本的降低和物流服务方式及水平的提高方面。

6.2.1 从专业化分工中获取收益

现代社会，生产的社会化程度越来越高，而专业化分工却越来越细。按照大卫·李嘉图的比较优势理论，在国际贸易领域，各国应分别从事具有比较优势的产品生产，然后进行国际交换互通有无，则各自都可以从分工中获得利益。一个国家内的社会生产各部门同样如此。

6.2.2 从规模经营中获取收益

物流业是一个规模较大才能获得规模经济收益的行业。物流企业只有达到较大的规模，才能获取由于集合签约(物流企业整合物流所涉及的各个环节与物流服务需求方签订合约，就如同旅行社整合吃、住、行、游等各种旅游环节与游客签订旅游合同一样)而降低交易费用、集中储存而降低平均库存、组合运输来降低运输费用以及减少返程空载而提高运输工具的使用效率等所带来的规模经济收益。具体来讲，第三方物流企业可从以下几方面发挥规模经济优势，获取规模经济收益。

1. 提供综合服务

物流工作涉及采购、运输、仓储、加工整理、配送、信息等多个服务环节，其中运输又涉及公路、铁路、水运、航空、市内、城际等多种运输方式的转换。第三方物流企业只有扩大企业规模，整合多种运输方式和运输环节，才能为客户提供综合服务，降低交易费用，从而便利顾客、降低客户的物流成本，同时也提高自身的利润率。据美国科尔尼管理咨询公司的一份分析报告显示，在物流业运输、仓储和综合服务 3 种服务方式中，单独提供运输服务的利润率为 5%，仓储服务的利润率为 3.9%，而提供综合服务的利润率则可达 10.5%。

2. 集中储存降低社会平均库存

在传统的企业物资管理理论里，企业为保证生产的连续进行，都需要对重要生产物资设置经常储备和保险储备。经常储备为企业正常生产周转使用物资而储备，保险储备则为应付物资供应和企业用料等的意外情况而设。如果一些通用物资改由生产企业分散储备，为物流企业集中储备分散供货，则可以通过合理安排各企业的生产周期、分散用料高峰期来相对降低总的经常储备量，同时又由于企业用料的意外情况同时发生的概率较小，可以大大减少保险储备，这样就可以通过第三方物流企业的集中储备规模经营而降低社会的平均库存，使企业获益而愿意支付一定的费用给第三方物流企业。日本企业所宣称的“零库存”实际上是将生产企业的库存转移到中间物流企业或上游企业的结果。

3. 规模采购、统一配送

在现代企业中，许多企业特别是中小企业将其采购业务交由专业的物流公司统一进行。通过集中采购、统一配送，可以获得诸如批量价格折扣、合理选择运输工具、合理安排运输、储存、装卸、配送等好处，在给生产企业带来好处的同时，也给第三方物流企业带来收益。同时，第三方物流可通过广布网点、规模化经营，为多家企业提供物流服务，从而分摊其巨额固定资产投入费用，提高其场地、人员、设备等的利用率而降低物流成本。

6.2.3 从提供增值服务中获取收益

物流的许多环节具有保值、增值功能，第三方物流企业可以在为顾客提供产品的保值、增值服务中获取相应的收益。

1. 包装服务

一般情况下，产品包装分销售包装和运输包装两种。销售包装主要是为了促进商品的销售，同时也起到美化产品、保护产品、提高产品知名度等功能。因此，销售包装大多由产品生产企业自主进行(也不排除委托第三方物流企业进行)。运输包装的主要作用是方便产品的储存、运输、装卸搬运和堆码等，而且为方便操作，物流过程中还要进行包装、分装、再包装等过程。因此，运输包装更适合由物流部门来实施。物流部门在包装材料的选择、包装物形状的设计、产品包装与运输工具的配合，以及包装物的合理利用与回收等方面比生产企业更具优势。第三方物流企业可通过为其他企业提供包装这一增值服务而获益。

知识链接

德国人的绿色包装

随着人们环保意识的增强，绿色包装在德国已经蔚然成风。众所周知，适度包装有助于提高商品的档次，防止商品在流通过程中受到损坏，但不分品种和价值高低，统统过度包装，就有欺诈之嫌了。德国包装法规定，凡包装体积明显超过商品本身的10%，包装费用明显超出商品的30%，就应判定为侵害消费者权益的商业欺诈。

德国老百姓已经广泛参与环境和生态保护，所以人们在购买商品时往往考虑以下几个方面：一是选择少用能源、少用包装、加工比较简单的产品；二是讲究生态效益，选择造成环境污染少，对生态有利的产品；三是选择符合平等、人道的原则，不严重剥削劳工，不侵犯当地居民生存权，不进行不道德的动物试验的企业产品；四是选择不含或少含有害化学成分的食品、饮料等。以人们送礼的各种酒为例，德国的大部分中高档酒没有任何包装。人们去朋友家做客，通常是买一瓶葡萄酒，自己用彩色包装纸一裹，再系上一条色带。主人收到礼品，当着送礼人的面撕去包装纸，看了酒的品牌后恭维道"这是我最喜欢喝的牌子"。

在经济因素的驱动下，越来越多的企业朝着有利于环保的方向改进自己的产品包装。企业对其产品包装进行优化，包装正逐渐变得更薄、更轻和更容易再循环。目前，德国已有近两万家生产和经营包装材料的企业参加了"二元体系"，约90%的商品包装上印有"绿点"标志。

德国目前已强制实行了押金制度，顾客在购买所有用塑料瓶、玻璃瓶和易拉罐包装的矿泉水、啤酒、可乐和汽水等饮料时，均要支付相应的押金。押金制度不仅是为了敦促顾客退还空饮料瓶罐，提高回收利用率，同时也是为了让德国人改掉使用一次性饮料包装的消费习惯，更多地选择可多次使用的包装。

由于上述种种措施，再加上人们环保意识的增强，德国市场上花架子式的包装逐渐减少。与此同时，卫生安全、方便实用的简单包装已在广大厂商和消费者中受到青睐。

(资料来源：中国产品包装.)

2. 装、卸、搬、运服务

物流活动过程中，伴随着大量的装、卸、搬、运作业，以解决物质资料在生产地和消费地之间的空间差异，创造物品的空间效用，实现物质资料的使用价值。第三方物流企业在提供装、卸、搬、运服务过程中，需投入大量的劳动力及其他生产要素，它是生产活动在流通领域中的继续，通过这些活动可创造物品的空间价值，提高产品的附加值。因此，第三方物流企业可以通过提供这些增值服务而获利。

3. 储存保管保养服务

由于生产与消费具有各自不同的规律性，生产与消费往往不在同一时间进行。为保证生产或消费的连续进行，必须要有适当的储备。而设置储备又要占用企业的大量流动资金，配套大量的人力、场地和设施，而且还要对储存物资实施保管、保养措施以期实现保值甚至增值。这些服务都可以由第三方物流企业来提供。第三方物流企业通过专业化管理、规模化经营来实现储备物资的时间价值，使其成为自身的又一利润来源。

4. 流通加工服务

在组织物资从生产地向消费地转移的过程中，对一些特殊的物资进行适当的加工(如分拣、剪断、组装等)可以减少运力浪费、提高运输工具的使用效率、方便顾客使用等，第三方物流企业也可以通过为顾客提供流通加工服务中获利。

【案例6-3】

生意兴隆的流通加工超级市场

阿迪达斯公司在美国有一家超级市场，设立了组合式鞋店，摆放着不是做好了的鞋，而是做鞋用的半成品，款式花色多样，有6种鞋跟、8种鞋底，均为塑料制造的，鞋面的颜色以黑、白为主，搭带的颜色有80种，款式有百余种，顾客进来可任意挑选自己所喜欢的各个部位，交给职员当场进行组合。只要10分钟，一双崭新的鞋便唾手可得。

这家鞋店昼夜营业，职员技术熟练。鞋子的售价与成批制造的价格差不多，有的还稍便宜些，所以顾客络绎不绝，销售金额比邻近的鞋店多10倍。

思考：在此案例中体现了流通加工作业的哪些作用?

5. 信息服务

第三方物流企业的最大附加值是基于信息，而不是靠提供低价的一般服务。第三方物流企业应加强现代情报信息技术和电脑网络技术的应用，为客户提供系统化、高效率的物流解决方案并帮助其付诸实施；最大限度地利用运输和分销网络，有效地进行跨运输方式的货物追踪、进行电子交易、完成提供供应链管理效率所必需的报表和进行其他相关的增值服务；尽可能的介入企业的供应链成为连接供求双方信息流、商品流的桥梁；还可为顾客提供市场信息，更多地为顾客服务。

6. 延迟处理

延迟处理是一种先进的物流模式，企业在生产过程中，先完成中间产品或标准化产品的生产，等收到客户订单，明确最终用户对产品的功能、外观、数量等具体要求之后再完成生产和包装的最后环节。在很多情况下，企业将最终的制造或包装活动交由第三方物流中心完成，在时间和地点上都与大规模的标准生产相分离，这样，生产企业就能够以最快的反应速度来满足客户的需求，并且降低或完全消除不适合市场需求的生产及库存活动。其实，在我国一些第三方物流企业提供的贴标签活动或在包装箱上注明发货区域等服务，都是简单的延迟处理活动。

7. 支持JIT生产

JIT生产是在恰当的时间、恰当的地点，以恰当的数量、恰当的质量提供恰当的物品，也就是说，生产、配送制成品要直接送到货架甚至消费者手中，零部件、半成品要直接送到生产线上。其核心目标是实现零库存。支持 JIT 生产是一种新型的第三方物流服务。在 JIT 生产中，第三方服务商提供的服务有即时采购运输和生产线的即时供货等，上海友谊物流公司的案例中就包括了第三方为支持 JIT 生产而改造自身服务的例子。

综上所述，现代物流是“第三利润源”绝不是意味着第三方物流企业可以轻松获取丰厚的利润，第三方物流企业必须通过发挥专业化管理规模化经营的优势为物流服务需求方提供优质、低成本的服务，才能吸引物流服务需求方将其物流服务委托给第三方物流企业实施，最终达到双赢的结局，否则，物流服务需求方完全可以自己建立一套物流服务系统。

单元 6.3　物流一体化与第三方物流的利弊分析

随着市场竞争的不断深化和加剧，企业建立竞争优势的关键已由节约原材料的“第一利润源”和提高劳动生产率的“第二利润源”，转向建立高效的物流系统的“第三利润源”。20 世纪 80 年代，美国、法国和德国等提出了一体化的现代理论，应用和指导其物流发展取得了明显的效果，使它们的生产商、提供商和销售商均获得了显著的经济效益。美国十几年的经济繁荣期与该国重视物流一体化的理论研究与实践、加强供应链管理、提高社会生产的物流效率和物流水平是分不开的。

6.3.1　物流一体化

所谓物流一体化，就是以物流系统为核心的由生产企业经由物流企业、销售企业，直至消费者的供应链的整体化和系统化。它是物流业发展的高级和成熟阶段。只有当物流业高度发达，物流系统日趋完善，物流业成为社会生产链条的领导者和协调者，才能够为社会提供全方位的物流服务。

物流一体化的目标是应用系统科学的方法充分考虑整个物流过程的各种环境因素，对商品的实物活动过程进行整体规划和运行，实现整个系统的最优化。

物流一体化包括纵向一体化物流、横向一体化物流、网络一体化物流 3 种形式。

1. 纵向一体化物流

纵向一体化一般是指上游供应商与下游客户之间在所有权上纵向合并。以前人们认为这是一种理想的组织模式，但现代企业则是更注重发挥其核心业务功能，即发展他们所擅长的、具有明显优势的业务，其他属于“资源外购”，即从企业外部采购。这时，作为被弱化的环节，相应的企业可以从其他同行企业退出本市场而获得较大的生存空间，以及利用规模经济等方式来解决；也可将本企业定义在不同供应链上，使企业同时利用不同的供应链带来多个局部利益。这样也就产生了物流的纵向一体化。

2. 横向一体化物流

横向一体化物流也称为水平一体化物流，是指通过同一行业中多个企业在物流方面的合作而获得规模经济效益和物流效率。例如，不同的企业可以用同样的装运方式进行不同类型商品的共同运输。当物流范围相近，而某个时间内物流量较少时，几个企业同时分别进行物流操作显然不经济。于是就出现了一个企业在装运本企业商品的同时，也装运其他企业商品的物流现象。从企业经济效益上看，它降低了企业物流成本；从社会效益来看，它减少了社会物流过程的重复劳动。显然，不同商品的物流过程不仅在空间上是矛盾的，而且在时间上也是有差异的。这些矛盾和差异的解决，就要依靠掌握大量物流需求和物流供应信息的信息中心。此外，实现横向一体化的另一个重要条件，就是要有大量的企业参与，并且有大量的商品存在，这时企业间的合作才能提高物流效益。当然，产品配送方式的集成化和标准化等问题也是不能忽视的。

3. 网络一体化物流

网络一体化物流是纵向一体化物流与横向一体化物流的综合体。当一体化物流每个环节同时又是其他一体化物流系统的组成部分时，以物流为联系的企业关系就会形成一个网络关系，即物流网络。这是一个开放的系统，企业可自由加入或退出，尤其在业务最忙的季节，最有可能利用到这个系统。因为在业务繁忙的季节，生产企业原有供应链的物流体系仍然存在，同时还必须增强业务外包，这样以物流企业为结点的物流网络就显得尤为重要。物流网络能发挥规模经济作用的条件就是一体化、标准化、模块化。实现物流网络首先要有一批优势物流企业率先与生产企业结成共享市场的同盟，把过去那种直接分享利润的联合发展成优势联盟，共享市场，进而分享更大份额的利润。同时，优势物流企业要与中小型物流企业结成市场开拓的同盟，利用相对稳定和完整的营销体系，帮助生产企业开拓销售市场。这样，竞争对手成了同盟军，物流网络就成为一个生产企业和物流企业多方位、纵横交叉、互相渗透的协作有机体。而且，由于先进信息技术的应用，当加入物流网络的企业增多时，物流网络的规模效益就会显现出来，这也促使了社会分工的深化，第三方物流的发展也就有了动因，整个社会的物流成本会由此大幅度的下降。

6.3.2 第三方物流的利与弊

1. 第三方物流的正面效应

第三方物流越来越受到工商企业的青睐，原因就在于它使企业能够获得比原来更大的竞争优势，这种优势主要体现在以下几个方面。

1）归核优势

一般来说，生产企业的关键业务不会是物流业务，并且物流业务也不是他们的专长，而新兴的第三方物流企业由于从事多项物流项目的运作，可以整合各项物流资源，使得物流的运作成本相对较低，物流作业更加高效，生产企业如果将物流业务交给他们来做，将得到更加专业的物流服务，同时也可以集中精力开展核心业务。

2）业务优势

使生产企业获得自己本身不能提供的物流服务。由于客户所从事的行业不同，由此带来的客户服务要求也是千差万别，例如生鲜产品对快速、及时、冷藏的要求，危险化工品对安全、仓储设备的要求。这些要求的差异往往是生产企业内部的物流系统所不能满足的，但却是第三方物流市场细分的基础。生产企业通过物流业务的外包就可以将这些任务转交给的第三方物流公司，由他们来提供具有针对性的定制化物流服务。

3）降低物流设施和信息网络滞后对企业的影响

小企业的物流部门缺乏与外部资源的协调，当企业的核心业务迅猛发展时，需要企业物流系统快速跟上，这时企业原来的自营物流系统往往由于硬件设施和信息网络的局限而滞后，而第三方物流恰好可以突破这种资源限制的瓶颈。

4）成本优势

（1）第三方物流可降低生产企业运作成本。专业的第三方物流提供商利用规模生产的专业优势和成本优势，通过提高各环节资源的利用率实现费用节省，使企业能从分离费用结构中获益。对于生产性企业来说，物流成本在整体生产成本中占据了较大的比重。另外，由于企业使用外协物流作业，可以事先得到物流服务供应商申明的成本或费用，可变成本转变成不变成本，稳定的成本使得规划和预算手续更为简便，也是物流外包的积极因素。

（2）第三方物流可以减少固定资产投资。现代物流领域的设施、设备与信息系统的投入是相当大的，企业通过物流外包可以减少对此类项目的建设和投资，变固定成本为可变成本，并且可以将由物流需求的不确定性和复杂性所带来的财务风险转嫁给第三方。尤其是那些业务量呈现季节性变化的公司，外包对公司资产投入的影响更为明显。

5）客服优势

（1）第三方物流的信息网络优势。第三方物流企业所具有的信息网络优势使得它们在提高顾客满意度上具有独特的优势。它们可以利用强大便捷的信息网络来加大订单的处理能力，缩短对客户需求的反映时间，进行直接到户的点对点的配送，实现商品的快速交付，提高顾客的满意度。

（2）第三方物流的服务优势。第三方物流企业所具有的专业服务可以为顾客提供更多、更周到的服务，加强企业的市场感召力。另外，设施先进的第三方物流企业还具有对物流全程监控的能力，通过其先进的信息技术和通信技术对在途货物的实施监控，及时发现、处理配送过程中出现的意外事故，保证订货及时、安全送到目的地。

知识链接

2011 年 12 月，申通快递全年业务量达到 7.5 亿票，年营业额达到 100 亿元。这一数据支撑着申通快递正成为国内快递网络最完整、规模最大的民营快递体系。在完成这些数据的贡献中，电子商务功不可没。申通 2007 年 8 月正式涉足电商物流，当年 8 月在淘宝日收 6 万件；而 2011 年 10 月底则达到淘宝日收 250 万件，超过 2007 年 8 月初涉淘宝业务的 40 倍。

电子商务的蓬勃发展，给了第三方物流机会，2010 年 11 月，申通快递有限公司的员工拥有 6 万余人，2011 年同期，员工增加到近 13 万，这同时也给申通提出了更高的要求。当电子商务购物网站在光棍节、圣诞节等节假日期间推出多种促销活动时，高昂的销售数字对快递行业造成了重压，但是每次活动都是给申通一次相当好的历练和提升。

申通在成立初期运用加盟模式得到了迅速的发展，现在要走向规范化、标准化、制度化，紧紧抓住发展的战略机遇期，储备资源，改革创新，转型升级，转变发展方式。逐步建立现代企业制度，通过网络化、规范化、信息化、标准化和品牌化的改造和推进，实现发展上规模、管理上层次、服务上水平、能力上等级。阿里巴巴与申通将建立网商创业园，由阿里巴巴提供信息平台，申通提供办公场地、仓储和配送服务，使原来分离的网商、信息平台、网民及快运商成为一个综合体，既可以降低网商的物流成本，又可以第一时间解决网民购物的保障问题。

2. 第三方物流的负面效应

第三方物流能给企业带来多方面的利益，但这并不意味着物流外包就是所有企业的最佳选择，事实上，第三方物流也不可避免地存在以下负面效应。

1）生产企业对物流的控制能力降低

由于第三方的介入，使得企业自身对物流的控制能力下降，在双方协调出现问题的情况下，可能会出现物流失控的风险，从而使企业的客服水平降低。另外，由于外部服务商的存在，企业内部更容易出现相互推诿的局面，影响效率。

2）客户关系管理的风险

（1）企业与客户的关系被削弱。由于生产企业是通过第三方来完成产品的配送与售后服务，同客户的直接接触少了，这对建立稳定密切的客户管理非常不利。

（2）客户信息泄漏风险。客户信息对企业而言是非常重要的资源，但第三方物流公司并不只面对一个客户，在为企业竞争对手提供服务的时候，企业的商业机密被泄漏的可能性将增大。

3）连带经营风险

第三方物流是一种长期的合作关系，如果服务商自身经营不善，则可能影响企业的经营，解除合作关系又会产生较高的成本，因为稳定的合作关系是建立在较长时间的磨合期上的。

单元6.4 国内外第三方物流发展状况

中国经济的高速增长，外资企业的大量涌入，企业物流外包认识的提高，都将成为第三方物流业稳定市场需求的保证。中国物流成本占GDP的比例按世界银行的估算为16.7%，这是一个非常巨大的市场。中国的第三方物流支出目前只占整个物流总支出的10%左右，而年增长速度达30%。所以，从长远来看，在不断推进改革的条件下，中国第三方物流的发展将进入一个新阶段，其前景十分乐观。

6.4.1 第三方物流在国外蓬勃发展

现代意义上的第三方物流业仅仅有20多年的发展历史，是个相对年轻的行业，20世纪90年代是国外第三方物流发展的黄金时期，在有些国家已经形成了一个比较完整的产业。

美国将在第二次世界大战中的“后勤供应”手段用于物流管理，并且在公路、水路、铁路、管道、航空五种运输业中广泛使用信息技术等手段。早在20世纪70年代，仅汽车货运及相关行业的产值就达到国民经济总产值的7%以上。20世纪90年代中后期，第三方物流服务的使用比例约为50%，市场规模为200亿美元，像苹果电脑、通用汽车等企业就是依托第三方物流而达到接近“零库存”管理的。

根据美国田纳西州大学的一份研究报告，在美国，大多数企业在使用第三方物流服务后可以获得的好处包括：作业成本可降低62%，服务水平可提高62%，核心业务可集中56%，雇员可减少50%。因而，第三方物流受到了企业的广泛欢迎。

在欧洲，企业使用第三方物流服务的比例平均达76%，全年达到1 290亿欧元的物流服务市场，约1/4由第三方物流完成。其中，德国99%的运输业务和50%以上的仓储业务交给了第三方物流；英国第三方物流在商业领域已经从货物的配送发展到了商店内的物流，零售卖场把从开门、关门、清扫、补货上架等原先由商店营业员负责的一系列服务工作，全部交给了第三方物流商完成。同时，国外企业越来越习惯于由某一个第三方物流企业提供全套物流服务。

在日本，物流发展的历史虽然不长，但其发展速度、规模经营、整体现代化程度都令世界瞩目。日本的物流网络遍布全国各地，20 世纪 80 年代中期就有 5 万多家物流企业，货运量达到 34 亿多吨。日本的商业企业及第三方物流企业之间的社会化配送是全世界做得最好的，在日本通过第三方物流企业完成的物资通量能够达到 80%。生产企业与流通企业都不设置仓库等流通设施，而是将物流业交给第三方物流企业，以减少非生产性投资，降低成本。

6.4.2 中国第三方物流的发展现状

20 世纪 90 年代中期，第三方物流伴随现代物流理念传入我国，现在已经有了长足发展，并呈现出较为明显的特征。主要的特征有以下几个方面。

(1) 近年来物流业整体增速放缓。总体来看，我国物流服务体系不健全，物流服务成本高、效率低，还不能适应经济社会发展的需要。突出的表现就是社会物流总费用多年来高位运行，下降缓慢，与发达国家差距较大。

(2) 我国物流业“业态复杂”，第三方物流分散竞争。物流业是一个复合型产业，涉及面广，协调难度大，物流业“业态复杂”。据 2009 年不完全统计，市场中有大约 10.6 万家相关物流企业，行业集中度低。因此，从表象上看，针对物流业的政府宏观管理难度大，无从下手。而从我国物流与供应链管理的理论研究和企业实践来看，关于物流与供应链管理的概念、理论、方法和应用技术已经取得大量比较成熟的研究成果。

目前，在欧美等发达国家，第三方物流业一般处于产品生命周期的成长期。而在我国，根据 2009 年不完全统计，国内大约有 1.8 万家已注册第三方物流企业，其中 90%是小型私营企业，市场竞争非常无序，市场占领速度以及整合速度受限，尚处于初期阶段。

(3) 物流企业向规模化经营和专业化服务扩展。物流企业兼并重组形式多样，步伐加快。中外运长航集团合并重组，中国邮政集团完成了速递和物流两大专业总部的整合。中小型物流企业探索新型联盟模式。通过物流资源要素整合，物流企业的集中度进一步提高。

(4) 中国物流企业国际化经营开始起步。随着跨国物流巨头的纷纷进入中国市场，中国物流企业已现实地感受到了竞争压力。国际化经营是国内物流企业积极防御国际竞争的重要手段。利用本土优势挖掘国内和海外客户的跨国业务需求，为国内客户向海外发展提供强有力的物流和供应链管理支持，为海外客户进入中国市场提供完善的本土化物流和供应链解决方案，将成为中国物流企业的国际化发展方向。

(5) 国际物流企业不断加大在华投资和网络扩张速度。近年来，国际物流企业不断加大在华投资和网络扩张速度，目前，中国已经成为众多国际物流企业的重要海外市场，在华国际物流企业数量日益增多。各国际物流企业加紧并购具有网络规模的物流企业，利用各种形式(合资/并购，特别是与大型民营物流企业)在华提供的服务项目日益丰富。

目前，跨国物流企业在航空货运领域已形成战略优势。国际快递方面的战略优势初步形成。继港口、园区、转运中心后，国内机场成为外资新的投资热点，外资长期看好国内机场投资。近年来，外资工业地产商带来了物流地产的开发新模式，打破了原有市场格局，加快了中国物流业的改造、重组与升级，也对国内物流企业带来了竞争压力。

(6) 中国第三方物流企业整体落后于国际领先第三方物流企业。尽管我国一些第三方物流企业经过多年发展，积累了一定的经营实力和管理经验，具有做强做大的基本条件，但目前中国还没有一家物流企业进入全球第三方物流企业 20 强，与世界领先第三方物流企业还存在较大差距，我国第三方物流企业提供一体化物流解决方案和供应链解决方案上还存在较大不足。很多国内物流企业甚至只能是跨国知名物流企业在中国的物流分包方，国际领先物流企业在获取物流总包高额利润的同时，使得中国物流企业成为国际领先物流企业在中国市场上的物流操作方，为满足苛刻服务要求而付出辛苦劳动的同时只能获取低额利润。

（7）外资物流企业大批进入对我国物流产业安全形成威胁。我国在加入 WTO 之后物流业全面对外放开，2008 年商务部将现代物流列入外商投资鼓励类产业，大批外资物流企业将中国列入最重要的全球物流市场之一。外资物流企业大批进入必将对我国物流产业安全形成威胁。

【案例 6－4】

向第三方物流转型的成功典范

作为中国物流业内领先的专业的第三方物流企业，五粮液安吉物流集团公司在数年的发展壮大过程中，成功实现了三次飞跃，三次成功飞跃给正在向第三方转型的国内企业物流提供了经验。

宜宾安吉物流集团有限公司下设 14 个子/分公司：根据不同的业务范围分别设有 6 个汽车货物运输公司，规划建设了五粮液安吉物流中心园区。公司的道路交通运输、集装箱码头装卸作业、长江航运、仓储、报关、报检、国际货代将产生协同效应，给客户提供一站式、整体优化的物流服务。

随着业务的不断拓展，宜宾安吉物流集团有限公司面临的国内外竞争也不断加剧。为了占据市场先机，全面导入国际管理标准，加快融入全球经济一体化的步伐。

面对一些物流企业信用日益缺失的现状，公司长期注重信用制度建设，将“诚信守法”提高到企业的战略发展层面，自安吉物流导入质量、环境、职业健康安全一体化管理体系时，就把“诚信守法”纳入公司一体化管理方针的内涵并不断付诸实践，得到社会各界的认可。公司在诚信经营上取得如此大的成绩，主要取决于以下三项措施。

（1）提高合同规范化管理水平。

（2）重点抓好合同的全过程管理。按照自己的生产经营能力认真签订每一份合同，合同签订后，严格按照合同约定履行。

（3）严格按照国家《会计法》等相关法律法规，制定并落实各项会计内控制度。

通过五粮液安吉物流集团的发展，可以给许多迷茫中的物流企业一些启示，物流企业逐渐向综合、高效、规范、诚信和国际化等方向发展。

思考：第三方物流企业应该如何发展自己?

知识链接

世界十大物流公司简介

1. 联合包裹服务公司(UPS)

UPS 于 1907 年作为一家信使公司成立于美国，以支持全球商业为目标，UPS 如今已发展到年营业额超过 500 亿美元资产的大公司。如今的 UPS 是一家全球性的公司，其商标是世界上最知名、最值得景仰的商标之一。

目前，UPS 是全球最大的速递机构，全球最大的包裹递送公司，同时也是世界上一家主要的专业运输和物流服务提供商。

2. 联邦快递(FedEX)

FedEX 公司的前身为 FDX 公司，是一家环球运输、物流、电子商务和供应链管理服务供应商。该公司通过各子公司的独立网络，向客户提供一体化的业务解决方案。其子公司包括 FedEX Express(经营速递业务)、FedEX Ground(经营包装与地面送货服务)、FedEX Custom Critical(经营高速运输投递服务)、FedEX Global(经营综合性的物流、技术和运输服务)及 Viking Freight(美国西部的小型运输公司)。

3. 德国邮政世界网(Deutsche Post World Net)

德国邮政是德国的国家邮政局，是欧洲地区领先的物流公司。近期更换了品牌(改名为 Dertsche Post World Net，DPWN)。一方面为挂牌买卖做准备，另一方面也是意识到了其业务的全球化特点及电子商务日益重要的影响。DPWN 划分为 4 个自主运营的部门，即邮政、物流、速递和金融服务。

邮政部门由邮政、市场直销和出版物发放业务组成，建有最高水准的作业网络，由遍及德国的 83 家标准化分检中心组成，并越来越重视高成长的市场直销业务。速递部门通过 Euro Express Germany 和 Euro Express Europe 的全球邮政和国际邮政业务部门提供覆盖欧洲的快递业务；通过与 DHL(德国邮政世界网拥有其 25%的股权)的合作提供全球业务。

4. 马士基海陆/A. P. 穆勒集团(Maersk/A. P. Moeller)

A. P. 穆勒集团(A. P. Moeller Group)成立于 1904 年。主要经营造船和海上运输、石油、天然气勘探与开发、航空运输、商品零售等。有子公司 70 家，分布于 130 个国家，员工 11 万余人。1999 年其下属的马士基船运公司(Maersk Line)兼并美国海陆航运公司，组成世界最大的集装箱船运公司，并改名为马士基海陆船运公司(Maersk Sealand)。拥有 250 艘船舶，其中包括集装箱船舶、散货船舶、供给和特殊用途船舶、油轮等，该集团还拥有大量的装卸码头，并提供物流服务。在北京、上海、大连、天津等地设有分公司，在南京、广州、重庆等地设有办事处，员工约 500 人。Moeller 的附属公司同时还在挪威、委内瑞拉和其他国家进行石油和天然气的钻探。另外，该集团还从事船舶和联运集装箱的制造，药品生产，并经营一家国内航空公司 Maersk Air 和提供信息服务。

5. 日本通运(Nippon Express)

Nippon Express 自 1872 年起开始营运，直至 1950 年时，随着邮递业务法案的制定，而重新投资成为一间完整独立的合法企业。日本通运的业务主要分为汽车运输、空运、仓库及其他，分别占 44%、16%、5%及 25%。从地域上看，其经营收入有 93%来自于日本。其客户主要分布在电子、化学、汽车、零售和科技行业。Nippon Express 除了利用陆海空运输，在全球范畴下提供了有竞争力的配销服务外，近年来，更为了满足需求和不断增加的新竞争者，Nippon Express 也重新将自己定位成“全球物流企业”。

6. 莱德系统公司(Ryder)

Ryder 系统公司在全球范围内提供一系列的技术领先的物流、供应链和运输管理服务。该公司提供的产品范围包括全面服务租赁、商业租赁、机动车的维修及一体化服务。此外还提供全面性的供应链方案、前沿的物流管理服务和电子商务解决方案，从输入原材料供应到产品的配送，致力于支援客户的整条供应链。

7. 荷兰邮政集团(TNT Post Group)

荷兰 TPG 公司是一家提供邮件、快运和物流服务的全球性公司，在 1997 年荷兰邮政集团公司 KPN 兼并了澳大利亚 TNT 集团公司后，KPN 公司将其皇家 PTT 邮政与原 TNT 合并组建 TPG 公司，于 1998 年 6 月挂牌上市。是世界上最大的国际商务邮件服务商，也是唯一在欧洲各主要城市拥有网络的快件服务商。公司使用“皇家 PTT 邮政”和“TNT”两个品牌(TNT 快运、TNT 物流)。

TPG 在全球超过 200 个国家和地区提供邮递、速递及物流服务，在 58 个国家设有分支机构，并拥有 Postkantoren(经营荷兰各邮局的机构)50%的股权。TPG 利用 TNT 品牌提供速递发送及物流服务(TNT 的物流业务主要集中在汽车、高科技及泛欧洲领域)。

8. 美国康捷国际物流公司(Expeditors)

该公司注册地为美国，是一家提供全球物流服务的公司，向客户提供了一个无缝的国际性网络，以支持商品的运输及策略性安置。公司的服务内容包括空运、海运(拼货服务)及货代业务。在美国的每个办事处及许多海外办事处都提供报关服务，另外还提供包括配送管理、拼货、货物保险、订单管理及客户为中心的物流信息服务。

从业务类型来看，美国康捷主要集中在空运、海运和货代方面，按照收入划分分别占 63%、25%和 12%。而从地区分布来看，主要集中在远东，占 56%，在美国、欧洲和中东、南美、澳大利亚的收入分别占 25%、15%、2%、1%。

9. 泛亚班拿(Panalpina)

Panalpina是世界上最大的货运和物流集团之一，在65个国家地区拥有312个分支机构。Panalpina的核心业务是综合运输业务，所提供的服务是一体化、适合客户的解决方案。通过一体化货运服务，将自身定位于标准化运输解决方案和传统托运公司之间。除了处理传统货运以外，该集团还专长于提供物流服务于跨国公司，尤其是汽车、电子、电信、石油及能源、化学制品等领域的公司。Air Sea Broker是Panalpina集团的全球性货运“批发商”，同时它也协调Panalpina集团的海运系统与世界各地的定期联系，同时还为联合运输提供新型服务。Air Sea Broker下分3个业务部门：海运处、西非处、租船和重型起重处。

10. 英国英运物流集团(Exel)

2000年7月26日，Ocean Group与NFC公司合并后更名为“Exel”。Exel分为5大业务部门：欧洲部(消费品/零售/医疗)、美洲部(消费品/零售/医疗)、开发和自动化部、技术和全球管理部及亚太部。该公司全球网点达到1 300个，50 000多名员工。目前该公司三家主要运营子公司为Exel(原NFC)、Msas全球物流公司和Cory Environmental。Msas是世界上规模最大的货代之一，在全球范围内提供多式联运、地区配送、库存控制、增值物流、信息技术和供应链解决方案等各项服务。Cory Environmental是英国规模最大的废品处理公司之一。Exel在地面运输供应链服务方面占有很强的市场地位，所提供的服务包括仓储和配送、运输管理服务、以客户为中心的服务、JIT服务和全球售后市场物流服务。

（资料来源：中国物流与采购网.）

实训任务

任务：辩论赛——企业运用第三方物流的利弊分析

1. 任务目标

（1）使学生能够熟练叙述企业采用第三方物流的优势与弊端。

（2）通过辩论赛的准备和策划，培养学生的辩论能力和语言组织的能力，培养学生对物流公司经营案例的掌握。

2. 任务完成

1）完成步骤

（1）将学生分成8组，选出组长，组长负责督促小组进行资料的准备工作。

（2）每小组通过理论学习和信息查询，了解企业采用第三方物流的优势与弊端。

（3）通过对基本理论资料的分析，整理出辩论赛的文字稿。

（4）辩论赛的具体步骤有以下几个。

① 正方的观点：企业采用第三方物流优势大于弊端，反方的观点：企业采用第三方物流弊端大于优势。

② 主席致开场词，介绍该场参赛队员、评判团成员和比赛规则。

③ 辩论正式开始。

- 正方一辩，2分30秒，反方一辩，2分30秒。
- 正方二辩选择反方二辩或三辩进行一对一公辩，1分30秒。
- 反方二辩选择正方二辩或三辩进行一对一公辩，1分30秒。
- 正方三辩选择反方二辩或三辩进行一对一公辩，1分30秒。

• 反方三辩选择正方二辩或三辩进行一对一公辩，1 分 30 秒。
• 正方一辩公辩小结，1 分 30 秒。
• 反方一辩公辩小结，1 分 30 秒。
• 自由辩论：双方各累计时 4 分钟，正方四辩 3 分钟，反方四辩 3 分钟。

④ 评判团进行评判，工作人员计分作统分工作。

⑤ 请本场的评判代表分析赛情。

⑥ 主席宣布本场比赛各队的得分情况及最后结果。

（5）注意事项。

第一，每位辩手发言时间剩 30 秒时，将有一次笛声提示，当辩论时间用完时，有两次笛声提示，辩手应立刻停止发言。

第二，评判团由任课老师以及每组一名代表成员组成，要求辨析公允。

第三，主席由学习委员或者班长担任。

第四，辩论赛每次是 8 个小组抽签进行，每次 2 个小组做正反辩。

2）检查标准

（1）基本规则(共 10 分)。

计时：如遇在计时员提醒后仍未有停止阐述的意向的选手，每次扣 2 分。

（2）礼仪(共 20 分)。

① 手势：在辩论过程选手的手部动作应得体大方，不得出现用手指指着对方、选手或评委的状况，否则评委有权适量扣分。

② 语言：全程不得有对选手或评委进行人身攻击的语句。

③ 状态：全程应专注于比赛，选手应管理好坐下后自己的状态(例如坐姿)。

（3）团队合作(10 分)。

不得出现辩论前后本方意见不统一的状况，自由辩论环节应本组成员全员参与，否则评委有权适量扣分。

（4）临场表现(10 分)。

根据每位选手在阐述自己方观点时有否卡壳、忘词及处理措施等方面评价。如有较多扣分应写明情况。

（5）内容方面(50 分)。

① 是否跑题。

② 论据是否充分准确。

③ 是否有过多无用的阐述。

④ 是否有清晰的逻辑思路。

⑤ 备注。(主要应用于发生我们未曾想到的情况下)

附评分表：

选手		基本规则(10)	礼仪(20)	团队合作(10)	临场表现(10)	内容方面(50)	总分
正方	正方一辩						
	正方二辩						
	正方三辩						
	正方四辩						

续表

选手		基本规则(10)	礼仪(20)	团队合作(10)	临场表现(10)	内容方面(50)	总分
反方	反方一辩						
	反方二辩						
	反方三辩						
	反方四辩						

模块小结

第三方物流，即由供方与需方以外的物流企业提供物流服务的业务模式，对第三方物流有广义和狭义的理解。第三方物流具有建立在现代信息技术基础上、基于合同管理的契约服务、个性化物流服务、客户关系伙伴化、整合社会资源等一系列特征；按照不同的标准，可以将第三方物流企业分成不同的类型，如资产型第三方物流企业、管理型第三方物流企业、国有物流企业、民营物流企业、外资物流企业和中外合资物流企业等。

第三方物流企业能够快速发展并被各工商企业接受，是因为第三方物流具有较大的利益来源和价值优势，第三方物流的利益来源主要包括从专业化分工收益、规模经营收益、增值服务收益等。

物流一体化，就是以物流系统为核心的由生产企业经由物流企业、销售企业，直至消费者的供应链的整体化和系统化，它是物流业发展的高级和成熟阶段。第三方物流具有归核优势、业务优势、成本优势、降低物流设施和信息网络滞后对企业的影响等正面因素，同时也有一定的负面效应。

我国第三方物流发展时间比较短，相对美国、日本、欧洲等国家的状况而言，我国第三方物流发展还很落后，虽然取得了很大进步，但是仍然存在许多问题。为了促进我国第三方物流的发展，缩小与发达国家的差距，应积极采取措施促进我国第三方物流健康快速发展，如加强宏观指导和政策调控、采取措施提高我国第三方物流服务企业的规模、重视物流人才的培养、发挥政府与企业的积极作用、加大对基础设施的投入等。

模块 7

企业物流管理

QIYE WULIU GUANLI

【技能目标】

(1) 具有准确描述企业物流几大模块主要特征的能力。

(2) 具有对企业物流案例的分析能力。

(3) 具有发现并解决企业物流有关问题的能力。

【知识目标】

(1) 了解企业物流的概念、内容及分类。

(2) 了解供应物流的概念、模式及供应物流发展的方向。

(3) 了解生产物流的概念、特点、要素及现代生产物流的发展趋势。

(4) 了解销售物流的概念、模式、基本环节及现代销售物流的发展趋势。

(5) 了解企业逆向物流与废弃物物流的概念、特点。

(6) 了解逆向物流与废弃物物流技术的特点及回收物流与废弃物物流的合理化问题。

【工作任务】

肖阳、王琳和赵宁在郑州竭尽全力地发展公司业务，希望能够将通达物流公司河南分公司发展成为郑州当地知名的物流企业。经过前期市场调研，他们了解了郑州市物流企业发展现状、当地具有代表性的物流企业的组织结构、岗位设置、人才素质要求等内容。现在，他们需要帮助公司确定物流模式与基本环节并预测行业发展趋势。

请同学们帮他们完成以下工作内容。

（1）通过走访当地有代表性的物流公司，深入观察仓库设置、生产物流流程设置、物料堆放安排等内容，以便于设计和改进公司物流流程。

（2）通过理论学习和案例分析，加深对于企业物流系统设计的认识，并能够针对企业未来发展进行物流规划。

单元 7.1 企业物流

企业物流(Internal Logistics)是指企业内部的物品实体流动。它从企业角度上研究与之有关的物流活动，是具体的、微观的物流活动的典型领域。企业物流可分为企业供应物流、企业生产物流、企业销售物流、企业逆向物流、企业废弃物物流等具体的物流活动。

7.1.1 企业物流的概念

企业物流可理解为围绕企业经营的物流活动，是具体的、微观物流活动的典型领域。企业系统活动的基本结构是投入→转换→产出，对于生产类型的企业来讲，是原材料、燃料、人力、资本等的投入，经过制造或加工使之转换为产品或服务；对于服务型企业来讲则是设备、人力、管理和运营，转换为对用户的服务。物流活动便是伴随着企业的投入→转换→产出而发生的。相对于投入的是企业外供应或企业外输入物流，相对于转换的是企业内生产物流或企业内转换物流，相对于产出的是企业外销售物流或企业外服务物流。由此可见，在企业经营活动中，物流是渗透各项经营活动之中的活动。

【案例 7-1】

麦当劳冷链物流的启示

国外冷链物流的发展较为成熟，不少欧美发达国家已形成了完整的食品冷链体系。在运输的过程中，全部采用冷藏车或冷藏箱，并配备先进的管理信息技术，建立了包括生产、加工、储藏、运输、销售等在内的新鲜物品的冷冻、冷藏链，使新鲜物品的冷冻、冷藏运输率及运输质量的完好率都得到极大提高。在这方面，麦当劳公司体现得较为明显。

1990 年，麦当劳公司在深圳开设了中国的第一家餐厅，也就是从那时起，在我国多数人还没有听过“物流”这个名词的时候，麦当劳就将其先进的物流模式带进了中国。随着多年的发展，其提供的食品的质量受到消费者普遍的赞誉，这主要是因为麦当劳很成功地运用了自己的冷链物流，保证了食品的质量。

麦当劳对其食品冷链物流的管理不是采取自营模式，而是将业务外包给夏晖公司进行管理。麦当劳之所以将冷链物流的管理业务进行外包，除了想为自身赢得更全面、更专业化的服务外，还能在解决本企业有限资源的同时，更专注于核心业务的发展及带来增值性服务。

据了解，麦当劳的冷链物流标准，涵盖了温度记录与跟踪、温度设备控制、商品验收、温度监控点设定、运作系统SOP的建立等领域。即便是在手工劳动的微小环节，也有标准把关。在中国，麦当劳还在考虑应用一些国家制定的物流业服务标准和技术标准，以便把工作细化到MRP或者VMI系统的各个节点，进而对整个流程实施控制和跟踪。除此之外，麦当劳对其所有的餐厅实行统一的标准化管理，从对员工的要求到对店长的要求，从对食品制作的要求到对食品运输的要求，麦当劳在全球范围内自始至终的执行着一整套的标准化管理。

麦当劳不仅是对于食品运输、储存有着严格的要求，对于货物装卸过程也有着严格的标准要求。在搬运货物的时候，搬运人员并不是直接与货物接触，而是将货物放在托盘上，进行整体性地搬运。这样做，不仅能避免人员接触对食品的污染，而且能快速地搬运大量物品，从而保证了在严格控制时间内完成装卸货的任务。

在不少企业还把标准化当作一种技术来处理时，麦当劳已经利用它们构建起了一套有效的食品安全管理系统。在麦当劳看来，凡是在生产、储存中有要求的地方，不论普通食品还是冷冻食品，都应该设置这种标准。目前，麦当劳正在积极引入一套由美国食品物流协会开发的认证体系，并希望把这种适用于美国航天员的食品标准，逐步扩展到整个食品行业。

（资料来源：中国物流与采购网，节选，有删改.）

思考：企业物流到底是什么？它在现代企业运营中起什么作用？

7.1.2 企业物流的内容

在企业生产经营过程中，物品从原材料供应，经过生产加工，到产成品和销售，以及伴随生产消费过程中所产生的废弃物的回收及再利用的完整循环活动。

Supply Logistic→→Production Logistic→→Distribution Logistic→→Returned Logistic→→Waste Material Logistic

企业的性质不同，生产侧重的企业物流系统侧重点也不一致，工业生产型企业和农业生产型企业的企业物流系统侧重点对比，见表7-1。

表7-1 企业物流系统侧重点的对比

企业物流系统	工业生产企业	农业生产企业
供应物流	采取外协方式生产的机械、汽车制造等工业企业	以组织农业生产资料（化肥、种子、农药、农业机具）的物流为主要内容
生产物流	生产冶金产品的工业企业，生产化肥的化工企业	种植业生产对象在种植时是不发生生产过程位移的，而进行上述物流活动的是劳动手段，如肥、水、药等；种植业生产物流周期长且有季节性
销售物流	以小商品、小五金，危险品、水泥、玻璃、化工等为主要生产内容	以组织农业产品（粮食、棉花等）的物流为主要内容。其销售物流的特点：储存功能的需求较高，储存量较大，且储存时间长
废弃物物流	制糖、选煤、造纸、印染等工业企业	以重量计。废弃物物流重量远高于销售物流

【案例7-2】

众品的冷链物流基地网络

众品行业产销物流基地网络覆盖全国市场。在以河南为中心的中部地区和华北、东北、华东、西南等地区布局众品产业基地，现已建成8个产地物流基地，规划包括在建的共15个销地物流基地，其产地冷链物流基地和销地冷链物流基地相结合，物流服务和市场网络覆盖全国24个省区，形成了覆盖中国主要冷链产品产地到销地的物流网路。

具体来讲，众品的冷链物流网络主要由产地、销地及工厂冷链物流基地3部分组成。产地冷链物流基地布局在主要的食品产地，面向三农，从田间地头开始实现冷链保证。销地冷链物流基地主要在上海、北京、天津这样的消费区域，主要面向民生。工厂冷链物流基地主要是满足食品加工的能力。通过这3种冷库和冷链运输，建立起全程无缝的温控供应链体系。除此之外，众品正在建设“昆山众品冷链物流基地”。项目建成达产后，预计年物流量可达到146万吨，年均营业额12.6亿元，成为苏沪地区规模最大的冷链物流基地、中国重要的冷链物流集货转运中心、重要的冷链物流资源整合中心，以及国际国内冷链物流衔接的重要基地和枢纽。

众品在发展冷链物流初期主要为内部服务，发展到现在，已成功探索出一条温控供应链服务供应商之路。因为大力发展冷链，不仅能为众品提供新的战略增长点，还能提高行业组织效率，提高食品工业的竞争能力。现在，众品第三方冷链物流业务在不断提高。众品方面表示，他们的优势在于为客户提供创新的冷链物流服务，以此来降低客户的物流成本，并提高客户的市场竞争力。众品基于工厂冷链物流基地、产地冷链物流基地、销地冷链物流基地为客户提供优秀而完整的服务，服务内容主要包括供应链集成优化，物流集货、仓储、长途运输，分拣、包装、贴标、城市配送，生鲜加工，标准化半成品预制。

目前，众品已建成的全国的冷链物流基地网络，标准化物流冷库总容积全国领先。

（资料来源：若玉，等．众品：布局全国冷链物流基地网络　迈向行业制高点[N]．中国经济网，2012．有删改．）

思考：众品的冷链物流网络对其企业发展起到了什么作用？有何启示？

单元7.2　供应物流

供应物流是指包括原材料等一切生产物资的采购、进货运输、仓储、库存管理、用料管理和供应管理，也称为原材料采购物流。它是生产物流系统中相对独立性较强的子系统，并且和生产系统、财务系统等生产企业各部门，以及企业外部的资源市场、运输部门有密切的联系。

7.2.1　供应物流概述

企业为保证本身生产的节奏，不断组织原材料、零部件、燃料、辅助材料供应的物流活动。这种物流活动对企业生产的正常、高效进行起着重大作用。企业供应物流不仅是一个保证供应的目标，而且还是在以最低成本、以最少消耗、以最大保证来组织供应的限定条件下，因此，就带来了很大的难度。

现代物流是基于非短缺商品市场这样一个宏观环境来研究物流活动，在这种市场环境下，供应容易做到数量上的保障，企业在供应物流领域的竞争关键在于：如何降低这一物流过程的成本，同时具备用户（在企业中是下一道工序或下一个生产部门）满意的服务水平。

7.2.2　供应物流的过程

供应物流过程因不同企业、不同供应环节和不同的供应链而有所区别，这个区别就使企业的供应物流出现了许多不同种类的模式。尽管不同的模式在某些环节具有非常复杂的特点，但是供应物流的基本流程是相同的，其过程有以下几个环节，如图7.1所示。

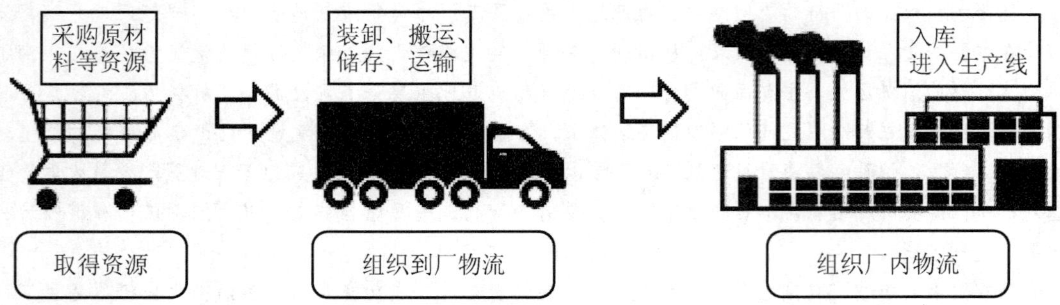

图 7.1　供应物流过程

1. 取得资源

取得资源是完成以后所有供应活动的前提条件。取得什么样的资源，这是核心生产过程提出来的，同时也要按照供应物流可以承受的技术条件和成本条件辅助这一决策。

2. 组织到厂物流

所取得的资源必须经过物流才能达到企业。这个物流过程是企业外部的物流过程，在物流过程中，往往要反复运用装卸、搬运、储存、运输等物流活动才能使取得的资源到达企业的门口。

3. 组织厂内物流

如果企业外物流到达企业的"门"，便以"门"作为企业内外的划分界限，如以企业的仓库为外部物流终点，便以仓库作为划分企业内、外物流的界限。这种从"门"和仓库开始继续到达车间或生产线的物流过程，称为供应物流的企业内物流。

特别提示

传统的企业供应物流，都是以企业仓库为调节企业内外物流的一个节点。因此，企业的供应仓库在工业化时代是一个非常重要的设施。

7.2.3　供应物流模式的内涵及应用

企业的供应物流有 3 种组织方式：第 1 种是委托社会销售企业代理供应物流方式；第 2 种是委托第三方物流企业代理供应物流方式；第 3 种是企业自供物流方式。

这 3 种方式都有低层次的、高层次的不同管理模式，其中供应链方式、零库存供应方式、准时供应方式、虚拟仓库供应方式都值得关注。

1. 委托社会销售企业代理供应物流方式

企业作为用户，在买方市场条件下，利用买方的主导权力，向销售方提出对本企业进行供应服务的要求，作为向销售方面进行采购订货的前提条件。实际上，销售方在实现了自己生产和经营产品销售的同时，也实现了对用户的供应服务，以此占领市场。这种供应服务是销售方企业发展的一个战略手段。

这种方式的主要优点，是企业可以充分利用市场经济造就的买方市场优势，对销售方即物流的执行方进行选择和提出要求，有利于实现企业理想的供应物流设计。

这种方式存在的主要问题，是销售方的物流水平可能有所欠缺，因为销售方毕竟不是专业的物流企业，有时候很难满足企业供应物流高水平化、现代化的要求，例如，企业打算建立自己的广域供应链，这就超出了销售方面的能力而难以实现。

2. 委托第三方物流企业代理供应物流方式

这种方式是在企业完成了采购程序之后，由销售方和本企业之外的第三方从事物流活动。当然，这第三方从事的物流活动，应当是专业性的，而且有非常好的服务水平。这个第三方所从事的供应物流，主要向买方提供了服务，同时也向销售方提供服务，在客观上协助销售方扩大了市场。

由第三方从事企业供应物流的最大好处，是能够承接这一项业务的物流企业，必定是专业物流企业，有高水平、低成本、高服务从事专业物流的条件、组织和传统。不同的专业物流公司，瞄准物流对象的不同，有自己特有的形成核心竞争能力的机器装备、设施和人才，这就使企业有广泛选择的余地，进行供应物流的优化。

在网络经济时代，很多企业要构筑广域的或者全球的供应链，这就要物流企业有更强的能力和更高的水平，这是一般生产企业不可能做到的，从这个意义来讲，必须要依靠从事物流的第三方来做这一项工作。

3. 企业自营物流方式

由企业自己组织的物流活动采购物品，这在卖方市场的市场环境状况下，是经常采用的供应物流方式。

本企业在组织供应的某些种类物品方面，可能有一些设备、装备、设施和人才方面的优势。这样，由本企业组织自己的供应物流也未尝不可，在新经济时代这种方式也不能完全否定，关键还在于技术经济效果的综合评价。但是，在网络经济时代，如果不考虑本企业核心竞争能力，不致力发展这个竞争能力，而仍然抱着“肥水不流外人田”的旧观念，既便取得一些眼前利益，也必将以损失战略的发展为代价，是不可取的。

【案例7-3】

得益乳业：打造中国低温奶第一品牌

山东得益乳业，以“全产业链生态自控”模式走出了自己的品牌发展之路。从上游的牧草种植、奶牛饲养，中游的科技创新、生产现代化，到下游的冷链储运、送奶到家，得益乳业以行业的专业高端标准形成完整自控的生态产业链。除了建设生态牧场现代化，原料安全有保障；创新科技全球化，技术优势得以彰显；工艺设备现代化，乳品质量高标杆之外，得益乳业在物流方面也有独到之处。

第一，冷藏物流专业化，低温储运更新鲜。

作为专业低温奶企业，专业而先进的冷藏物流格外重要，得益乳业积极探索专业的冷藏物流体系，将产品物流配送纳入自主经营管理系统。100多辆冷藏车、100多条配送线路、天天配送，产品从出厂到市场(乡镇)最长不超过12小时，形成了一个专业、快速的冷藏物流系统。得益乳业对所有冷藏物流车安装现代监控系统，通过电子信息技术对物流车在运输过程中的产品温度、车辆速度、行驶路线等进行监测，并自动调控冷藏温度，避免运输过程中人为操作，确保产品在运输过程中全程低温。为消费者饮用到新鲜、安全的乳品提供了保障。

第二，社区门店遍各地，送奶服务零距离。

得益乳业在山东省17个市建设投递站150个、社区服务店5 000多个，并拥有2 000余人的送奶服务队伍。销售服务网点按照行政区域、社区密集度、理性饮奶成熟度的原则分布在城区、区县及部分乡镇，形成了三级纵向销售服务网络，深入渗透所覆盖的服务区域，实现社区送奶服务的及时便捷性。每一天都有专业的送奶员将最新鲜的产品送到客户家中，保证产品从出厂到餐桌 24 小时新鲜到家服务，实现了服务与消费者零距离。专业的送奶服务不仅方便了客户饮奶，更保证了产品的新鲜和品质，也便于形成天天饮奶健康生活的消费习惯。

（资料来源：马景阳．得益乳业：打造中国低温奶第一品牌[N]．大众时报，2013-1-26．节选，有删改．）

思考：企业供应物流的模式有哪些？本案例使用的是哪种模式？为什么？

7.2.4 供应物流的服务方式

供应物流领域新的服务方式主要有下列两种。

1．准时供应方式

在买方市场环境下，供应物流活动的主导者是买方。购买者(用户)有极强的主动性，用户企业可以按照最理想方式选择供应物流；而供应物流的承担者，作为提供服务的一方，必须以最优的服务才能够被用户所接受。从用户企业一方来看，准时供应方式是一种比较理想的方式。

准时供应方式是按照用户的要求，在计划的时间内或者在用户随时提出的时间内，实现用户所要求的供应。准时供应方式大多是双方事先约定供应的时间，互相确认时间计划，因而有利于双方作供应物流和接货的组织准备工作。

采用准时供应方式，可以派生出零库存方式、即时供应方式、到线供应方式等多种新的服务方式。

2．即时供应方式

即时供应方式是准时供应方式的一个特例，是完全不依靠计划时间而按照用户偶尔提出的时间要求，进行准时供应方式。这种方式一般作为应急的方式采用。

在网络经济时代，由于电子商务的广泛开展，在电子商务运行中，消费者提出的服务要求大多缺乏计划性，而又有严格的时间要求，所以，在新经济环境下，这种供应方式有被广泛采用的趋势。

特别提示

即时供应方式由于很难实现计划和共同配送，一般成本较高。

7.2.5 供应物流的发展阶段

1．供应物流电子信息化

供应物流电子信息化与其他系统整合为企业物流信息系统，成为发展的必然。供应物流对采购、仓储、供应等各环节中的物料信息及流通中产生的信息进行收集、整理，将信息数据库化、代码化、电子化、标准化、实时化。同时通过供应物流与销售、生产等其他物流系统中各点和线的信息化，网络化，使整个系统整合为企业物流信息系统。物流信息系统使企业实现自动化、无纸化办公，其建立已成为信息时代企业提高运营效率，获取最大利益，实现组织目标的战略。

2．企业物流一体化

企业物流一体化是企业发展的必然，供应物流将是物流一体化的重要组成部分。它将企业的各个功能和物流进行统一管理、系统优化，实现企业内部的一体化，形成企业内部供应链。从物流系统的总体效益出发，把所有相关的物流成本放到同一场所，用“总成本”这一统一尺度来衡量，从综合经济效益上衡量比较总的损益、得失、优劣，进一步发挥各功能的协调作用。如果运费增长额低于储存费用下降额，物流总成本降低，说明这一决策是正确的、合理的。反之若运费增长额高于储存费用下降额，这样减少商品的存储数量不但是无意义的，而且是不合理的。内部供应链的形成可以降低系统的库存水平，信息通信更有效地提高了整个系统的运作效率。

供应链管理发展使供应物流发展进入新的阶段，供应链强调原材料的采购、生产、销售、服务、回收等整个流通管理、采购、生产、销售部门与供应商、分销商、零售商整合。供应链涉及将产品或服务提供给最终消费者的企业构成上、下游产业一体化体系。供应链管理强调核心企业与相关企业的协作关系，通过信息共享、技术扩散(交流与合作)、资源优化配置和有效的价值链激励机制等方法体现经营一体化。

【案例 7－4】

数据告诉你：沃尔玛实际上是一家物流公司

沃尔玛一直被很多专业人士称为“伪装成零售企业的物流企业”，这是因为它的“天天低价”，不仅来自于郊区选点和规模化采购，更来自于它在运营过程中的成本节约，尤其是在物流过程中的成本节约。

沃尔玛是最早通过“配送中心”将门店物流集中管理的零售商，即由配送中心送货到门店。由供应商将货物运送到指定的配送中心(这个过程被称为“入站物流”)，再由沃尔玛自己的运输团队将配送中心的货物分发到零售门店(这被称为“出站物流”)。这种模式被称为“集中配送模式”，也叫“轴辐配送模式”。沃尔玛80%的货物，都是由配送中心集中发货的。而其主要竞争对手凯玛特，这一比例仅为50%(另一半由供应商直接配送)。在全球化扩张中，沃尔玛沿用了这一模式，只是会将部分配送中心和出站物流外包给第三方物流公司。经验表明，与供应商直供的物流体系相比，“集中配送模式”能更好地发挥规模效应，并通过信息化、电子化管理降低物流成本，缩短存货周期和加强货品控制。结果，沃尔玛的物流成本仅为销售额的1%～1.5%。其主要竞争对手凯玛特则一度高达8%～9%，西尔斯百货也达到5%。集中配送还使沃尔玛门店的仓库面积压缩了10%～25%，从而可以最大限度地增加零售面积。但“集中配送模式”的发展要求配送中心的跟进。

以沃尔玛为例，到2010年年末，为支撑其在全美的3 804家门店及在海外的4 557家门店，沃尔玛分别建立了123个和134个配送中心，美国本土609个山姆会员店还拥有25个单独配送中心。平均每32个门店拥有一个配送中心，每个配送中心可支撑15亿美元销售额。配送中心的面积一般在10万平米左右，10倍于其标准零售店面；标准辐射半径约400公里；雇佣500～1 000名员工(含临时工)；最多可服务75～100家门店。沃尔玛的“配送中心”并不像人们想象的那么大，这主要是由于它的“柔性存货管理”非常到位，进入配送中心的货物，通常可以在1～2天内运出，结果每一万平方米的配送中心面积，可支持10亿元人民币的销售额。在中国，即使是最高效的零售企业，一万平方米的配送中心面积也仅能支持7亿元销售额。实际上，沃尔玛的配送中心有大有小，建筑面积从4万平方米到30万平方米不等。有些采用自建方式，有些采用租赁后自行运营的方式(通常租期在5年以上，由沃尔玛负责租赁期间的所有成本费用)，有些采用融资租赁方式，还有些采用租赁第三方运营配送中心的方式。

沃尔玛为进一步强化对物流体系的控制力，2005年推出了物流体系重组计划Remix计划：采用更频繁和更小额的订单系统，以追求“零库存”的目标。由于频率高了，单批货量小了，结果供应商被迫放弃重卡而改用轻卡，将小批量货物先运送到沃尔玛指定的“第三方物流集散中心”，在那里进行短时储存后，再由第三方物流改用重卡发送到沃尔玛的配送中心。与配送中心相比，第三方物流集散中心规模更大。如第三方物流服务商汉森Hanson在芝加哥的集散中心总面积达135万平方米，可向沃尔玛41个配送中心分发货物。

近年来，沃尔玛期望进一步加强入站物流的控制，和主要供应商沟通，期望他们能够将入站物流全部交给沃尔玛来做(相关物流费用从供应商的售价中扣除)。沃尔玛给出的理由是“相比于供应商，沃尔玛的物流成本更低、更具规模效应，从而可以将节约出来的物流成本转移给消费者”。但更深层次的理由还在于如果供应商将入站物流也交给沃尔玛来做，则其对沃尔玛的依赖程度将进一步提高，沃尔玛对供应商信息的掌握也将更为充分，对于供应商的谈判能力将获得相应提升。

(资料来源：杜丽虹．沃尔玛实际上是一家物流公司[J]．创富志，2010．节选，有删改．)

思考：如何用总成本来衡量物流系统的总体效益？结合沃尔玛的运营案例，预测其供应物流的发展趋势。

3．供应链发展阶段

在供应链条件下，供应物流将融入其发展中，采购、库存控制将与供应链中的其他成员紧密整合，采购、库存将不再是单个企业的行为，市场竞争将是供应链间的竞争。生产厂商和供应商将结成战略伙伴关系。信息共享使销售商根据需求动态、库存，利用网络向生产商发出商品信息，生产商根据生产情况和销售进货情况，制定生产计划，原材料品种、数量订单，通过网络向供应商发订单。由于信息畅通、及时，使对客户的需求作出快速反应，从而降低库存，提高整体的服务水平。由于供应链管理的目标是将整个供应链上所有环节的市场、分销网络、制造过程和采购活动联系起来，以实现顾客服务的高水平与低成本，赢得竞争优势，因此供应物流最终将与其他部分整合，成为供应链发展中不可分割的重要组成部分。

以上 3 个阶段是供应物流发展的一般阶段，不同的企业有不同的发展基础，因此应根据本企业的特点制定发展供应物流的战略。

7.2.6　供应物流的发展方向

1．由单一的物流模式转向多种物流模式共存

目前企业供应物流中主要采取企业自供，部分外协物流模式，而随着社会分工的细化和先进管理方式方法如第三方物流、供应链理论与实践的深入，物流模式将是委托社会销售企业代理、委托第三方代理、自供、供应链供应等多种模式组合，特别是供应链物流供应概念和方式的出现代表着供应物流发展的新导向，也是供应链发展的重要组成。未来网络时代，企业的供应物流将是多模式的灵活组合，这种组合将更好地适应市场经济的变化，更好地发挥各企业优势，达到全社会物流的合理化。

2．供应配送制的发展

供应配送往往是针对特定的用户，用配送方式满足其供应需求。由于配送对象的确定性，需求、服务的相对确定性，所以在供应环节中，配送可形成较强的计划性、较为稳定的渠道，可更充分发挥配送制度的优势，有利于提高配送的科学性和强化管理。供应配送有两种方式：由本企业自己组织企业供应需求的配送；由社会物流服务商(第三方物流)进行供应配送。供应配送可以实现企业的零库存，对配送的准时性和可靠性要求较高。

3．传统的采购模式转型

在传统的采购模式中，供应与需求之间的关系是临时间的，或者短时间的合作，而且竞争多于合作。同时，传统的采购过程还使用户需求响应迟钝，供应与采购双方在信息的沟通方面缺乏及时的信息反馈，缺乏应付需求变化的能力。现代采购理论是基于供应链环境下的

新型采购模式，实施外向资源管理转变为订单、由一般采购关系转向战略伙伴关系、采购及准时制等完善了供应链环境下的采购理论。

4. 供应物流库存的发展趋势，降低库存，追求零库存

库存本身不是错误，但它也在以极高的代价掩盖着错误。因此追求零库存成为供应物流库存发展的趋势。这时并不是为零库存而零库存，而是极大程度上地降低浪费。准时制库存理论打破传统库存理论中库存的意义，改变为无浪费库存；供应商库存管理打破传统物流中供应商与用户各自为政管理库存的方式，成为供应链方式下以系统、集成的思想统一控制供应链整体库存；业务流程重组打破传统库存管理中以库存控制为目的的管理，而采用以过程控制为目的的库存管理。零库存管理方式和理论带来了库存管理的思维革命，大大提高了供应物流管理理论的水平，目前随着供应链管理应用的推进，供应物流中零库存管理理论和实际也得到巨大的推进。无论采用哪种零库存的方式和理论，都可提高企业的库存管理水平，为企业带来可观的经济效益。

【案例 7－5】

中国国电集团的“零库存”物流

面对发电企业经营新形势，中国国电集团公司深入挖潜降本增效，全面提升经营管理水平和盈利能力。在成本管理上，突出燃料经营，不断拓宽进煤渠道，努力提质控价。同时，进行管理创新，推行物资超市建设和备品配件联合储备，实现通用性物资“零库存”，节约储备资金 3.9 亿元。

物资管理是发电企业生产、基建工作的基础性保障。中国国电大力加强 3 级物资供应保障体系建设，实施发电企业大宗重要物资、通用性材料集中采购和区域配送，以降低采购成本、保证供应质量、节约资金占用、提高整体效益。

在物资保障供应方面，采用以中国国电物资集团为运营调配中心、以区域配送中心为主供应渠道、以基层电厂“物资超市”等采购形式为补充的 3 级物资供应保障体系：遵循供应链运行规律和现代物流理念，发挥中国国电规模、专业及品牌优势，保障生产基建物资供应。

重点对中国国电规定的基建工程中的通用性物资、部分品牌产品和大宗消耗性物资、主机及主要辅机设备的备品配件、进口设备、材料等物资实施集中采购。在电源项目多，工期紧的情况下，由于率先采取国际公开招标、签署外币合同、要求供货商提供原产地证书和产品出厂检验报告、采取港口接货等手段，进口管道采购价格同比降低 20%。

发挥规模、专业优势，通过与主辅机制造厂建立战略合作伙伴关系，集中采购需求，在备品配件联合储备等多方面取得积极进展。今年以来，牵头组织华东区域华能等 4 家百万级电厂间实现跨集团联合储备；在 5 大发电集团中率先采用会员制形式，组织对使用哈尔滨电机厂备品配件的 7 家电厂实施联合储备，可共享制造厂 2 300 万元实物储备。

同时，规范工作程序，提升集中招标代理服务水平，有效减少中间环节。

目前，中国国电已经建成南方、华东、华中、山东、川渝、西北等 6 家区域配送中心。仅 2009 年以来，南方物资配送中心实现水泥配送 2.24 万吨，配送钢材 5 083 吨，组织酸、碱和水处理药剂的集中招标采购，最高降幅达到 30%。

电厂物资超市作为物资供应采购的重要形式，发挥赊销代储等功能，努力实现基层电厂通用性物资的“零库存”。

（资料来源：中国国电集团公司．中国国电集团“零库存”是这样实现的[OL]．中国国电集团公司网，2009．有删改．）

思考：供应物流“零库存”有何意义？若将“零库存”拓展到具体商品(例如国产汽车)的销售，你会如何操作？

单元 7.3 生产物流

企业的生产物流活动是与整个生产工艺过程伴生的，实际上已经构成了生产工艺过程的一部分。过去人们在研究生产活动时，主要关注一个又一个的生产加工过程，而忽视了将所有生产加工过程串在一起的并且又和每一个生产加工过程同时出现的物流活动。例如，不断离开上一工序，进入下一工序，便会不断发生搬上搬下、向前运动、暂时停止等物流活动。实际上，一个生产周期，物流活动所用的时间远多于实际加工的时间。所以，企业生产物流研究的潜力，时间节约的潜力、劳动节约的潜力是非常大的。

7.3.1 生产物流的概念

企业的生产物流活动是指在生产工艺中的物流活动。一般是指原材料、燃料、外购件投入生产后，经过下料、发料，运送到各加工点和存储点，以在制品的形态，从一个生产单位（仓库）流入另一个生产单位，按照规定的工艺过程进行加工、储存，借助一定的运输装置，在某个点内流转，又从某个点内流出，始终体现着物料实物形态的流转过程。

可见，生产物流是制造产品的企业在生产过程特有的物流活动，它与生产同步，即物流不断地离开生产上一道工序，进入下一道工序，不断发生搬上搬下，向前运动、暂时停止等物流活动。生产物流是生产过程的一个组成部分，其过程包括企业在生产过程中所发生的包括原材料、半成品和成品的仓储、装卸、搬运、包装等活动的管理和相应信息的处理等物流活动。

对生产物流的含义可以从 3 个角度来理解。

（1）从工艺角度看，生产物流是制造产品的企业所持有的，它与生产流程同步，与整个生产流程相伴而生。生产物流就是原材料、半成品及成品随着依次进行的生产工序而不断流动。因此，生产物流系统的边界起于原材料、燃料和外购零部件在企业内开始卸货，终于产品完成成品包装放入企业内部仓库或直接装入外运运输设备。

（2）从物流范围的角度看，生产物流存在于企业的边界内，它贯穿于企业范围内的车间、工段、工作地、仓库等场所。

（3）从物流属性角度看，企业生产物流包含于生产所需物料在实践和空间上运动的全过程。换句话说，生产物流是动态的生产系统。所以，生产物流是由物流活动连接的独立的各生产环节所组成的系统。

7.3.2 生产物流的特点

生产物流和生产制造同步，是从原材料购进开始直到产成品发送为止的全过程的物流活动。原材料、半成品等按照工艺流程在各个加工点之间不停顿地移动、转移，形成了生产物流。它是制造产品的生产企业所特有的活动，如果生产中断了，生产物流也就随之中断了。生产物流的发展历经了人工物流→机械化物流→自动化物流→集成化物流→智能化物流 5 个阶段，具有以下特点。

1. 实现价值的特点

企业生产物流和社会物流的一个最本质不同之处，也即企业物流最本质的特点，不是实现时间价值和空间价值的经济活动，而主要是实现加工附加价值的经济活动。

企业生产物流一般是在企业的小范围内完成，当然，这不包括在全国或者世界范围内布局的巨型企业。因此，空间距离的变化不大，在企业内部的储存和社会储存目的也不相同，这种储存是对生产的保证，而不是一种追求利润的独立功能，因此，时间价值不高。

企业生产物流伴随加工活动而发生，实现加工附加价值，也即实现企业主要目的。所以，虽然物流空间、时间价值潜力不高，但加工附加价值却很高。

2. 主要功能要素的特点

企业生产物流的主要功能要素也不同于社会物流。一般物流的功能的主要要素是运输和储存，其他是作为辅助性或次要功能或强化性功能要素出现的。企业物流主要功能要素则是搬运活动。

许多生产企业的生产过程，实际上是物料不停地搬运过程，在不停搬运过程中，物料得到了加工，改变了形态。即使是配送企业和批发企业的企业内部物流，实际也是不断搬运过程，通过搬运，商品完成了分货、拣选、配货工作，完成了大改小、小集大的换装工作，从而使商品形成了可配送或可批发的形态。

3. 物流过程的特点

企业生产物流是一种工艺过程性物流，一旦企业生产工艺、生产装备及生产流程确定，企业物流也因而成了一种稳定性的物流，物流便成了工艺流程的重要组成部分。由于这种稳定性，企业物流的可控性、计划性便很强，一旦进入这一物流过程，选择性及可变性便很小。对物流的改进只能通过对工艺流程的优化，这方面和随机性很强的社会物流也有很大的不同。

4. 物流运行的特点

企业生产物流的运行具有极强的伴生性，往往是生产过程中的一个组成部分或一个伴生部分，这决定了企业物流很难与生产过程分开而形成独立的系统。

在总体的伴生性同时，企业生产物流中也确有与生产工艺过程可分的局部物流活动，这些局部物流活动有本身的界限和运动规律，当前企业物流的研究大多针对这些局部物流活动而言。这些局部物流活动包括仓库的储存活动、接货物流活动、车间或分厂之间的运输活动等。

7.3.3 生产物流的作用

1. 生产物流对生产制造的连续性提供保障

只有依赖生产物流才能实现原材料的供应、半成品的流动和产成品的运出，使生产制造得以顺利进行。因此，做好生产物流，对于保证生产有序进行，节约物资消耗，加速资金周转，降低产品成本，实现物流利润具有重要的意义。

2. 生产物流影响企业的生产成品和经济效益

由于产品价格受到市场竞争机制的限制，而物流费用在生产成本中往往占有很大比重，因此，降低生产成本是企业关心的重要课题。有效的生产物流能降低生产成本，提高企业经济效益。

3. 生产物流影响企业的竞争力

稳定的生产过程依赖于高效的生产物流，生产物流的各项决策直接影响企业的服务水平，最终影响企业的竞争力和企业利润水平。如果生产物流管理不善，就会导致产品生产进度不能按时交货，降低客户满意度，丧失企业已有市场，进而降低企业的竞争力。

7.3.4 生产物流管理要素

生产物流管理可以从管理的职能角度划分为生产物流计划管理、生产物流控制管理等；也可以从管理的要素划分为生产物流的成本管理、质量管理和库存管理等。

1. 生产物流计划管理

生产物流计划管理的主要内容见表 7-2。

表 7-2 生产物流计划

<table>
<tr><th colspan="2">知识点</th><th>描 述</th></tr>
<tr><td colspan="2">含义</td><td>生产物流计划是为保证生产顺利进行而编制的生产物流供应计划，是企业计划期内生产物流供应活动的行动纲领</td></tr>
<tr><td rowspan="7">主要内容</td><td rowspan="3">生产物流计划</td><td>确定企业计划期内的生产物料需求量</td></tr>
<tr><td>确定生产物料的消耗定额</td></tr>
<tr><td>在清查企业的库存资源和综合平衡的基础上，编制物流需求计划，并组织实施</td></tr>
<tr><td rowspan="4">生产物流计划管理</td><td>生产物流计划的编制</td></tr>
<tr><td>生产物流计划的执行</td></tr>
<tr><td>生产物流计划的检查</td></tr>
<tr><td>生产物流计划的修订</td></tr>
</table>

2. 生产物流控制管理

生产物流控制管理的主要内容见表 7-3。

表 7-3 生产物流控制

<table>
<tr><th colspan="2">知识点</th><th>描 述</th></tr>
<tr><td rowspan="3">组成要素</td><td>控制对象</td><td>生产活动过程就是生产物流控制的对象</td></tr>
<tr><td>控制目标</td><td>控制系统事先设定的目标，它是控制的依据</td></tr>
<tr><td>控制主体</td><td>实施控制系统的机构，在控制系统中下达控制指令、比较当前状态和目标状态差距，并制定纠正偏差的机构</td></tr>
<tr><td rowspan="3">内容</td><td>进度控制</td><td>是控制的核心，即物料在生产过程中的流入控制和产量控制</td></tr>
<tr><td>在制品管理</td><td>对在制品进行静态、动态控制及占有量的控制，包括在制品食物控制和信息控制</td></tr>
<tr><td>偏差的预测和处理</td><td>在进行作业时，按预定时间及顺序检测执行计划的结果，掌握计划量与实际量之间的差距，并根据发生差距的原因，采取相应的纠正方法</td></tr>
</table>

续表

知识点	描述	
方式	反馈控制	是控制主体根据设立的目标，发布控制指令，控制对象根据该指令执行规定的动作，将系统状态信息传递到控制主体，经过目标进行比较，确定调整量，通过控制对象来实施，具有时间滞后性和稳定性的特征
	前馈控制	是着眼于对系统未来状态的预测，事先采取措施应对即将发生的情况，前馈控制带有主动性
程序	制定期量标准	
	制定生产计划，指导生产系统能够正常运转	
	物流信息的收集、传送、处理	
	短期调整和长期调整，及时、经常性地调整偏差，以保证生产的正常进行	
	长期调整及有效性的评估	

3. 生产物流的成本管理

生产物流的成本管理的主要内容见表7－4。

表7－4　生产物流的成本管理

知识点		描述
含义		生产物流的成本管理是通过企业在生产产品时，由于材料、半成品、成品的位置转移而发生的搬运、配送、发料、收料等生产物流费的计划、比较、评价等物流成本的管理。其目的是减低生产物流成本，提高生产物流活动的经济效益
内容	预测和计划	它是对成本指标、计划指标事先进行预算平衡，寻求降低生产物流成本的有关技术经济措施，物流成本计划的制定是成本控制的主要依据
	成本计算	对产生的生产消耗进行归纳，并以适当的方法进行计算
	成本控制	对日常的生产物流成本支出，采取各种方法进行严格的控制和管理，使其减到最低限度，以达到预期目标
	成本分析	对计算结果进行分析、检查和考核成本计划的完成情况，找出影响成本降低和提高的原因，以便制定完善的解决对策
	信息反馈	收集有关数据和资料并提供给决策部门。根据信息提供情况进行成本控制决策
	调整决策	根据信息反馈的结果，调整和决定生产物流成本管理最有效方法，更好地适应新形势下对物流成本管理要求

4. 生产物流的质量管理

生产物流的质量管理包括生产物流对象质量，又包括生产物流手段和方法的质量，也包括工作质量。

5. 生产物流的库存管理

生产物流的库存管理是在库产品的数量和结构的管理控制活动。合理的生产物流库存对于降低物流成本、保障生产的有效运行具有重要的意义。

生产物流的库存管理的目标有两个：一是降低库存成本，二是提高客户服务水平。生产物流的库存管理的任务就是通过补货时机和补货批量来控制库存系统的运行成本，即确定最优的补货时机和最优的补货批量，使库存系统的运行成本达到最小。

【案例 7-6】

戴尔的制胜秘诀

戴尔的零库存是建立在对供应商库存的使用或者借用的基础上，并形成3%的物料成本优势。戴尔的低库存是因为它的每一个产品都是有订单的，通过成熟网络，每20秒就整合一次订单。

在厦门设厂的戴尔，自身并没有零部件仓库和成品仓库。零部件实行供应商管理库存(VMI)，并且要以戴尔订单情况的变化而变化。比如3月5日戴尔的订单是9 000台电脑；3月6日是8 532台电脑等。每天的订单量不一样，要求供应商的送货量也不一样。戴尔订单的数量不确定，则对供应商配件送货的要求也是可变的，对15英寸显示屏和18英寸显示屏的需求组合是不同的，如3月5日的显示屏需求组合是(5 000，4 000)，3月6日的需求组合是(4 000，5 000)等。超薄显示屏和一般显示屏的需求组合变化也是一样的。所以，戴尔的供应商需要经常采取小批量送货，有时送3 000个，有时送4 000个，有时天天送货，订单密集时需要一天送几次货，一切根据需求走。为了方便给戴尔送货，供应商在戴尔工厂附近租赁仓库来存储配件，以保障及时完成送货。这样，戴尔的零库存是建立在供应商的库存或者精确配送能力的基础上。戴尔通过对供应商库存的充分利用来降低自己的库存，并把主要精力放在凝聚订单上。而戴尔公司的成品管理则完全是采取订单式，用户下单，戴尔组装送货。由于戴尔采取了以VMI、CRM等信息技术为基础的订单制度，在库存管理方面基本上实现了完全的零库存。

生产物流的精髓在于库存流动速度的重要性远大于库存量的大小。戴尔追求的不是准时制生产中的“零库存”，而是强调加快库存的流转速度。目前，在PC制造行业，原材料的价格大约每星期下降1%，通过加速库存流动速度，相比竞争对手而言，可以有效地降低物料成本，反映到产品底价上，就意味着戴尔拥有了更大的竞争空间。事实上，在PC行业，物料成本在运营收入中的比重高达80%左右，物料成本下降10%，其效果远远大于劳动生产率的提高。为了控制库存，在技术上，戴尔将现有的资源规划和软件应用于其分布在全球各地的所有生产设施中，在此基础上，戴尔对每一家工厂的每一条生产线每隔2个小时就作出安排，戴尔只向工厂提供足够2小时使用的物料。在一般情况下，包括手头正在进行的作业在内，戴尔任何一家工厂内的库存量都只相当于大约5个小时或6个小时出货量。这就加快了戴尔各家工厂的运行周期，并且减少了库房空间，在节省下的空间内，戴尔代之以更多的生产线。对于戴尔公司而言，如果观察到对于某种特定产品需求持续2天或者3天疲软，就会发出警告；对于任何一种从生产角度而言“寿命将尽”的产品，戴尔将确定某个生产限额，随后，一定到此为止。

总之，戴尔的管理人员借助信息和资源管理软件来规范生产物流流程。当客户把订单传至戴尔信息中心，中控制中心将订单分解为子任务，并通过网络分派给上游供应商，以此确定最优补货时机和最优补货量，降低自身生产物流库存。

思考：生产物流库存管理的目标是什么？

单元7.4 销售物流

销售物流是伴随销售活动，将产品实体转给用户的物流活动。在现代社会中，市场环境是一个完全的买方市场，因此，销售物流活动便带有极强的被动性与服务性，以满足买方要求为前提，卖方才能最终实现销售。在这种市场前提下，销售往往以送达用户并经过售后服务才算终止。因此，销售物流的空间范围很大，这便是销售物流的难度所在。在这种前提下，企业销售物流的特点，是通过包装、送货、配送等一系列物流实现销售，这就需要研究送货方式、包装方式、包装水平、运输路线等并采取各种方法，例如少批量、多批次，定时、定量配送等特殊的物流方式达到目的。

7.4.1 销售物流的概念

销售物流是指生产企业、流通企业出售产品时，产品在供方与需方之间的实体流动。销售物流是企业物流的一部分，是企业为保证本身的经营利益，不断伴随销售活动，将产品所有权转给客户的物流活动。

1. 销售物流的内涵

（1）销售物流是连接生产企业和客户的桥梁。销售物流是企业物流活动的一个重要环节，它以产品离开生产线进入流通领域为起点，以送达客户并经售后服务为终点。

（2）销售物流是一个系统，具有一体化特征。销售物流活动从产品下生产线开始，经过包装、装卸搬运、储存、流通加工、运输、配送，一直到最后送到客户手中的整个产品实体流动过程。

（3）销售物流具有很强的服务性。销售物流是以满足客户需求为出发点，从而实现销售和完成售后服务，因此销售物流更强调服务性。销售物流的服务性表现在要以客户为中心，树立“客户第一”的观念，销售物流的服务性要求物流服务必须快速、高效，这不仅是客户和消费者的要求，也是企业发展的要求。销售物流的时间越短、速度越快，资本所发挥的效益越大，消费者的满意度也就越高。

（4）销售物流的空间范围很大。由于销售往往以送达客户并经过售后服务才算终止，因此，销售物流的空间范围很大。

2. 销售物流特点

销售物流的特征是通过包装、送货、配送等一系列物流实现销售，这就需要研究送货方式、包装水平、运输路线等内容，并采取诸如少批量、多批次、定时、定量配送等特殊的物流方式达到目的。

7.4.2 销售物流的模式

销售物流有 3 种主要的模式：生产企业自己组织销售物流，第三方物流企业组织销售物流，用户自己提货的形式。

1. 生产企业自己组织销售物流

这是在买方市场环境下的主要销售物流模式之一，也是我国当前绝大部分企业采用的物流形式。

生产企业自己组织销售物流，实际上把销售物流作为企业生产的一个延伸或者是看成生产的继续。生产企业销售物流成了生产者企业经营的一个环节。而且，这个经营环节是和用户直接联系、直接面向用户提供服务的一个环节。在企业从“以生产为中心”转向以“市场为中心”的情况下，这个环节逐渐变成了企业的核心竞争环节，已经逐渐不再是生产过程的继续，而是企业经营的中心，生产过程变成了这个环节的支撑力量。

生产企业自己组织销售物流的优势在于，可以将自己的生产经营和用户直接联系起来，信息反馈速度快、准确程度高，信息对于生产经营的指导作用和目的性强。企业往往把销售物流环节看成是开拓市场、进行市场竞争中的一个环节，尤其在买方市场前提下，格外看重这个环节。

生产企业自己组织销售物流，可以对销售物流的成本进行大幅度的调节，充分发挥它的“成本中心”的作用，同时能够从整个生产者企业的经营系统角度，合理安排和分配销售物流环节的力量。

2. 第三方物流企业组织销售物流

由专门的物流服务企业组织企业的销售物流，实际上是生产者企业将销售物流外包，将销售物流社会化。

由第三方物流企业承担生产企业的销售物流，其最大优点在于，第三方物流企业是社会化的物流企业，它向很多生产企业提供物流服务，因此可以将企业的销售物流和企业的供应物流一体化，可以将很多企业的物流需求一体化，采取统一解决的方案。这样可以做到专业化和规模化。这两者可以从技术方面和组织方面强化成本的降低和服务水平的提高。

在网络经济时代，这种模式是一个发展趋势。

3. 用户自己提货的形式

这种形式实际上是将生产企业的销售物流转嫁给用户，变成了用户自己组织供应物流的形式。对销售方来讲，已经没有了销售物流的职能。这是在计划经济时期广泛采用的模式，将来除非十分特殊的情况下，这种模式不再具有生命力。

7.4.3 销售物流管理合理化

1. 销售物流管理合理化的原则

销售物流管理合理化的原则包括商物分离、输送与配送相结合的体制。除这两个最基本的原则之外，还可以根据具体情况，按照物流活动的集成化、一体化、共同化、信息化、专业化、高技术化等原则。

2. 销售物流管理合理化的形式

销售物流管理合理化应该做到：在适当的交货期，准确地向客户发送产品；对于客户的订单，尽量减少产品缺货或者脱销；合理设置仓库和配送中心，保持合理的产品库存；使运输、装卸、保管和包装等操作省力化；维持合理的物流费用；使订单到发货的情报传递畅通无阻；将销售额等订货信息，迅速提供给采购部门、生产部门和销售部门。

销售物流管理合理化有以下几种形式。

(1) 规模化。通过控制客户的订货，增加运输量，使发货规模化，这一般通过延长备货时间得以实现，如家用电器企业规定 3 天之内送货。这样做能够掌握配送货物量，大幅度提高配送的装载效率。现在以延长备货时间来增加货运量的做法，已被大多数行业采用。

(2) 计划化。对客户的订货按照某种规律制定发货计划，并对其实施管理。例如，按路线配送、按时间配送、混装发货、返程配载等各种措施，被用于运输活动之中。

(3) 商、物分离化。商、物分离的具体做法是将订单活动与配送活动相互分离。这样就把自备载货汽车汽车与委托运输乃至共同运输联系在一起了。利用委托运输可以压缩劳力费用开支、提高运输效率，从而大幅度节省运输费用。商、物分离把批发和零售从大量的物流活动中解放出来，可以把这部分力量集中到销售活动上，企业的整个流通渠道更加畅通，物流效率得到提高，成本得到降低。

（4）差别化。根据产品周转的快慢和销售对象规模的大小，把仓储地点和配送方式区别开来，是利用差别化方法实现物流合理化的策略。也就是说，实行周转较快的产品群分散保管，周转较慢的产品群尽量集中保管，以做到压缩流通阶段的库存，有效利用保管面积，使库存管理简单化。此外，也可以根据销售对象决定物流方法。例如，供货量大的销售对象从工厂直接进货，供货量分散的销售对象通过流通中心供货，使运输和配送方式区别开来；对于供货量大的销售对象每天送货，供货量小的销售对象集中配送，把配送的次数灵活掌握起来。无论哪一种形式，在采取上述方法时，都把注意力集中在解决节约物流费用与提高服务水平之间的矛盾关系上。

（5）标准化。销售批量规定订单的最低数量，会明显提高配送效率和库存管理效率，如成套或成包数量出售。

3. 销售物流管理合理化的实现

销售物流管理合理化要求平衡客户需求与销售物流成本的矛盾。许多企业把销售物流的最终目标确定为以最短的时间、最少的成本把适当的产品送达客户手中。但在实际工作中很难达到上述目标，因为没有任何一种销售物流体系能够既能最大限度地满足客户的需求，又能最大限度地降低销售物流成本。

（1）销售物流的综合成本控制。为了实现销售活动，仓储、运输、包装等各职能部门所投入的成本成为职能成本。系统成本则是整个销售物流活动过程中各职能成本的总和。不少企业往往认为自己的物流系统已达到高效率水平，因为库存、仓储和运输各部门经营良好，并且都能把各自成本降至低水平。然而，如果仅能降低个别职能部门的成本，而各部门不能相互协调，那么总系统成本不一定最低，这就是存在各职能部门与系统总成本之间的矛盾。企业销售物流系统的各职能部门具有高度的相关性，企业应从整个物流系统的成本来考虑制定物流决策，而不能仅考虑降低个别职能部门的成本。

（2）直销方案的综合物流费用分析。把产品直接销售到客户手中，这种销售物流方案一般会耗费较高的物流成本费用，因为通常直销的产品数量不会很大，而且运输频率高，因此运送成本较高。但是这种直销一般是针对急需的客户采用的，一旦延误，很有可能失去客户。如果失去销售机会而损失的成本大于物流成本，则企业还是应采取直销方案。

（3）中转运输方案的综合物流费用分析。如果企业经计算发现，将产品大批量运至销售地区仓库或中转仓库，再从那里根据订单送货给每一位客户的费用少于直接将产品送至客户，则可采用这种在销售过程中经中转再送货的方案。

（4）配送方案的费用分析。配送中心的代理送货将逐渐成为资源配置最合理的一种方案。配送价格是到户价格，与出厂价相比，其构成中增加了部分物流成本，因而价格也略高于出厂价；与市场价相比，其构成中也增加了市场到客户这一段运输的部分成本，因而价格也略高于或等于市场价。但是客户若将以往的核算改成到户价格的核算，就可以发现，配送价格更优越。对于生产企业，仅以出厂价交出产品，不再考虑以后到客户的各物流环节的投入，省去大量的人力和物力。配送方案可以使生产企业、配送中心、客户 3 个方面都分享规模化物流所节约的利益。

（5）销售物流的统一管理。在销售物流过程中，仓储、运输、包装决策应该是互相协调的。不少企业将物流运营权分割成几个协调性差的部门，就会使得控制权过于分散，而且还使各职能部门之间产生冲突。例如，运输部门只求运费最低，宁愿选用运费少的运输方式大批量运输；仓储部门尽可能保持低库存水平，减少进货次数；包装部门则希望使用便宜的包装材料。各职能部门都从自己的局部利益出发，从而使整个系统的全局利益受损。因此，企业应将销售物流活动统一管理，系统各职能部门的决策，全权负责，这对于满足客户需求、节约企业的物流投入是非常有利的。

知识链接

准时生产方式(Just In Time，JIT)，又称为无库存生产方式(Stockless Production)，零库存(Zero Inventories)，是日本丰田汽车公司在20世纪60年代实行的一种生产方式，1973年以后，这种方式对丰田公司渡过第一次能源危机起到了突出的作用，后引起其他国家生产企业的重视，并逐渐在欧洲和美国的日资企业及当地企业中推行开来，现在这一方式与源自日本的其他生产、流通方式一起被西方企业称为“日本化模式”。

准时生产方式基本思想可概括为“在需要的时候，按需要的量生产所需的产品”，也就是通过生产的计划和控制及库存的管理，追求一种无库存，或库存达到最小的生产系统。准时生产方式的核心是追求一种无库存的生产系统，或使库存达到最小的生产系统。为此而开发了包括“看板”在内的一系列具体方法，并逐渐形成了一套独具特色的生产经营体系。

准时制生产方式以准时生产为出发点，首先暴露出生产过量和其他方面的浪费，然后对设备、人员等进行淘汰、调整，达到降低成本、简化计划和提高控制的目的。在生产现场控制技术方面，准时制的基本原则是在正确的时间，生产正确数量的零件或产品即时生产。它将传统生产过程中前道工序向后道工序送货，改为后道工序根据看板向前道工序取货，看板系统是准时制生产现场控制技术的核心，但准时制不仅仅是看板管理。准时生产制是一种理想的生产方式，这其中有两个原因，一是因为它设置了一个最高标准，一种极限，就是零库存。实际生产可以无限地接近这个极限，但却永远不可能达到零库存。二是因为它提供了一个不断改进的途径，即降低库存→暴露问题→解决问题→降低库存……，这是一个无限循环的过程。

单元7.5 逆向物流与废弃物物流

随着社会经济的发展，社会上各类消费品逐年增加，随之产生的废旧品也日益增多，虽然各种产品的性能不断改善，使用期也在延长。然而，不论何种产品，最终都将被废弃而面临如何处理的问题。由此形成逆向物流与废弃物物流，也使逆向物流与废弃物物流的合理化成为亟待研究的问题。

7.5.1 逆向物流与废弃物物流概述

1. 物资循环过程

人类社会所需要的各种物资都来自自然界，无论是食品、服装、建筑材料、金属和塑料制品等，最初都是从自然界取得原材料的。在人类社会中，从生产经过流通直至消费是物资流向的主渠道。但是在这一过程中有生产过程形成的边角余料、废渣、废水；有流通过程产生的废弃包装器材；也有由于变质、损坏、使用寿命终结而丧失了使用价值的物资，或者在生产过程中未能形成合格产品而不具有使用价值的物资，它们都要从物流主渠道中分离出来成为生产或流通中产生的排放物，这些排放物一部分可以回收并再生利用，成为再生资源，它们形成了逆向物流；另一部分在循环利用过程中基本或完全失去了使用价值，形成无法再利用的最终排放物，即废弃物。废弃物经过处理后返回自然界，形成了废弃物物流。物资循环过程如图 7.2 所示。

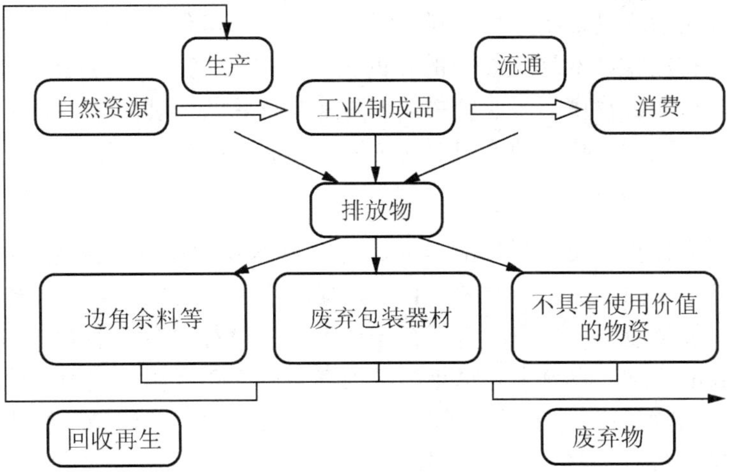

图 7.2　物资循环过程

如上所述，可见排放物的产生来自以下 3 个方面。

1）生产过程产生的排放物

（1）工艺性排放物。由于生产性质不同，其排放物有很大的差异。如造纸厂产生的废渣及用来漂白等目的使用的化学药液随水排出后形成的废水，钢厂生产中产生的钢渣，机械厂切削加工形成的切屑等。此类排放物根据工艺流程和技术水平的条件，其排放时间、数量、种类有一定的规律性，能形成稳定的物流系统。

（2）生产过程中的废品、废料。其产生的数量具有一定的规律性，但产生的时间却有很大的偶然性，在工艺流程中往往就地回收，重新纳入生产流程中，很少进入社会物流系统。

（3）装备、设施和劳动工具的报废。造成其报废的主要原因是：由于正常使用中寿命的终结或意外损坏而丧失了使用价值，或者由于设备更新而被淘汰。这些废弃物不是由于经济活动产生的，需要立即进行处理。

2）流通过程产生的废弃物

流通中消耗燃料和物品会产生废弃物。流通部门最典型的废弃物是捆包物体解捆以后产生的废弃捆包材料，如木箱、编织袋、纸箱、捆带、捆绳等。有的可以直接回收使用，有的要进入物资大循环再生利用。

3）消费后产生的排放物

这类排放物一般称为垃圾，是指由家庭垃圾、办公室垃圾等混合组成的城市垃圾。包括食物残渣、破旧衣物，已失去使用价值的家用电器、玻璃或塑料容器、废纸等。城市垃圾的成分很复杂。

知识链接

生产过程和流通过程产生的废弃物称为工业废弃物，按照法律规定由产业部门自行处理，处理费用束约生产成本；消费后产生的废弃物称为一般废弃物或生活废弃物、垃圾，主要由政府财政支付其处理费用。

2. 逆向物流与废弃物物流的概念

对排放物处理有两种含义，一是将其中可以再利用价值的部分加以分拣、加工、分解，使其成为有用的物资重新进入生产和消费领域。例如废纸被加工成纸浆，又成为造纸的原材料；废钢被分拣加工后又进入冶炼变成新的钢材；废水经净化后又被循环使用等。二是对已丧失再利用价值的排放物，从环境保护的目的出发将其焚烧，或送到指定地点堆放、掩埋，对含有放射性物质或有毒物质的工业废物，还要采取特殊的处理方法。对于前者一般称为逆向，后者称为废弃，这两类物质的流向形成了逆向物流和废弃物物流。

3. 逆向物流与废弃物物流的意义

（1）逆向物料是社会物质大循环的组成部分。自然界的物资不是无限的，森林的采伐，矿山的开采都是有一定限度的。在资源已日渐枯竭的今天，人类社会越来越重视通过逆向物流将可以利用的排放物收集、加工，重新补充到生产、消费的系统中去，据统计，钢铁产量有近 1/3 来自回收的废钢。在日本，每年报废的汽车达 600 万辆，其中半数以上被分解成废钢、橡胶和玻璃而回收利用。一些城市垃圾也可以加工成肥料或燃料，有些垃圾经过适当加工，甚至可以直接成为商品进入消费领域。

（2）逆向物流与废弃物物流合理化的经济意义。废弃物资是一种资源，但与自然资源不同，它们曾有过若干次加工，本身凝聚着能量和劳动力的价值，因而常被称为载能资源。逆向物资重新进入生产领域作为原材料会带来很高的经济效益。

北京、上海等大城市产生的垃圾数量很大，必须要耗费巨额资金进行收集、搬运和处理。据日本资料介绍，东京每年的垃圾处理费用高达 1 521.85 亿日元，其中物流费用占总费用的 69.5%。逆向物流的合理组织对降低垃圾处理成本有显著效果。

（3）逆向物流与废弃物物流合理化的社会意义。由于废弃物的大量产生严重地影响人类赖以生存的环境，必须有效地组织逆向物流与废弃物物流，使废弃物得以重新进入生产、生活循环或得到妥善处理。

当前社会最关切的问题之一就是环境问题，而环境污染的根本问题是废弃物(含废水、废气)造成的。良好的垃圾处理系统是文明的标志之一，城市垃圾如果没有环卫系统的工作，数日之间将变得又脏又臭，良好的生活环境和工作环境将受到破坏。如果任凭造纸厂和化工厂的废水流入自然界的水源中，将污染河流、海洋，不仅危害人类，水生物、植物也将会受到致命的打击。核废料的处理已成为国际公害，受到世界舆论的密切关注。因此，逆向物流和废弃物物流的管理不能完全从经济效益考虑，也要从社会效益考虑。

知识链接

废弃物物流产业已作为国民经济的一个新兴产业，成为我国 21 世纪重要产业和国民经济新的增长点。然而目前对于废弃物物流的研究却很少，这使人很容易联想到中国早期的工业发展所走的“先污染，后治理”的道路。面对日益增多的废弃物，以电子垃圾为例，我国从 2003 年开始，每年至少有 500 万台电视机、400 万台电冰箱、500 万台洗衣机需要报废，再加上电脑、手机等电子垃圾日趋增多。

废弃物物流就是要研究废弃物如何运行，变废为宝。它是从环境保护的角度出发，不管废弃物有没有价值或利用价值，都要将其妥善处理，以免造成环境污染。对这类废弃物的处理过程就产生了废弃物物流。由于我国长期的分散各部门和地区分别管理，各自为政，导致了目前的许多废弃物无人管、无人治理的尴尬局面，以及处理废弃物成本较高，如没有政策的支持很难得以实现的现象。自然界的物质不是无限的，森林的采伐、矿产的开采都是有一定限度的，在资源已日渐枯竭的今天，人们必须越来越重视通过回收物流将可以利用的废弃物收集、加工、重复再利用，来节省和提高资源的利用率。在当前，废弃物处理的国际潮流“综合性废物管理”，就是动员全体民众参与3R行动，把垃圾的产量减下来。3R的行动口号是：减少浪费(Reduce)、物尽其用(Reuse)、回收利用(Recycle)。

7.5.2 逆向物流与废弃物物流合理化问题

1. 促使逆向物流与废弃物物流合理化应采取的措施

以家电行业为例，2004年以来，我国迎来了家电报废的高峰期，每年计有1 500万台左右的家电报废。目前全国电冰箱保有量达1.2亿台、洗衣机1.7亿台、电视机4亿台、电脑1 600万台，其中大部分已进入或即将进入报废期。预计在近几年内，城市中70%～80%家庭的彩电、冰箱、洗衣机需要更新换代。面对这一组庞大的数字，更需要考虑逆向物流与废弃物物流合理性的问题。

1）家电制造企业方面

（1）绿色设计。家电制造企业是旧家电产生的根源，如在制造时尽量进行绿色设计，使用不会对环境造成污染的原材料，就会减少流程中下游环节的压力。这方面不仅需要企业具有环保意识，更需要国家法律进行约束。企业通过进行绿色设计，还可以提高企业的信誉。

（2）生产者责任制。家电制造企业在对旧物品的处理中，应该负有一定的责任。如果让制造企业支付一部分废弃物的处理费用，就可以使企业倾向于使用绿色原料。

2）销售企业方面

（1）尽量利用销售企业是连接制造企业和用户之间桥梁的作用，一方面在销售时可以向用户宣传旧家电对环境的危害，提高民众的环保意识，另一方面，销售企业可以向制造企业传达人们的购买意向，使制造企业进行绿色设计。

（2）重视二手家电市场。目前，我国每年都有大量的二手家电交易，这些二手家电大多是流入经济相对落后的地区，这些地方人们的环保意识还比较差，二手家电的使用寿命又不长，所以每年都有很多的家电废弃后被随意抛弃，给环境造成了很大破坏。销售企业必须重视这个市场，做好废旧家电回收物流。

（3）兼做家电回收。销售企业在销售家电的同时，可以回收旧家电进行物流资源整合。

3）物流企业方面

家电物流是整个家电市场得以顺利运行的基本保障，它在废旧家电回收合理化中应发挥积极的作用。

（1）物流中心的合理化作用。可以把家电回收物流纳入到物流中心系统中，这有利于资源的合理分配。物流中心有商品周转、商品拣选、商品保管、流通加工、信息处理等功能。回收企业或销售企业可以利用物流中心的这些功能为本企业服务，从而降低成本，使企业的物流过程合理化。

（2）利用已有的回收物流网络。在我国，固体废弃物的回收本来就有一套比较成熟的物流系统，所以，现在进行废旧家电的回收就可以对原来的物流系统进行改造，让物流企业同时适用于家电的回收物流。

（3）物流企业独立进行回收。一些物流企业既有回收的网络，又有存放的地点，还有和回收企业的合作关系。一些有条件的物流企业应该增加回收业务，可以用更低的成本回收。

4）用户方面

增强家电用户的环保意识，使其认识到随便丢弃废旧家电的危害性。既造成环境污染，又造成资源的浪费。

5）回收企业和回收处理中心方面

（1）绿色处理。按照合理化要求，回收企业必须要从废旧家电中提取还可以再利用的资源，把不能再利用的进行无害化处理。而且对于生命周期还没有到期的家电维修处理后进行二手交易。这是对回收企业的基本要求。

（2）制定法规，打击非法处理。国内回收企业面临的问题是正规企业收不到旧家电，不能进行大批量处理从而降低成本，而一些非正规的企业却能大量回收。问题的原因在于这些非正规的企业处理成本很低，可以高价收购。所以应制定法规，杜绝非法回收处理。

2. 逆向物流与废弃物物流合理化应遵循的原则

（1）供应链思想。逆向物流是一个社会性的工作，需要社会各类企业间的相互合作才能达能合理性的最大化，这种合作就体现为一种供应链的思想。

（2）社会大循环的思想。逆向物流循环的思想不是指某一个企业内部循环，而应是一种社会大循环，包括了制造企业、销售企业、运输企业、回收企业等，各个企业都有自己的分工，使物流在整个社会中形成一个大的循环，这样才是真正意义上逆向物流的合理化。

（3）符合中国国情。考虑到中国国民环保意识还没有达到发达国家的水平，就应该采取适合中国国情的方法。

（4）法律规范的意识。对企业废旧品处理的方法必须施以严格的法律规范。改变其非正规处理更能盈利的思想。

【案例 7－7】

BMW（宝马公司）物流成功秘笈

汽车制造工业对物流供应要求相当高，其中最难的地方在于有效提供生产所需的千万种零件器材。居世界汽车领导地位的德国 BMW 公司，针对顾客个别需求生产多样车型，在德国境内负责 3、5、7 系列车型的三个工厂，每天装配所需的零件高达 4 万个运输容器，供货商上千家。如此庞大的供应链体系，必须有一套行之有效的办法。

1. 在定单方面，BMW 挖掘“当日需要量”潜力

在汽车组装零件的送货控制中，最重要的是提出订货需求，也就是把货物的需要量和日期通知物流采购中心。BMW 在生产规划过程中，可以针对 10 个月后所需提出订货需求，供货商也可借此预估本身对上游供货商所需提出货物的种类及数量。不过，随着生产日期的接近，双方才会更明确地知道需要量。

针对送货控制而言，一般可分为两种不同形式：一种是根据生产步骤所需提出订单，另一种是视当日需要量提出需求。前者为由生产顺序决定需要量，其零件大多在极短时间内多次运送，由于此种提出订单方式对整个送货链的控制及时间要求相当严格，因此适用在大量，高价值或是变化大的零件。

对于大多数的组装程序而言，只要确定当天需要量就足够了，区域性货运公司在前一天从供货商处取货，隔天就送到 BMW 组装工厂。在送到 BMW 工厂前，取货并停放在转运点的过程称为前置运送，而第二阶段送达 BMW 工厂的步骤称为主要运送。BMW 公司根据生产顺序所需的订货方式最佳化，视当日需要量提出订单方式仍有极大发展潜能。

2. 在仓储方面，BMW已在处理低存货带来的运输成本

为了降低BMW的仓储设备成本，BMW积极减少本身存货数量，导致供货商送货频率的提高，造成货运成本提高。前置运送及主要运送的费用计算有所不同，前者的费用计算是把转运点到供货商的路程、等待及装载时间都列入计算，与运送次数成正比，但与装载数量的多少无关。而后者的费用计算是与货物量成正比，不受送货次数影响。

大多数供货商接到BMW不同工厂的订单，可由同一个货运公司把货物集中到统合的转运站，然后由此再配送到各所需工厂，这样有序地安排取货路径，降低前置运送所需成本。同时也考虑各工厂间整合性仓储设备及运送的供应链管理、各个价值创造的部分程序及次系统，使其产生互动影响，出发点不再只限于局部最佳化，而是以整体成本为决定的依归。

3. 供应链方面，BMW把合作伙伴纳入成为考量因子

BMW公司把其供应链上的合作伙伴(如运输公司等)，纳入成本节约的考量因子，这也是物流链管理的意义所在。在此基础上，他们建立成本方程式，如在一次的前置运送中，安排替几个BMW工厂同时取货。这个成本方程式是建立在最佳化计算法的基础上，考虑因素为对供货商成本最低化之送货频率、其农业经济与实务有关的不同附随条件，如尽可能让运输工具满载、每周固定时间送货等。如果同一货运公司替多个BMW工厂送货，则必须安排送货先后次序，以达成本最佳化。此外，运送货量最好一星期内平均分配，让运输工具及仓储达到最高使用率，不致影响等待进货时间。

思考：在这个BMW的案例中，哪些部分还具有优化潜能？

实训任务

任务1：物流模式与基本环节改进

1. 任务目标

(1) 使学生能够运用所学知识分析并改进公司物流模式与基本环节。

(2) 培养学生具有人际沟通和团队合作协调能力。

2. 案例引入

通过对比当地有代表性的物流公司，为通达物流公司河南分公司的物流模式和基本环节设计提出改进意见。要求组织参观当地有代表性的物流公司的物流流程，并在参观之后撰写参观心得并进行讨论。

3. 任务完成

1) 完成步骤

(1) 分组。将学生划分为若干学习小组，每组5～7人，并选举组长。

(2) 组织参观活动。组织全班同学参观当地有代表性的物流公司，参观公司物流流程，注意观察仓库设置、生产物流流程设置、物料堆放安排等内容。

(3) 撰写个人参观心得。每位学生在回来之后要撰写参观心得。参观心得主要内容包括：公司设置有哪些不符合现代物流的理念？应该怎么改进？有哪些设置非常合理，值得推广？

(4) 小组讨论。以小组为单位，组长组织小组成员相互交换阅读参观心得，讨论并完善参观心得的具体内容。

（5）撰写并提交小组讨论结果。探讨结果以书面形式提交，以小组为单位提交一份。

（6）每组选定学生在全班进行交流。谈谈此次参观活动对公司物流流程设计的启示（包括哪些设计经验值得推广和哪些设计不足需要改进和引以为戒）。

2）检查标准

物流模式与基本环节改进检查标准表

检查标准	考评标准	分　值	实际得分
物流企业参观	是否按时参与参观活动并遵守参观要求	10	
个人参观心得	内容翔实、态度认真	20	
小组讨论结果	公司设置方面的不足	10	
	公司设置方面的改进建议	10	
	公司设置方面的优势	10	
	公司设置方面的推广建议	10	
公开讲解	小组代表讲解生动全面、内容熟练、反应良好	30	

任务2：物流系统设计案例的讨论

1. 任务目标

（1）使学生能够了解企业物流的概念、内容及分类。

（2）使学生能够熟练掌握供应物流、生产物流、销售物流和企业回收物流的模式、特点和基本环节。

（3）使学生能够掌握未来企业物流的发展趋势，进而进行物流规划设计。

（4）培养学生的案例分析和概括总结的能力。

2. 案例引入

马兰拉面——一个中式快餐品牌，不仅在洋品牌林立的国内快餐业领域内取得了不俗的业绩，而且很快就成功地打入了美国市场、欧洲市场和新加坡市场，2000年11月，在中国连锁经营协会组织的全国权威调查统计及专家评选中，马兰拉面被评为全国特许经营优秀品牌，作为唯一的快餐企业，入围2000年中国百强连锁企业。马兰拉面的成功很大一部分原因要归功于它规范完善的物流系统设计。

（1）物流规划——稳定有序的发展法宝。马兰拉面从建立之初就十分注重自己的物流规划，建有一套完备的物流体系。创建初期他们选择了连锁式经营发展模式，克服了传统作坊式生产的弱点，在各连锁店中实行统一配送管理。同时，他们从原材料产地入手，严抓购货源头。

（2）供应物流——强有力的供血机能。马兰拉面在秦皇岛有一个总的物流中心。全国各地的原材料都是从这个物流中心发出的，该中心负责配送包括面粉、牛肉、汤料、可乐原浆等主要制作原料。原材料首先从各基地运到秦皇岛，经过严格的质量检验后，按重量分装成标准的包装，再由秦皇岛送到各城市的配送点，最后用小货车送抵各连锁店。像所有的连锁企业一样，马兰也有自己的内部网络，并配有一个庞大的信息管理系统，每个店铺都是一个终端。各店铺提前一天通过网络提出要货申请，包括原料名称、品种、数量等。一般情况下，申请会在一至两日内得到满足。马兰的送货车采用全封闭式的集装箱货车，保证食品的卫生、清洁，防止外界污染。

（3）生产物流——速度造就中餐奇迹。在马兰拉面的生产过程中，每一碗面始终都是井然有序地按操作规范实现着它的流程。从点菜单到一碗热气腾腾的拉面出锅，平均时间为2分钟。新到的面粉首先进入库房。然后进入拉面间加工成块状，当有客人点餐后直接按要求拉成细或粗的面条。拉面间和前台只隔着一扇透明的玻璃窗，顾客可通过它看到拉面制作、下锅、出锅的过程。马兰拉面所使用的牛肉从青海、甘肃等地的天然牧场，经过加工后，由位于秦皇岛的马兰物流中心统一配送到各地区的分中心。牛肉进店后，经加工先放入冰箱，有顾客点餐后即在凉菜间切块、装盘。而凉菜间与前台也只是一窗之隔，厨师可以通过窗口直接将菜传给前台的服务人员，既省时、省力，又便于服务人员询问菜的加工情况。

（4）销售物流——一窗之隔的等待。所有餐饮业店铺尤其是快餐店，都面临着一个共同的问题"等待时间"，所以减少顾客等待时间，就成了餐饮业销售物流的重中之重。马兰拉面解决等待时间的办法，就是缩短生产物流与销售物流在空间距离上的间隔，加强前台销售人员与后台厨师的联系，前台的销售人员通过玻璃窗，直接可以观察到面条处在生产加工的何种状态，随时可与厨师直接交流，同时可以反映顾客的特殊需求。在等待时，完成筷子、餐巾纸之类的就餐前准备工作。

（5）逆向物流与废弃物物流。马兰拉面的废弃物物流主要分为固体和液体两部分。

固体废弃物包括在生产过程中未用完的物料和顾客消费后的剩余物，如：菜叶、包装物、用餐后碗中的食物残渣等。不含汤汁的固体废弃物直接扔进垃圾桶中；而含汤汁的固体废弃物要先经过过滤，除去水分后，再把固体废弃物倒掉。同时对固体废弃物，按可回收与不可回收进行分类回收。其中一部分会被收购用来制作饲料。在每个加工间的地面上都有一个地漏，在生产过程中产生的液体废弃物通过这些地漏直接排到下水道。

马兰拉面的物流过程在一桶桶的回收垃圾中结束了。餐饮业中，一个企业的物流情况在很大程度上决定了企业的命运，它是企业能否做大、做好、做得精彩的关键要素。

【讨论】

以实训小组为单位，对马兰拉面物流系统设计案例进行分析，主要从以下几个方面进行讨论。

（1）请分析马兰拉面的物流模式。

（2）请分析物流状况对马兰拉面发展的贡献。

（3）请结合案例对马兰拉面未来的发展进行物流规划。

3. 任务完成

1）完成步骤

（1）分组。将学生划分为若干学习小组，每组5～7人，并选举组长。

（2）独立思考。组长组织小组成员先通读案例，然后各自思考。

（3）分头发言。各自思考之后，每个同学都要结合上述3个问题进行小组内发言。

（4）总结。由组长对发言情况进行概括总结，并在全体组员的讨论下，形成报告式的总结。

2）检查标准

物流系统设计案例检查标准表

检查标准	考评标准	分 值	实际得分
马兰拉面的物流模式分析	从物流规划、供应物流、生产物流、销售物流、逆向物流与废弃物物流5个方面进行分析	20	
物流状况对马兰拉面发展的贡献	分析是否全面、合理	30	
马兰拉面未来的发展物流规划	规划是否符合企业物流的特点及发展趋势	30	
案例分析报告	语言简洁、结构清晰、文字表述逻辑性强	20	

模块小结

本模块从企业角度上研究企业物流的框架体系，以及与之有关的物流活动。企业物流(Internal Logistics)是指企业内部的物品实体流动，是具体的、微观的物流活动的典型领域。企业物流又可区分以下不同典型的具体物流活动：企业供应物流、企业生产物流、企业销售物流、企业回收物流、企业废弃物物流等。

模块 8

国际物流管理

GUOJI WULIU GUANLI

【技能目标】

(1) 具有集装箱运输、多式联运运营以及特殊货物运输组织管理的能力。
(2) 具有确定运输工具的能力。
(3) 具有收集、整理、编制物流数据资料的能力。

【知识目标】

(1) 了解国际物流的含义、特点以及分类。
(2) 了解国际物流的产生、发展阶段。
(3) 了解国际物流的基本业务。
(4) 了解发达国家的物流现状。

【工作任务】

2013年年初，肖阳、王琳和赵宁代表公司来到自己的家乡——河南省郑州市开设通达物流公司河南分公司。众所周知，信阳绿茶在全国乃至世界都有一定的知名度，一个客户委托通达物流公司安排一批茶叶出口，目的地为日本大阪。但是这是客户第一次做国际贸易，对于几种运输方式知之甚少，同时这也是通达物流公司河南分公司进行的第一笔对外运输。请你帮他们做以下工作内容。

(1) 经过信息查询，列举出每种运输方式的优缺点。

(2) 为客户设计出适合该产品的运输方式。

单元 8.1　全面认识国际物流

国际物流是现代物流系统中重要的物流领域，近十几年有很大发展，也是一种新的物流形态。东西方冷战结束后，贸易国际化的势头越来越盛，随着国际贸易壁垒的解除，全球经济一体化的出现，新的国际贸易组织的建立，若干地区已突破国界的限制形成统一市场，这又使国际物流出现了新的情况，国际物流形式也随之不断变化。

近十几年，从企业角度来看，跨国企业发展很快，不仅是已经国际化的跨国企业，即便是一般有实力的企业也在推行国际战略，很多企业在全世界寻找贸易机会，寻找最理想的市场，寻找最好的生产基地，这就将企业的经济活动领域由地区、一个国家扩展到国际之间。这样一来，企业的国际物流也提到议事日程上来，企业必须为支持这种国际贸易战略，更新自己的物流观念，扩展物流设施，按国际物流要求对原来的物流系统进行改造。对许多跨国公司来讲，国际物流不仅是由商贸活动决定，而且也是本身生产活动的必然产物。企业的国际化战略的实施，使企业分别在不同国家中生产零件、配件，又在其他国家组装或装配整机，企业的这种生产环节之间的衔接也需要依靠国际物流。

【案例 8-1】

索尼的国际物流

索尼集团公司拥有和经营目前分布于全世界的75家工厂和200多全球性的销售网络。据国际物流专家估计，仅仅在电子产品方面，索尼集团公司每年的全球集装箱货运量已经超过16万标准箱，是世界上规模比较大的生产厂商和发货人之一。由于实施多国拼箱的方法，索尼公司把半箱货物的集装箱从某一个产地发往新加坡或者高雄，在那里把另外一种产品补充装入箱子，变成满箱货物的集装箱，然后继续运输，直至北美或者欧洲的某个目的港。这种物流方法的最大好处，首先是避免了等候时间，同时也大幅度减少了通关时间。目前，索尼集团公司在世界各地组织“递送牛奶式”服务，进一步改善索尼公司在全球，特别是在亚洲地区的索尼产品运输质量。索尼物流分支公司围着供应方转，代表零部件供应商随时提供索尼工厂所需要的备件订单。

思考：国际物流到底是什么？在当代经济发展的浪潮中，国际物流扮演了什么样的角色？国际物流的特点又是什么呢？

国际物流是现代物流系统中重要的物流领域之一。它是不同国家之间的物流，这种物流是国际贸易的一个必然组成部分，各国之间的相互贸易最终要通过国际物流来实现。国际物流是国际范围内的物流运作，但它并不是国内物流的简单延伸。由于国际物流涉及不同的国家，其业务运作的空间距离长，物流业务环节多，涉及不同国家的企业和市场，经济、法律法规、物流设施设备等差异很大，从而使物流业务流程持续时间更长，作业更加复杂，技术要求更高。

8.1.1 国际物流的内涵

国际物流(International Logistics，IL)是跨越不同国家(地区)之间的物流活动，组织材料、在制品、半成品和制成品在国与国之间进行流动和转移的活动。

对国际物流的理解分广义和狭义两个方面。广义的国际物流研究的范围包括国际贸易物流、非贸易国际物流、国际物流投资、国际物流合作、国际物流交流等领域。其中，国际贸易物流主要是指组织货物在国家间的合理流动。非贸易国际物流是指国际展览与展品物流、国际邮政物流等；国际物流合作是指不同国别的企业共同完成重大的国际经济技术项目；国际物流投资是指不同国别的物流企业共同投资组建国际物流企业；国际物流交流则主要是指在物流科学、技术、教育、培训和管理方面的国际交流。

狭义的国际物流主要是指国际贸易物流，即组织货物在国家间的合理流动，也就是指发生在不同国家之间的物流。更具体点说，狭义的国际物流是指当生产和消费分别在两个或两个以上的国家(或地区)独立进行时，为了克服生产和消费之间的空间距离和时间间隔，对物进行物理性移动的一项国际贸易或国际交流活动，从而完成国际商品交易的最终目的，即卖方交付单证、货物和收取货款，买方接受单证、支付货款和收取货物。

本书大部分内容仅涉及狭义的国际物流。国际物流的内涵还可以从以下几个方面理解。

1. 国际物流是国内物流的延伸

国际物流是跨国界的、范围扩大了的物流活动，包括全球范围内与物料管理和物资运送相关的所有业务环节。所以，国际物流又称国际大流通或大物流。

2. 国际物流是国际贸易活动的重要组成部分，是伴随着国际贸易和国际分工合作形成的

随着世界经济的发展，国家间分工日益细化，任何国家都不可能包揽一切领域的经济活动，国家间的合作与交流日益频繁，这就推动了国家间的商品流动，必然形成国际物流。因此，国际物流的实质是按国际分工协作的原则，依照国际惯例，利用国际化的物流网络、物流设施和物流技术，实现货物在国家间的流动与交换。它促进了区域经济的发展和资源在国家间的优化配置。

3. 国际物流的总目标

国际物流的总目标是为国际贸易和跨国经营服务，即选择最佳的方式和路径，以最低的费用和最小的风险，将货物从一个国家或地区的供给方运到另一个国家或地区的需求方，使国际物流系统整体效益最大。一般来说，一个国际物流过程总是涉及货物的交货方、贸易中间人、货运代理人和货物接收方。贸易中间人和货运代理人都是专门从事商品使用价值转移活动的业务机构或代理人。因此，与一般物流相比，国际物流涉及的环节较多，整个物流过程更加复杂。

4. 国际物流的实质

国际物流的实质是根据国际分工协作的原则，依照国际惯例，利用国际化的物流网络、物流设施和物流技术，实现货物在国家间的流动与交换，以促进区域经济的发展和世界资源的优化配置。

8.1.2 国际物流的特点

与国内物流相比，跨越国界的国际物流活动距离更长、环节更多、环境更复杂，同时顾客的需求也更加多样化，这种复杂性决定了国际物流必然具有许多特殊性，国际物流与国内物流对比见表8-1。

表8-1 国内物流与国际物流的比较

区别项目	国内物流	国际物流
物流环境	较简单	复杂，因各国社会制度、法律、人文、习俗、语言、自然环境、经营管理等方法不同
沟通	口头或书面的系统就可实现沟通，目前已越来越多使用EDI	口头或书面成本较高，且常常无效，EDI又因为各国标准不通用而受到一定程度的制约
市场准入	限制较少	限制较多
政府监管机构	主要是物流安全机构	除物流安全机构外，还包括一关三检等监督机构
标准化要求	较低	较高
物流风险	较低	较高
物流信息系统	较容易建立	较难建立
代理机构	较少	对国际运输代理、运输经纪人、报关行有较强的依赖性
运输风险	较低	较高，主要是时间长、转运困难、装卸频繁及不同国家的物流设施水平不同造成的
完成周期	以3～5天或4～10天为单位	以周或者月为单位
库存	库存水平较低，订货前置期较短，反应较小的需求及稳定的运输	库存水平较高，订货前置期较长，反映较大的需求和不稳定的运输
物流单证	设计单证较少，且标准化程度低	繁杂且要求具有国际通用型
适用物流法规	本国的法律、法规	已加入的国际公约与国际惯例
运输方式	以陆路(公路、铁路)为主	主要是以海运为主，空运与多式联运得到较广泛的应用

8.1.3 国际物流的分类

根据不同的标准，国际物流可以分成不同的类型。

1. 根据货物在国与国之间的流向分类

国际物流可分为进口物流和出口物流。凡存在于进口业务中的国际物流行为被称为进口物流，而存在于出口业务中的国际物流行为被称为出口物流。鉴于各国的经济政策、管理制度、外贸体制的不同，进口物流和出口物流，既存在交叉的业务环节，又存在不同的业务环节，需要物流经营管理人员区别对待。海关对进出口物流活动在监管上存在着较大的差异。

2. 根据货物流动的关税区域分类

国际物流可分为国家间物流与经济区域间物流。这两种类型的物流在形式和具体环节上存在着较大差异。比如，欧洲经济共同体国家之间由于属于同一关税区，成员国之间的物流的运作与欧共体成员国与其他国家或者经济区域之间的物流运作在方式和环节上存在着较大的差异。

3. 根据跨国运送的货物特性分类

国际物流可分为贸易型国际物流和非贸易型国际物流。贸易型国际物流指由国际贸易活动引起的商品在国家间的移动，除此之外的国际物流活动都属于非贸易型国际物流，如国际展品物流、国际邮政物流、国际军火物流和国际逆向物流等。

（1）国际展品物流是伴随着国家展览业的发展而发展的。它是指以展览为目的，暂时将商品运入一国境内，待展览结束后再复出境的物流活动，国际展品物流的主要内容包括制定展品物流的运作方案，确定展品种类和数量，安排展品的征集和运输，协调组织展品等货物的包装、装箱、开箱、清点和保管，协助安排展品布置等工作。

（2）国际邮政物流是指通过各国邮政运输办理的包裹、函件等。由于国际邮政完成的货运数量较大，使得国际邮政物流成为国际物流的重要组成部分。航空快递的发展已经开始分流一部分函件和货物包裹。

（3）国际军火物流是指军用品作为商品和物资在不同的国家或地区之间的买卖和流通，是广义物流的一个重要组成部分。

（4）国际逆向物流是指对国际贸易中回流的商品进行改造和整修活动，包括循环利用容器和包装材料；由于损坏和季节性库存需要重新进货、回调货物或过量库存导致的商品回流。

4. 根据国际物流经营方式和管理的重点分类

国际物流可分为资源导向型国际物流、信息导向型国际物流和客户导向型国际物流。

【案例8－2】

澳大利亚的TNT公司的成功

目前澳大利亚的TNT公司是在世界范围内经营快速货物运输的一家最大的公司之一。该公司创建于1946年，以一辆货车起家，在20世纪50年代发展迅速。20世纪70年代中期针对市场对快速货物运输的需求，开始发展快速货物运输服务。1980年又与另一公司合伙买下了澳大利亚三大航空公司之一的安塞特航空公司，开展公路与航空联运的快速货物运输服务，成为TNT公司的特色。

TNT公司目前在世界上190多个国家提供快速货物运输服务。20世纪70年代该公司在英国发展了它的快速货物服务网络。英国国土面积229 380平方公里，人口5 700万人。TNT在英国的快速货物运输服务业务包括：保证第二天上午9点或10点半之前送达的快速运输服务，以及一般性的更为经济的运输服务。对于时间要求紧急的货物则可以在当天尽可能短的时间内送达，特别是对一些时间敏感的商业文件、邮件和包裹之类的物件。TNT在英国通过设立的300余个服务网点，为用户提供门到门的快速运输服务。

经常使用TNT公司服务的客户可以通过可自动处理货运单证的微机系统，托运货物，由微机自动地处理和打印必要的单证。这样可以节约时间、提高精度、并有助于将行政管理费用降到最低程度。最新发展的信息技术可以使客户直接进入TNT的计算机网络系统取得实时的信息，客户可以通过计算机终端直接要求运输服务，例如制造厂家可以通过终端要求TNT公司在一定的时间内将货物及时地送达生产流水线上。

TNT公司在英国全国各地拥有3 000辆送货取货车，包括小型火车和摩托车。每一辆车在一定的区域内遵循规划好的线路运行，使时间及成本效益尽可能地合算。每辆车都配备有通信设备，以便保证驾驶员能及时得到紧急取货的信息。也可以使驾驶员能及时避开交通阻滞的道路。TNT在英国设置有27个精心策划的集疏运货运站设施。到北爱尔兰及沿海岛屿的货物均采用飞机提供第二天送达的服务。

TNT公司在计算机技术方面投入了大量资金。计算机不仅用于对车辆运行进行监控，而且处理每一份托运单据，跟踪每一件货物，从取货到送货的全过程。这样就可以给用户带来以下的好处。

(1) 可以给用户提供货物在运输途中的瞬间状况。

(2) 可以根据要求立刻确定收货人收到货物的准确时间和收货人的姓名。

(3) 可以提供货物送达的证明。

(资料来源：中国物流与采购网 http://www.chinawuliu.com.cn/xsyj/200908/26/141143.shtml. 有删改.)

思考：TNT公司的成功给你带来了什么启示?

单元8.2 国际物流业务与运营方式

8.2.1 国际物流的业务活动

1. 国际物流的基本业务活动

国际物流的基本业务主要包括运输、保管、包装、装卸、流通加工和信息处理等。海运成本低，且运输量大，是国际物流主要的运输方式。空运速度快，但成本高，运输的批量也相对较小，成为国际物流的辅助形式，用于紧急的小批量运输。公路运输则在小区域范围内被广泛使用。国际物流中的保管活动涉及仓储、进出口业务、海港码头装卸和转运货物等作业。国际物流运输距离长、运量大、运输过程中货物堆积存放期长、装卸次数多，因此需要相应的特殊包装业务。为了适合当地的标准和满足销售商的要求，国际物流需要商品分类和小包装作业，以及与此相关的贴商品价格标签等流通加工活动。另外，相对于国内物流，国际物流活动中的信息量更大、信息来源更广，需要及时收集和处理。

2. 国际物流特有的业务活动

国际物流所特有的物流活动包括报关(包含检验、检疫等活动)和相关文书单据制成等。报关是指货物在进出境时，由进出口货物的收、发货人或其代理人按照海关的规定格式填报《进出口货物报关单》，随附海关规定应交验的单证，向海关办理报关手续。

国际物流运输距离长、装卸保管次数多，在物流过程中可能会遇到不测的各种风险，因此必须办理货物的运输保险。我国海洋运输的基本险别分为平安险、水渍险和一切险3种。

国际物流活动中的结算支付方式复杂。一般使用的支付方式有汇付、托收、信用证，我国外贸经常使用的支付方式是信用证方式。

国际物流业务活动可以分为4个方面。

(1) 为完成全球采购、国际进出口贸易的国际运输。

(2) 为保证货物不间断供给和顺利运输的储存、加工、包装、组配和保险。

(3) 为方便供给和国际运输的节点物流，如港口物流、港站流通及保税作业。

(4) 过境货物的报检、报验、报关等。

8.2.2 国际海洋运输

海洋运输(Ocean Transport)是国际物流中最主要的运输方式，它是指使用船舶通过海上航道在不同国家和地区的港口之间运送货物的一种方式。目前，国际贸易总运量中的2/3，我国进出口货运总量的约90%都是利用海洋运输的。海洋运输通过能力大，万吨以上甚至数十万吨的巨轮都可在海洋中航行。由于海洋运输量大，运输成本低，所以许多国家，特别是沿海国家的进出口货物，大部分都采用海洋运输。但海洋运输易受自然条件和气候的影响，风险较大，且航行速度较慢，因此，对于不宜经受长期运输的货物，以及急用和易受气候条件影响的货物，一般不宜采用海洋运输方式。

1. 国际海洋运输分类

按照船公司对船舶经营方式的不同，商船可分为班轮和不定期船两种类型，由于这两个种类的船舶在经营上各有自己的特点，所以海洋运输又可分为班轮运输和租船运输两种方式。

1) 班轮运输(Liner Transport)

班轮通常是指具有固定航线，沿途停靠若干固定港口，按照事先规定的时间表(Sailing Schedule)航行的船舶。班轮运输是指在预先固定的航线上，按照船期表在固定港口之间来往行驶的海洋运输。

对于停靠的港口，不论货物数量多少，一般都可接受托运。其航线、挂港、船期、运价比较固定，同一航线上船型相似并保持一定的航班密度，运价内已包括装卸费用，承托双方的权利义务和责任豁免以签发的提单条款为依据等特点。

2) 租船运输(Shipping by Chartering)

租船通常是指包租整船而言，大宗货物一般都采用租船运输。租船通常在租船市场上进行。船东(或二船东)向租船人提供的不是运输劳务，而是船舶的使用权。船东和租船人之间所进行的租船业务是对外贸易的一种商业行为，也叫无形贸易。租船运输具有如下特点。

(1) 不定期船，没有固定的航线、装卸港及航期。

(2) 没有固定的运价。

(3) 租船运输中的提单不是一个独立的文件。船方出具的提单一般为只有正面内容的简式提单，并注明“ALLTERMS AND CONDITIONS AS PER CHARTER PART”或“FREIGHT PAYABLE AS PERCHARTER PARTY”，即这种提单要受租船契约约束。银行一般不愿意接受这类提单，除非信用证另有规定。

(4) 租船运输中的船舶港口使用费、装卸费及船期延误所造成的费用按租船合同规定划分及计算，而班轮运输中船舶的一切正常营运支出均由船方负担。

(5) 租船主要用来运输国际贸易中的大宗货。租船方式主要包括定程租船(Voyage Charter)、定期租船(Time Charter)和光船租船(Demise or Bareboat Charter)3种。

2. 海运出口货物运输业务

海运出口货物运输业务，是指根据贸易合同中的运输条件，把售予国外客户的出口货物加以组织和安排，通过海运方式运到国外目的港的一种业务。凡以CIF和CFR条件签订的出口合同，都由卖方安排运输。卖方须根据买卖合同中规定的交货期安排运输工作。如凭信用证方式结汇的，卖方须等收到信用证后方可安排运输。在以CIF或CFR条件成交，由卖方安排运输时，海运出口货物运输工作一般要经过审核信用证、备货报验、托运订舱、保险、货物集中、报关、装船、制单结汇等一系列的环节，这时运输工作即告一段落。

3. 海运进口货物运输业务

海运进口货物运输业务，是指根据贸易合同中的有关运输条件，把向国外的订货加以组织，通过海运方式运进国内的一种业务。这种业务必须取决于价格条件。如果是CIF或CFR条件，则由国外卖方办理租船订舱工作；如果是FOB条件，则由买方办理租船订舱工作，派船前往国外港口接运。由于经营外贸业务的公司或有外贸经营权的企业一般本身不掌握运输工具，因而运输工作主要依靠国内外的有关运输部门来完成。这是一项复杂的运输组织工作。外贸部门或其运输代理要根据贸易合同的规定，妥善组织安排运输，使船货相互适应，密切配合，按时、按质、按量完成进口运输任务。海运进口货物运输工作，一般包括以下一些环节：租船订舱、掌握船舶动态、收集和整理单证、报关、报验、监卸和交接、保险等。

4. 主要货运单证

主要货运单据名称见表8-2。

表8-2 主要货运单据类型

单　据	主要特征
托运单(Shipping Note，B/N)	又称下货纸，是托运人根据贸易合同和信用证条款内容填制的，向承运人或其代理办理货物托运的单据。承运人根据托运单内容，结合船舶的航线、挂靠港、船期和舱位等条件考虑，认为合适后，即接受托运
装货单(Shipping Order，S/O)	接受了托运人提出装运申请的船公司，签发给托运人，用以命令船长将承运的货物装船的单据。装货单既可作为装船依据，又是货主向海关办理出口申报手续的主要单据之一
收货单(Mates Receipt，M/R)	又称大副收据，是船舶收到货物的收据及货物已经装船的凭证
装货清单(Loading List)	是承运人根据装货单留底，将全船待装货物按目的港和货物性质归类，依航次、靠港顺序排列编制的装货单汇总清单，是船上大副编制配载计划的主要依据，又是供现场理货人员进行理货，港方安排驳运、进出库场及承运人掌握情况的业务单据
提货单(Delivery Order，D/O)	又称小提单，是收货人凭正本提单或副本提单随同有效的担保向承运人或其代理人换取的，可向港口装卸部门提取货物的凭证
海运提单(Bill of Lading，B/L)	是承运人或其代理人应托运人的要求所签发的货物收据(Receipt of Goods)，在将货物收归其照管后签发，证明已收到提单上所列明的货物，是一种货物所有权凭证(Document of Title)。提单持有人可据以提取货物，也可凭此向银行押汇，还可在载货船舶到达目的港交货之前进行转让。提单是承运人与托运人之间运输合同的证明

5. 海上货物运输索赔与理赔

海上货物运输经常发生货损货差的情况，索赔与理赔的问题也就伴随而至。租船合同和提单是处理索赔与理赔的主要依据，它们都有专门的条款用来规定租船人和船东、托运人和承运人之间的关系，以及各自的权利、义务、责任、豁免等事项。

决定对外索赔，就要准备各项必要的索赔单证。采用班轮或程租船方式运输发生货损货差时，凡出口货物，一般由国外收货人（或提单持有人、货物承保人）直接向承运人办理索赔；凡进口货物，一般情况下由货运代理人代表进出口公司以货方名义向承运人办理索赔。

8.2.3 国际铁路运输

在国际货物运输中，铁路运输(Rail Transport)是仅次于海洋运输的主要运输方式，海洋运输的进出口货物，也大多是靠铁路运输进行货物的集中和分散的。

铁路运输有许多优点，一般不受气候条件的影响，可保障全年的正常运输，而且运量较大，速度较快，有高度的连续性，运转过程中可能遭风险也较小。办理铁路货运手续比海洋运输简单，而且发货人和收货人可以在就近的始发站(装运站)和目的站办理托运和提货手续。

国际铁路运输在国际物流运输中以国际铁路联运的方式出现。国际铁路联运(International Through Railway Transport)使用一份统一的国际铁路联运票据，由跨国铁路承运人办理两国或两国以上铁路的全程运输，并承担运输责任的一种连贯运输方式。

国际铁路联运的适用范围：适用于国际货协国家之间的货物运送，发货人只需在发货站办理铁路托运，使用一张运单，即可办理货物的全程运输；适用于未参加国际货协铁路间的顺向或反向货物运输，在转换的最后一个或第一个参加国的国境站改换适当的联运票据。

8.2.4 国际航空运输

航空运输(Air Transport)是一种现代化的运输方式。国际航空运输，是指根据当事人订立的航空运输合同，无论运输有无间断或者有无转运，运输的出发地点、目的地点或者约定的经停地点之一不在中国境内的运输。

1. 国际航空运输的特点

航空运输与海洋运输、铁路运输相比，具有运送迅速；节省包装、保险和储存费用；可以运往世界各地而不受河海和道路限制；安全准时。因此，对易腐、鲜活、季节性强、精密仪器和贵重物品、紧急需要的商品运送尤为适宜，被称为桌到桌快递服务 (Desk to Desk Express Service)。

2. 国际航空运输的方式

当前，国际航空运输的主要方式有以下几种，见表 8－3。

表 8－3 国际航空运输的方式

航空运输方式	主要描述
班机运输(Scheduled AirLine)	班机运输是指在固定航线上飞行的航班，它有固定的始发站、途经站和目的站。一般航空公司都使用客货混合机型，舱容有限，难以满足大批量的货物运输要求
包机运输(Chartered Carrier)	可分为整包机与部分包机两种 (1)整包机由航空公司或包租代理公司按照事先约定的条件和费用将整机租给租机人，从一个或几个空站将货物运至指定目的地，它适合运送大批量的货物，运费不固定，一次一议，通常较班机运费低 (2)部分包机后者由几家货运代理公司或发货人联合包租一架飞机，或者由包机公司把一架飞机的舱位分别租给几家空运代理公司，其运费虽较班机低，但运送的时间比班机长

续表

航空运输方式	主要描述
集中托运(Consolidation)	由空运代理将若干单独发货人的货物集中起来组成一整批货物，由其向航空公司托运到统一到站，货到国外后由到站地的空运代理办理收货、报关并分拨给各个实际收货人。集中托运的货物越多，支付的运费越低。因此，空运代理向发货人收取的运费要比发货人直接向航空公司托运低
陆空陆联运(TAT Combined Transport)	陆空陆联运分三种：(1)TAT，即 Train-Air-Truck 的联运；(2)TA，即 Truck-Air 的联运；(3)TA，即 Train-Air 的联运
急件传递(Air Express)	急件传递不同于一般的航空邮寄和航空货运，它是由专门经营这项业务的公司与航空公司合作，设专人用最快的速度在货主、机场、用户之间进行传递
送交业务(Delivery Business)	送交业务通常用于样品、目录、宣传资料、书籍报刊之类的空运业务，由国内空运代理委托国外代理办理报关、提取、转送并送交收货人。其有关费用均先由国内空运代理垫付，然后向委托人收取

3. 国际航空运输的优缺点

航空运输虽然起步较晚，但发展异常迅速，特别是受到现代化企业管理者的青睐，因为它具有许多其他运输方式所不能比拟的优越性。概括起来，航空货物运输的主要优缺点见表 8-4 和表 8-5。

表 8-4 航空运输的优点

优　点	主要特征
速度快	“快”是航空运输的最大特点和优势。现代喷气式客机，巡航速度为 800～900km/h，比汽车、火车快 5～10 倍，比轮船快 20～30 倍
机动性大	飞机在空中飞行，受航线条件限制的程度比汽车、火车、轮船小得多。它可以将地面上任何距离的两个地方连接起来，可以定期或不定期飞行
舒适、安全	喷气式客机的巡航高度一般在 10 000m 左右，飞行不受低气流的影响，平稳舒适
基本建设周期短、投资小	要发展航空运输，从设备条件上讲，只要添置飞机和修建机场。这与修建铁路和公路相比，一般说来建设周期短、占地少、投资省、收效快

表 8-5 航空运输的缺点

缺　点	主要特征
载重有限	飞机机舱容积和载重量都比较小，运载成本和运价比地面运输高
易受气候条件限制	由于飞行受气象条件一定限制，影响其正常、准点性
可达性差	通常情况下，较难实现客货的门到门运输，需借助汽车中转

8.2.5 国际集装箱运输

集装箱运输自 1956 年 4 月开始在美国用于海上运输后，满足了货主快速、安全、准确、直达的运输要求，在国际贸易运输中得到了广泛应用，并在 20 世纪 70 年代以后迅速发展起来。后来发展为以港口与海运为中心的国际集装箱联运，目前已是世界上发展最快且又较为广泛的运输形式之一。

1. 集装箱运输的优点

集装箱运输在保证货物安全、节约包装材料、简化包装和理货手续、提高运输效率、加速货物运输、降低运输成本及改善运输劳动条件等方面都有重要作用与明显效果。其独特的优越性表现见表 8-6。

表 8-6　集装箱运输的优点

优　　点	主要特征
可露天作业	露天存放，不怕风雨，节省仓库
可节省商品包装材料	可保证货物质量、数量，减少货损货差
车船装卸作业机械化	节省劳动力和减轻劳动强度
装卸速度快	提高了车船的周转率，减少港口拥挤，扩大了港口吞吐量
减少运输环节	可进行门到门的运输，从而加快了货运速度，缩短了货物的在途时间
降低开支	由于集装箱越来越大型化，从而减少了运输开支，降低了运费。据国际航运界报道，集装箱运费要比普通件杂货运费低 5%～10%

2. 集装箱运输方式

1）装箱方式

集装箱装箱分为整箱(FCL)和拼箱(LCL)。整箱是指货主向承运人或租赁公司租用一定的集装箱。空箱运到工厂仓库后在海关人员监管下，货主把货装入箱内，加锁铅封后，交承运人并取得站场收据，最后凭收据换取提单或运单。拼箱是指承运人接受货主托运的数量不足整箱的小票货运后根据货类性质和目的地进行分类整理，把去同一目的地的货，集中到一定数量，拼装入箱。

2）交接方式

根据集装箱的装箱方式，其交接方式有 4 类。

(1) 整箱交整箱接(FCL/FCL)。承运人以整箱为单位负责交接，货物的装箱和拆箱均由货方负责。

(2) 拼箱交拆箱接(LCL/LCL)。货物的装箱和拆箱均由承运人负责。

(3) 整箱交拆箱接(FCL/LCL)。

(4) 拼箱交整箱接(LCL/FCL)。

3）交接地点

交接地点分为门、场、站 3 类。其中“门”是指发收货人工厂或仓库；“场”是指港口的集装箱堆场；“站”是指港口的集装箱货运站。

(1) 门到门。在整个运输过程中，完全是集装箱运输，并无货物运输，适宜于整箱交整接。

(2) 门到场站。从门到场站为集装箱运输，从场站到门是货物运输，适宜于整箱交拆箱接。

(3) 场站到门。由门至场站为货物运输，由场站至门是集装箱运输，适宜于拼箱交整箱接。

（4）场站到场站。除中间一段为集装箱运输外，两端的内陆运输均为货物运输，适宜于拼箱交拼箱接。

3. 集装箱进出口程序

（1）进口程序：订舱→装箱单→发送空箱→拼箱货装箱→整箱货装箱→集装箱货运交接→换取提单→装船。

（2）出口程序：货运单证→分发单证→到货通知→提单→提货单→提货→整箱交→拆箱交。

知识链接

托运人在集装箱运输中应有的责任与传统海运是不同的。而拼箱货托运人的责任与传统海运相同。

整箱货托运人的责任不同于传统运输的事项如下。

（1）应保证所报货运资料的正确和完整。

（2）承运人有权核对箱内所装货物，因核对而发生的费用，由托运人承担。

（3）海关或其他权力机关开箱检查，其费用和由此发生的货损货差，由托运人承担。

（4）如集装箱货不满，或是垫衬不良、积载不当，或是装了不适于集装箱运输的货物，因此而引起的货损、货差，概由托运人负责。

（5）如使用了托运人自有的不适航的集装箱，所引起的货损事故应由托运人负责，若使用承运人集装箱及设备，其间造成了第三者财产或生命的损害，应由托运人负责赔偿。

责任限制(Limits of Liability)是集装箱运输中发生货损货差，承运人应承担的最高赔偿额。拼箱货的责任限制与传统运输相同。整箱货的赔偿参照国际上的一些判例：如果提单上没有列明箱内所装货物的件数，每箱作为一个理赔计算单位；如提单上列明箱内载货件数的，仍按件数计算；如果货物的损坏和灭失不属海运过程，而是在内陆运输中发生的，则按陆上运输最高赔偿额办理；如集装箱是由托运人所有或提供的，遇有灭失或损坏，且其责任确属承运人应承担者，也应视为一个理赔计算单位。

8.2.6 国际多式联运

国际多式联运(International Multimodal Transport)简称多式联运，是在集装箱运输的基础上产生和发展起来的，是指按照多式联运合同，以至少两种不同的运输方式，由多式联运经营人将货物从一国境内的接管地点运至另一国境内指定交付地点的货物运输。国际多式联运适用于水路、公路、铁路和航空多种运输方式。在国际贸易中，由于85%～90%的货物是通过海运完成的，故海运在国际多式联运中占据主导地位。

国际多式联运的优点包括统一化、简单化；减少中间环节、缩短货物运输时间；降低货损货差事故、提高货运质量；降低运输成本，节省运杂费用；提高运输组织水平，实现合理化运输等。

单元 8.3 国际物流的产生及发展

物流的观念早在20世纪40年代就在美国萌生，但国际物流概念的产生和发展却是最近几十年的事情。美国的物流国际化、信息化及迅速发展是从20世纪80年代中期开始的，日本物流的现代化和国际化几乎与美国同步，欧洲物流国际化起步相对较晚，从20世纪90年代开始，我国的物流国际化在进入21世纪以后才起步，但发展迅速。虽然国际物流的概念提出较晚，但是国际物流活动伴随着国际贸易和跨国经营的产生而产生的，随着国际贸易和跨国经营的发展而得到发展的，总的来说，国际物流活动的发展大体经历了萌芽、起步和发展3个阶段，见表8-7。

表8-7 国际物流发展的3个阶段

发展时期	发展特点
萌芽阶段（20世纪50年代—20世纪80年代）	第二次世界大战结束后，原有的仅满足运送必要货物的运输观念已经不能适应新的要求，随着国际贸易的增长，20世纪60年代开始形成了国际大规模物流，在物流技术上出现了许多大型物流工具。20世纪70年代，国际集装箱及国际集装箱船舶与码头得到了快速发展，这大大满足了中、小件杂货的物流要求
起步阶段（20世纪80年代—20世纪90年代）	20世纪80年代，伴随新时代人们需求观念的转变，物流管理着力于解决“小批量、高频度、多品种”的物流，出现了不少新技术和新方法。在国际物流不断扩大的情况下，物流的机械化、自动化水平不断提高。物流设备和物流技术得到了极大的发展，伴随着物流信息系统和电子数据交换（EDI）系统的应用，国际物流进入新的发展阶段
发展阶段（20世纪90年代—至今）	进入20世纪90年代，经济全球化、一体化加速了物流国际化的发展，国际物流的概念和重要性已为各国政府和外贸部门所普遍接受。世界各国广泛开展国际物流方面的理论研究和时间方面的大胆探究，使国际物流进入了前所未有的发展时期

【案例8-3】

欧洲物流的绿色变革

欧洲物流企业高度重视环境保护和生态平衡，致力于降低二氧化碳排放量和实施具有环保功能的物流解决方案。欧盟15国交通运输所排放的废气相当于欧洲地区温室气体排放总量的21%，其中还没有包括国际航空和海运在内。而上述国家公路交通废气排放量相当于交通运输排放总量的93%。欧盟组织所制定的可持续发展战略明确要求从1990年起到2020年底交通运输废气排放量必须减少20%。物流企业也制定了有关降低二氧化碳等废气排放量的应对措施和保护生态平衡等的解决方案。

1. 循环使用包装品和废品

目前德国大部分物流集团和相关服务公司均在积极开发“生态物流概念”，其主要参与者是汽车制造商和汽车零部件供应商，从产品始发地到终点客户的全程中，按照相关环保法律法规严格实施包装品和废品管理，主要目标任务就是鼓励使用经久耐用和环保功能优异的集装箱设备。其实在生态和经济两者之间找到和谐平衡点谈何容易。一个是必须加大投入保护生态环境免遭破坏，一个是必须持续发展市场经济的生产活动不断扩大，而这一切似乎又要牺牲生态环境。严禁使用容易造成环境污染的托盘和包装材料，促进木材、纸张和金属等包装材料循环使用和废品及时回收再生，减少二氧化碳等温室气体排放。

2. 坚持保护生态

欧洲物流企业还积极提倡二氧化碳减排的交通运输模式。世界著名物流TNT集团于2008年年初在荷兰发起“行星与我规划”，其中包括不断扩大使用电动车辆，减少内燃机车辆，计划到2025年减少该公司车辆二氧化碳废气排放量的一半，进一步扩大该公司二氧化碳温室气体排放量透明度，主动要求政府、环保团体和社会公众密切监督。进一步大幅度提高物流效率，减少环境污染风险，公路和铁路一体化并用而不是各自为政，通过信息技术等高科技手段，全面实施环保的一体化公路和铁路经营理念，在物流服务全程操作中的公路和铁路运输模式不分家，所有的集装箱和托盘等货运设备全部通用于公路和铁路，至少提高短途和远程等交通运物流服务效率50%，其中仅仅德国每年可节约至少580万张办公用A4纸用量，从根本上控制温室气体排放和有力确保环境保护。

思考：欧洲物流的绿色变革给你带来了什么启示？

实训任务

任务1：列举每种运输方式的优缺点

1. 任务目标

(1) 学生能够熟练地利用网上资源。

(2) 培养学生具有解决问题以及分析问题的能力。

2. 案例引入

为通达物流公司河南分公司的客户查找运输方式优缺点时，首先要知道有哪几种运输方式，然后结合具体的产品(如茶叶)，写出每一种的优缺点。

3. 任务完成

1) 完成步骤

(1) 将学生分成5～6组，每组5～10人。

(2) 每小组根据具体的运输方式，通过对速度、安全、价格等方面的对比，写出每种运输方式的优缺点。

(3) 在各组推荐的基础上，选定学生在全班进行交流。

2) 检查标准

评分标准表

检查标准	考评标准	分　值	实际得分
几种运输方式的选择	是否全面，有无遗漏	20	
优缺点的表述	是否全面，有无遗漏	20	
公开讲解	小组代表讲解生动全面、内容熟练、反应良好	60	

任务2：为客户设计产品的运输方式

1. 任务目标

通过分析每种运输方式的优缺点，结合所运输的商品茶叶，为客户设计出经济、安全的运输方式。

2. 案例引入

通过在任务1中对物流方式进行分析及优缺点的对比，已经对运输方式有了一定的了解，现结合需要运输的产品茶叶来选择适合的运输方式。

1) 完成步骤

（1）按照已经分好的组，共5～6组，每组同学进行讨论。

（2）选定个别同学做全班交流。

（3）教师对于每组的答案进行点评和分析。

2）检查标准

运输方式选择的评分标准表

检查标准	考评标准	分 值	实际得分
产品特性分析	是否全面，有无遗漏	20	
运输方式的选择	是否符合经济、安全、快速的要求	20	
公开讲解	小组代表讲解生动全面、内容熟练、反应良好	60	

模块小结

本模块主要介绍了国际物流相关知识。国际物流是国内物流的延伸，是国际贸易活动的重要组成部分，是伴随着国际贸易和国际分工合作形成的。国际物流具有作业环节多，流程完成周期长，作业复杂；过程具有高风险性；以远洋运输为主，多种运输方式结合；标准化要求高；需要更高的标准化信息处理系统和信息传输技术等6大特点。

模块 9

初步了解供应链管理

CHUBU LIAOJIE GONGYINGLIAN GUANLI

【技能目标】

(1) 具有掌握供应链构建策略的能力。
(2) 具有分析企业供应链以及进行改进的能力。

【知识目标】

(1) 了解供应链含义、特点和种类。
(2) 了解供应链管理产生的时代背景。
(3) 掌握供应链管理的理论基础。
(4) 理解供应链管理的核心思想。
(5) 了解供应链管理和物流管理的关系。

【工作任务】

通达物流公司河南分公司的业务已经全面展开，在企业运营的过程中碰到了各种各样的问题。例如，在刚过去的“五一”小长假中，各个食品企业打起促销大战时，某品牌的火腿肠出现“供不应求”的局面。零售商向批发商不停订货，批发商或者分销商不断向生产商催货，生产商日夜赶工，并不停向原料供应商下单。可是整个供应过程中，却出现两周左右的运输延迟和两周左右的生产延迟。经过调查发现，信息流从最终客户端向供应商传递时，无法有效地实现信息的共享，使得信息扭曲而逐级放大，导致了需求信息出现越来越大的波动。同时更大的问题接踵而来，正在通达物流全力加班配送某品牌的火腿肠时，质监局发出紧急通知，针对某品牌火腿肠中查出瘦肉精的情况，要求全面停止该品牌火腿肠的供应。

（1）供应商和零售商之间为何会出现不同的需求信息？订购信息从客户到供应商为何会出现重大的不对称？这种现象在供应链管理中被称为什么现象？

（2）上网查询“双汇”火腿肠瘦肉精事件始末，并分析该企业供应链中出现的问题，对其供应策略提出修改意见。

单元 9.1 供应链管理概述

经济全球化的浪潮，使得市场全球化竞争日益激烈，独立企业之间的竞争开始逐步转变成供应链之间的竞争，企业逐步意识到其自身的成功与否取决于管理供应链的能力。有的学者为此提出：20 世纪是“市场和物流的年代”，21 世纪是“供应链管理的年代”。供应链管理是物流管理发展的新阶段，涉及将产品提供给最终消费者即流通的全过程，是对物流、资金流和信息流的一体化管理。在经济全球化和一体化的背景下，供应链强调企业间合作共赢，供应链之间的竞争正逐渐取代传统的企业间竞争。

9.1.1 供应链的含义

供应链的概念是从扩大的生产概念发展而来，它将企业的生产活动进行了前伸和后延。供应链包括产品到达顾客手中前所有参与供应、生产、分配和销售的公司和企业，因此其定义涵盖了销售渠道的概念。供应链对上游的供应者(供应活动)、中间的生产者(制造活动)、运输商(储存运输活动)、下游的消费者(分销活动)同样重视。

我国国家标准《物流术语》(GB/T 18354—2006)对供应链的定义是：生产及流通过程中，涉及将产品或服务提供给最终用户所形成的网链结构。

供应链是围绕核心企业，通过对信息流、物流、资金流的控制，从采购原材料开始，制成中间产品以及最终产品，最后由销售网络把产品送到消费者手中的将供应商、制造商、分销商、零售商、直到最终用户连成一个整体的功能网络结构模式。供应链不仅是一条连接供应商到客户的物料链、信息链、资金链，而且是一条增值链，物料在供应链上因加工、包装、运输等过程而增加其价值，给相关企业都带来收益。

1. 供应链的结构模型

1）供应链的模型Ⅰ：链状模型

模型Ⅰ只是一个简单的静态模型，表明供应链的基本组成和轮廓概貌，如图 9.1 所示。

产品从自然界到用户经历了供应商、制造商和分销商 3 级传递，并在传递过程中完成加工、产品装配形成等转移过程，被用户消费掉的最终产品仍旧回到自然界，完成物质环循。例如：在煤矿开采煤炭，供应居民作燃料，居民消费后废气和炉渣回归自然界。

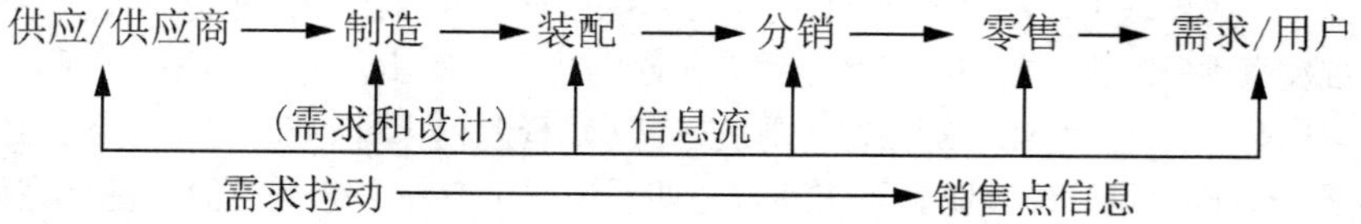

图 9.1　供应链的链状结构模型

2）供应链的模型Ⅱ：网状模型

在模型Ⅱ中，核心企业的供应商可能不止一家，而是有多家，同样分销商可能也有多家。这样，就形成了一个网状模型——模型Ⅱ，如图 9.2 所示。

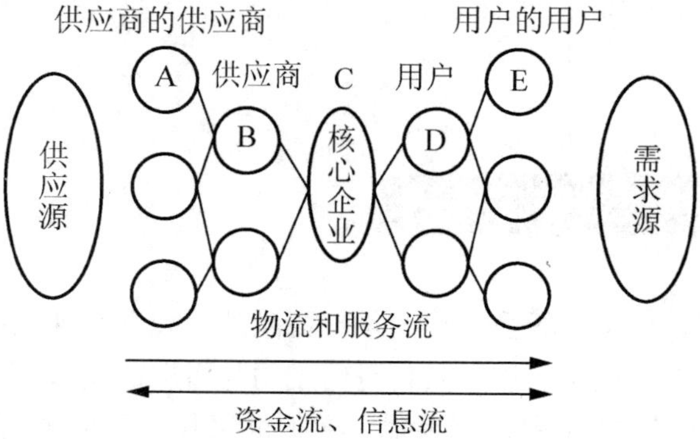

图 9.2　供应链的网状结构模型

在图 9.2 中，定义 C 为制造商时，可以相应地认为 B 为一级供应商，A 为二级供应商，而且还可递归地定义三级供应商、四级供应商；同样地，可以认为 D 为一级分销商，E 为二级分销商，并递归地定义三级分销商，四级分销商。一般地讲，一个企业应尽可能考虑多级供应商或分销商，这样有利于从整体上了解供应链的运行状态。

在供应链上除了流动着物流(产品流)和信息流外，还存在着资金流。物流的方向一般都是从供应商流向制造商，再流向分销商。在特殊情况下(如产品退货)，产品在供应链上的流向与上述方向相反。但由于产品退货属非正常情况，退货的产品也非本书严格定义的产品，所以本书将不予考虑。依照物流的方向来定义供应链的方向，以确定供应商、制造商和分销商之间的顺序关系。图 9.2 的箭头方向即表示供应链的物流方向。

2. 供应链中的三流

1）物流：物品和服务流向客户

供应链中物品的流动由最初的资源通过一系列的转换过程流向配送系统，直至最终客户。

2）信息流：订单、设计、需求、供应等信息在供应链中双向流动

供应链中的物流从原材料至产成品到最终客户的运动仅仅是一个方向；供应链中的信息流需要在供应商和客户之间双向的流动，一个是从客户到供应商的需求信息流，另一个是与需求信息流相反的从供应商到客户的供应信息流。

3）资金流：物品和服务的支付从客户流向供应商

财务是业务运作的生命，没有资金流，企业将无法运转。购买供应品、支付员工薪金、为产品做广告和维护各种设备设施，以及维持服务等都不能没有资金流。

9.1.2 供应链的特征

供应链主要具有以下特征。

1. 复杂性

由于供应链节点企业组成的跨度不同，供应链往往由多个企业、多种类型的企业甚至多国企业构成，根据供应链的价值体系会形成多个具有专业职能的联盟，联盟内部的合作与竞争关系，以及联盟之间的利益分配机制，都突出了供应链结构模式的复杂性。

2. 动态性

由于企业战略和市场需求的波动，供应链节点企业之间合作竞争的模式将会发生变化，从而使围绕核心企业的供应链成员不断地动态更新，只有这样才能满足市场环境的变化。但是，供应链成员的结构的动态变化主要表现在支持成员的变化，基本成员还是相对比较稳定。

3. 面向客户需求

供应链的形成和动态重构都是基于特定的市场需求，并且在供应链的动作过程中，客户需求已经成为驱动供应链中信息流、物流和资金流运作的原动力。满足客户需求、提高客户服务水平，应该成为供应链创造核心竞争优势的出发点。

4. 交叉性

每一个供应链中的节点企业都可能是多个供应链的成员，众多的供应链形成了一种交叉结构，增强了供应链网络的连通性，但是也增加了供应链管理和协调的难度。

9.1.3 供应链的分类

1. 按照经营方式分类

按照经营方式的不同，可将供应链分为推式供应链和拉式供应链，见表 9－1。

表 9－1 供应链按经营方式分类

经营方式	概念描述与优缺点
推式供应链	推式供应链与传统的企业生产经营模式相对应，链内的商品生产是建立在市场预测基础之上的，即企业根据过去的销售分析和对当今市场的研究，制定当前商品的开发、生产和销售，确定绩效。 推式供应链追求规模经济，着眼于风险的系统管理和控制，但是市场风险较大，经常面临产品需求预测不准确而带来的产品滞销风险，交易费用过大，无法快速响应消费者的不确定性需求
拉式供应链	拉式供应链是与现今的消费者需求日益不确定的经营环境相适应的供应链模式，以消费者的需求为供应链的拉动因素，将该信息同步传输给供应链上各节点企业，实现设计、市场、物流、经营等的一体化。 拉式供应链追求的是范围经济，要求柔性化生产或敏捷制造，能够快速响应消费者不断变化的需求

2. 按照性质和功能分类

按照性质和功能的不同，可将供应链分为 5 类，见表 9－2。

表 9－2　供应链按性质和功能分类

标　　准	性质和功能	概念描述及特点
根据供应链存在的稳定性	稳定的供应链	基于相对稳定、单一的市场需求而组成的供应链稳定性较强
	动态的供应链	基于相对频繁变化、复杂的需求而组成的供应链动态性较高
根据供应链容量与用户需求的关系	平衡的供应链	一般说来，一个供应链具有一定的、相对稳定的设备容量和生产能力而顾客需求处于不断变化中。当供应链的容量能满足顾客需求时，供应链处于平衡状态
	倾斜的供应链	平衡的供应链可以实现各主要职能之间的均衡。当市场变化加剧，造成供应链成本增加、库存增加、浪费增加时，供应链不是在最优状态下运作，处于倾斜状态
根据供应链的功能模式（物理功能和市场中介功能）	有效性供应链	有效性供应链主要体现供应链的物理功能，即以最低的成本将原材料转化成零部件、半成品、产品，以及在供应链中的运输等
	反应性供应链	反应性供应链主要体现供应链的市场中介功能，即把产品分配到满足用户需求的市场，对未预知的需求做出快速反应等
根据供应和需求的不确定性对供应链运作的影响	风险规避供应链	风险规避供应链来自需求端的不确定性较低，来自供应端的不确定性较高，这种供应端的不确定性有较强的应变能力
	敏捷供应链	敏捷性供应链是综合能力最强的供应链系统，能始终围绕运行环境变化而变化
根据供应链上主导地位对象的不同	企业供应链	企业供应链管理是由单个公司提出的含有多个产品的供应链管理。该企业在整个供应链中处于主导地位，不仅考虑与链上其他成员的合作，也较多地关注企业多种产品在原料购买、生产、分销、运输等环节的优化配置，并拥有主导权
	产品供应链	产品供应链是与某一特定产品或项目相关的供应链，如一个生产汽车公司的供应商网络包括上千家企业，为其供应从钢材、塑料等原材料到变速器、刹车等复杂装配件等多样的产品。基于产品供应链的供应链管理是对由特定产品的顾客需求所拉动的整个产品供应链运作的全过程的系统管理

9.1.4　供应链管理的概念、内容和本质目标

1. 供应链管理的概念

供应链管理一词始见于 20 世纪 80 年代的一些物流文献中，是随着企业行为的逐渐变革而形成的。当时的提出是针对如零售业、食品业等库存较多的产业，着眼于在库产品削减以及供给者与需求者之间的供需调整，通过上下游企业的整合，集中管理整个流通渠道的物流，以获得强大的竞争优势。从某种意义上说，供应链管理是广义的物流管理，但是又不仅仅是物流管理，它所包含的机能，较之后者更多。

我国国家标准《物流术语》（GB/T 18354—2006）对供应链管理的定义是：对供应链涉及的全部活动进行计划、组织、协调与控制。

一般来说，供应链管理是通过前馈的信息流和反馈的物料流及信息流，将供应商、制造

商、分销商、零售商，直到最终用户连接成一个整体的结构模式。它通过对供应链中的物流和信息流进行设计、规划、控制和优化来满足顾客不断变化的需求，同时又要能保证供应链环节中的各个成员都能取得相应较理想的效益。供应链管理的主要目的在于通过资源整合，特别是资源外取，赢得竞争优势，进而做到在合适的地点和时间，以合适的质量、最低的成本生产合适的产品。

2. 供应链管理涉及的内容

供应链管理涉及以下4个主要领域：供应(Supply)、生产作业(Schedule Plan)、物流(Logistics)、需求(Demand)。供应链管理是以同步化、集成化生产计划为指导，以各种技术为支持，尤其以信息Internet/Intranet为依托，围绕供应、生产作业、物流(主要指制造过程)、需求来实施的，如图9.3所示。供应链管理的目标在于提高客户服务水平和降低总的交易成本，并且寻求两个目标之间的平衡。

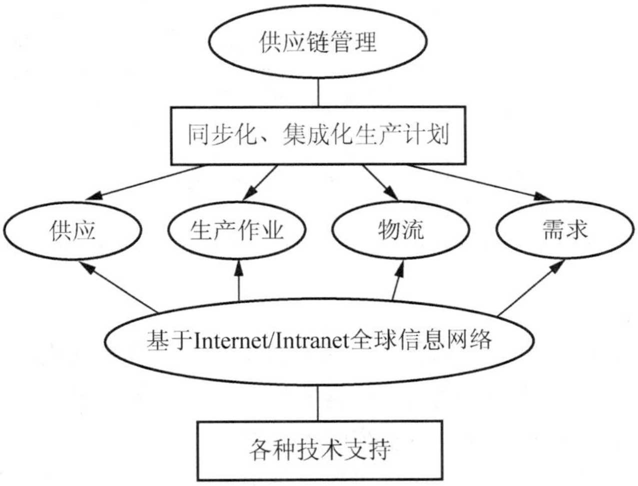

图9.3 供应链管理涉及的领域

在以上4个领域的基础上，可以将供应链管理分为职能领域和辅助领域。职能领域主要包括产品工程、产品技术保证、采购、生产控制、库存控制、仓储管理、分销管理。而辅助领域主要包括客户服务、制造、设计工程、会计核算、人力资源、市场营销。

3. 供应链管理的本质目标

将合适的产品或服务(Right Product or Service)按照合适的状态与包装(Right Condition and Packaging)，以合适的数量(Right Quantity)和合适的成本费用(Right Cost)，在合适的时间(Right Time)送到合适客户(Right Customer)的合适地方(Right Place)，即7R，并使成本为最小。

以更完整的产品组合，满足不断增长的市场需求；面对市场需求多样化的趋势，不断缩短供应链完成周期；对于市场需求的不确定性，缩短供给与消费的市场距离，实现快速与有效反映；不断降低整个供应链的成本和费用。

供应链管理与传统管理模式的区别有以下几个方面。

(1) 供应链管理把供应链中所有节点企业看作一个整体，供应链管理涵盖整个物流的、从供应商到最终用户的采购、制造、分销、零售等领域过程。

（2）供应链管理强调和依赖战略管理。

（3）供应链管理最关键的是需要采用集成的思想和方法，而不仅仅是节点企业、技术方法等资源简单的连接。

（4）供应链管理具有更高的目标，通过管理库存和合作关系去达到高水平的服务，而不是仅仅完成一定的市场目标。

4. 供应链管理的运营机制

供应链管理的运营机制见表 9－3。

表 9－3　供应链管理的运营体制

运营机制	特　征
合作机制(Cooperation Mechanism)	体现了战略伙伴关系和企业内外资源的集成与优化作用
决策机制(Decision　Mechanism)	是基于 Internet/intranet 的开放性信息环境下的群体决策模式
激励机制(Encourage　Mechanism)	为了掌握供应链管理的技术，必须建立健全业绩评价和激励机制
自律机制(Bench marking Mechanism)	要求供应链企业向行业的领头企业或最具竞争力的竞争对手看齐

5. 集成化的供应链管理

集成供应链策略的目标，是在整个供应链中创建生产制造与物流功能的无缝连接使其成为一个有效的竞争武器，并且不会轻易地被竞争对手模仿。集成供应链管理，具有柔性、敏捷性和精确性等本质属性，并逐渐向着多维的方向发展。

企业从传统的管理模式转向集成化供应链管理模式，一般要经过 5 个阶段。

1）基础建设

这一阶段是在原有企业供应链的基础上分析、总结企业现状，分析企业内部影响供应链管理的主因，同时分析外部市场环境，对市场的特征和不确定性作出分析和评价，最后相应的完善企业的供应链。

2）职能集成

该阶段集中于处理企业内部的物流，企业围绕核心职能对物流实施集成化管理，对组织实行业务流程重构，实现职能部门的优化集成，通常可以建立交叉职能小组，参与计划和执行项目，以提高职能部门之间的合作，克服这一阶段可能存在的没有满足用户订单的问题。

3）内部供应链集成

这一阶段要实现企业直接控制领域的集成，要实现企业内部供应链中供应商和用户管理部分的集成，形成内部集成化供应链。主要采用供应链计划 SCP 和 ERP 系统来实施集成化计划和控制。

（1）有效的供应链计划集成了企业所有的主要计划和决策任务，包括：需求预测、库存计划、资源配置、设备管理、优化路径、基于能力约束的生产计划和作业计划、采购计划等。

（2）ERP 系统集成了企业业务流程中主要的执行职能，包括：订单管理、财务管理、库存管理、生产制造管理、采购等职能。

4）外部供应链集成

实现集成化供应链管理的关键在于第4阶段，将企业内部供应链的外部的供应商和用户集成起来，形成一个集成化供网链。而与主要供应商和用户建立良好的合作伙伴关系，即所谓的供应链合作关系，是集成化供应链管理的关键。

5）集成化供应链动态联盟

动态联盟是供应链管理的发展趋势，也称为供应链共同体，其战略核心及发展目标是占据市场的领导地位。为了达到这一目标，随着市场竞争的加剧，供应链共同体必将成为一个动态的网链结构度和市场变化、柔性、速度、革新、知识等需要，不能适应供应链需求企业将从供应链联盟中被淘汰。供应链从而成为一个能快速重构动态组织结构，即集成化供应链动态联盟。

【案例9-1】

为郑州航空港区提供可靠供应链服务体系

国务院《郑州航空港经济综合实验区发展规划(2013—2015年)》指出："郑州航空港经济综合实验区发展，应充分利用全球资源和国际国内两个市场，形成特色优势产业的生产供应链和消费供应链。"如何利用全球资源和国际国内两个市场，形成特色优势产业的生产供应链和消费供应链，为郑州航空港经济综合实验区发展提供配套服务支撑，是当前摆在我们面前的一个紧迫的任务。

供应链将商流、物流、资金流、信息流连成一个整体结构。要想为郑州航空港经济综合实验区发展提供服务支撑，不仅要打造"运进运出"的货物运输通道，重要的是要打通制约供应链发展的"瓶颈"，搞活国际经济贸易，扩大对外产品流通，扩大国际交流合作。所以，贯彻落实《规划》指导思想，为郑州航空港经济综合实验区发展提供配套服务支撑，就必须利用全球资源和国际国内两个市场，打造特色优势产业的生产供应链和消费供应链。积极引用国际先进的供应链管理理念，建设布局合理、功能完备、集疏便捷的货物场站和设施，构建河南"大通关、大物流、大外贸"发展体系，延伸服务链条，提升开放功能。强化产业集聚和综合服务功能，广泛开展跨国贸易活动，加强与原材料供应商、生产商、分销商、需求商的协同合作。组建产业技术创新战略联盟，打造供应链管理集成服务体系，强化产业集聚和综合服务功能，广泛开展跨国贸易活动，促进多方合作共赢。

同时，我们还应积极参与全球电子产品供应链的整合进程，打造国际电子信息产业经济开放高地，快速建设智能手机制造和电子部件的全球采购、国际分拨中心；注重吸引规模化珠宝饰品、高档服装、工艺美术制品等终端、高端产品；吸引国内外大批电子信息、食品、药品、时装、花卉等特色国际贸易业务，在中原河南展开运营。努力打造全国重要的航空港经济集聚区和中原经济区的核心增长极，打造引领中原经济区发展、服务全国、连通世界的、富有活力的国际合作发展跨境贸易开放新高地。

（资料来源：范恒山．发改委：郑州将建成全国航空港经济发展先行区[R]．国务院新闻办公室新闻发布会，2013，有删改．）

思考：供应链管理为郑州航空经济综合实验区的发展带来的最大帮助是什么？

单元9.2 供应链管理的演进

企业的传统管理中，虽然将采购、生产和销售都纳入统一管理的体系之中，但实际上这些部门的管理是缺乏系统性和整体性的。随着计算机网络的发展，生产的边界扩大到了企业之外，这种传统的单一的管理模式越来越显示出它的弊端，因此需要产生一种能够适应这种发展需要的新的管理模式。供应链的管理要求从生产最初的源头开始，直到满足最终需求，因此供应链管理要从整个供应链的角度整体考虑提升供应链的竞争力，因此供应链管理被认定为一种集成的管理方法。

供应链管理的产生和发展大致经历了 4 个阶段，从简单的两两合作的萌芽逐步发展到整条供应链的集成化运作和管理。

9.2.1 供应链管理产生的背景

1. 供应链管理的产生原因

供应链管理的兴起，既是时代发展的要求，也是企业积极应对挑战的结果。由于经济活动的不确定性日益增大，企业间竞争日趋激烈，竞争方式和手段与以前大不相同。为了满足越来越多变的商业需求，并且最终在竞争中胜出，企业开始将现代管理手段延伸至供应商和顾客渠道，试图寻找可使成本削减、生产改进的额外资源。当这项原本面向企业内部的减少成本、最优化生产的运动扩展至供应商、分销商及相关合作企业时，供应链管理便应运而生。通过供应链上伙伴的密切合作，可以发掘许多跨渠道的功能，如产品改进、预测、库存管理和物流管理等，由此产生了新的利润增长点。

2. 企业关注供应链管理的原因

过去，企业之间是简单的买卖关系，企业关心的是自己的直接顾客或内部事务。虽然无论什么样的企业在现实的经济环境中都是作为供应链的一部分而存在，但是企业远没有像现在这样关注供应链。在以市场和技术的发展为契机的当下，受到所处的内外环境的影响，企业更加积极地关注整个供应链的管理，这些发展契机的影响因素有以下几个方面。

1）全球化

全球自由贸易化的快速发展，区域性分工越来越明显，物料供应和商品供应链的全球化趋势也日趋显著，企业的经营已经打破地域限制，国际性的公司和全球性的公司数量增多，规模不断扩大。

2）信息、通信和计算机技术的进步

信息技术的飞速发展，使企业能够及时收集信息、处理信息，为科学决策提供事实依据。计算机技术则提供了良好的硬件和软件基础。通信技术使企业间信息的实时传输成为可能。

3）顾客需求

全球化的表现之一即为顾客需求的多样化，进而导致对产品或范围的成本、质量、配送、技术以及周转时间等要素的要求越来越高。基于顾客驱动型的管理，有助于供应链减少必备的安全库存，同时还确保较高的产品供给水平。

4）牛鞭效应

牛鞭效应是指供应链上的一种需求变异放大现象，是信息流从最终客户端向原始供应商端传递时，无法有效地实现信息的共享，使得信息扭曲而逐级放大，导致了需求信息出现越来越大的波动，此信息扭曲的放大作用在图形上很像一根甩起的牛鞭，因此被形象地称为牛鞭效应。随着竞争的加剧，企业意识到加强相关企业之间的协调与合作十分重要，尤其是在消除牛鞭效应时，有效的组织间沟通和事业流程的调整会帮助企业做到正常的营销管理，提供良好的顾客服务。

5）政府贸易管制

政府贸易管制方面主要是指贸易和关税及区域性经济体的发展都会对供应链的产生和发展带来直接影响。

6）环境保护与可持续发展

环境保护的要求会对供应链管理过程提出更高的挑战，做到保护环境和实施可持续发展战略，同时又能保持供应链的竞争优势，必然要求在设计供应链时要从产品设计、原材料生产、供应过程、生产过程、销售、运输和使用、回收与再利用等方面对环境的影响因素加以分析，最终做到可持续性发展。

随着经济全球化和知识经济时代的到来，无国界化企业经营的趋势愈来愈明显，整个市场竞争呈现出明显的国际化和一体化。与此同时，用户需求愈加突出个性化，导致不确定性不断增加。此外，高新技术的迅猛发展提高了生产效率，缩短了产品更新换代周期，加剧了市场竞争的激烈程度。因此，企业管理如何适应新的竞争环境已成为企业家和理论工作者关注的焦点。

3. 企业管理模式的演变和发展

1）基于单个企业的管理模式

基于单个企业的管理模式，是指管理模式的设计以某一个企业的资源利用为核心，资源的概念仅局限于本企业。比较典型的管理模式有如下几种形式。

（1）成组技术(GT)：当时提出的目的是解决零件品种多、批量小带来的问题。后又与数控技术和计算机技术、生产管理、产品设计、资源配置等结合起来，将成组的概念扩展至生产计划、生产作业计划及生产管理整个系统，发展成为成组技术。

（2）柔性制造单元(FMC)：在成组技术的基础上引入计算机控制和管理，提高了加工的自动化和柔性，从而进一步发展了成组技术的概念和应用。在 FMC 中又增加了计算机控制和调度功能，通过计算机可以实现 4 小时连续工作，实现了不停机转换零件品种和批量。同时，在加工中心之间通过自动导向小车或传送带运输零件，这种系统被称为柔性制造系统(FMS)。FMS 的特点：实现了柔性生产流水作业，使多品种、小批量生产取得了类似大量流水生产的效果。

（3）减少零件变化(VRP)：运用统计方法，区分产品中固定不变部分与变动部分，使变动部分尽可能减少，它研究各种组合技术，如基本部分加附加部分、公共模块的组合方式及各种基本模块的组合方式等，以简化设计。

（4）计算机集成制造系统(CIMS)：有两个基本观点，一是企业生产的各个环节，即从市场分析、产品设计、加工制造、经营管理到售后服务的全部生产活动是一个不可分割的整体，要紧密连接，统一考虑；二是整个生产过程实质上是一个数据的采集、传递和加工处理的过程。最终形成的产品可以看作是数据的物质表现。

CIMS 目的：在于使企业更快、更好、更省地制造出市场需求的产品，提高企业的生产效率和市场响应能力。当一个企业运用 CIMS 哲学组织整个企业的生产经营活动时，就构成了计算机集成制造系统(CIMS)。

以上几种方法有着共同特点，首先是以一个企业的资源为主，所考虑的都是本企业制造资源的安排问题。其次，由于只站在单个企业的角度考虑问题，对企业间的合作没有提高到战略高度来认识，有时甚至把企业间的协作看作是不得已的办法。

2）基于扩展企业的管理模式

进入20世纪90年代，美国提出了基于敏捷制造的虚拟企业概念。虚拟企业是一种新的指导思想，如何具体付诸实施则还没有确定的模式，此时兴起的供应链管理模式从这个方面满足了实现敏捷制造所寻找的具体途径的要求，见表9－4。

表9－4　竞争因素和企业管理模式的演变

竞争因素的变化	企业管理模式的变化
20世纪60年代——成本	传统管理模式——纵向整合
20世纪70年代——质量	基于单个企业的管理模式——4项技术
20世纪80年代——质量＋时间	基于扩展企业的管理模式——敏捷制造/虚拟企业
20世纪90年代——质量＋信息	供应链管理模式——推式/拉式

知识链接

20世纪80年代后期，美国意识到了必须夺回在制造业上的优势，才能保持在国际上的领先地位。于是他们就向日本学习精细生产方式，并力图在美国企业中实施。但是由于文化背景和各种社会条件的差别，其效果总是不尽人意。1991年美国国会提出要为国防部拟定一个较长期的制造技术规划，要能同时体现工业界和国防部的共同利益。于是，委托里海大学的艾科卡研究所编写了一份“21世纪制造企业战略”的报告。里海大学邀请了国防部、工业界和学术界的代表，建立了以13家大公司为核心的、有100多家公司参加的联合研究组。前后耗资50万美元，花费了7 500多人时，分析研究了美国工业界近期的400多篇优秀报告，提出了“敏捷制造”(Agile Manufacturing，AM)的概念，描绘了一幅在2006年以前实现敏捷制造模式的图画。该报告的结论性意见是：全球性的竞争使得市场变化太快，单个企业依靠自己的资源进行自我调整的速度赶不上市场变化的速度。为了解决这个影响企业生存和发展的世界性问题，报告提出了以虚拟企业(Virtual Enterprise，VE)或动态联盟为基础的敏捷制造模式。提出敏捷制造是一次战略高度的变革。敏捷制造面对的是全球化激烈竞争的买方市场，采用可以快速重构的生产单元构成的扁平组织结构，以充分自治的、分布式的协同工作代替金字塔式的多层管理结构，注重发挥人的创造性，变企业之间你死我活的竞争关系为既有竞争、又有合作的“共赢”(Win-Win)关系。敏捷制造强调基于互联网的信息开放、共享和集成。

4. 传统管理模式的局限性及弊端

1）传统管理模式所具有的主要特征

（1）以规模化需求和区域性的卖方市场为决策背景。

（2）少品种、大批量生产，刚性、专用流水生产线。

（3）管理思想和管理制度特征：集权式，以追求稳定和控制为主。

在这种思想指导下，企业为了最大限度地掌握市场份额，必然要牢牢控制用于生产和经营的各种资源。在企业的运作模式上，采用了“高度自制”的策略，一个企业囊括了几乎所有零部件的加工、装配活动。不仅如此，还把分销甚至零售环节的业务也纳入自己的业务范围之内，最后形成了无所不包的超级组织。这就是人们说的纵向一体化(Vertical Integration)。

2）纵向一体化管理模式的主要弊端

（1）增加企业投资负担。

（2）承担丧失市场时机的风险。

（3）迫使企业从事不擅长的业务活动。

(4) 在每个业务领域都直接面临众多竞争对手。

(5) 增大企业的行业风险。

(6) 电子商务集约化对于节省交易费用的潜力不能发挥出来。

3) 管理模式的转变

从20世纪80年代中后期开始，在企业管理中形成了一种横向一体化的管理热潮。许多企业将原有的非核心业务外包出去，自己集中资源发展核心能力，通过和业务结成战略联盟占据竞争中的主动地位。

(1) 从纵向一体化(Vertical Integration)向横向一体化(Horizontal Integration)转化。

(2) 从“大而全、小而全”向“分散网络化制造”转化。

(3) 从“封闭式”向“开放式”的设计、开发与生产转化。

随着企业业务外包的不断发展，企业间合作共赢的愿望愈加强烈，联盟关系进一步巩固，通过企业管理的不断实践，最终形成了横向一体化的供应链管理思想。

9.2.2 供应链管理的发展

供应链管理的概念和应用短于供应链的历史，供应链随着商品经济的出现而萌芽，而供应链管理从概念的出现到实践应用只有几十年的时间，但是其发展却是十分迅速的，应用的领域日益扩大，应用技术和组织形式也有了长足的进展。

1. 供应链管理的萌芽阶段

20世纪60—70年代是供应链管理的萌芽阶段。这个时期供应链的存在仅仅是为了产品生产的继续，各个成员企业在业务协作上仍是各自为政，企业内部结构也为传统的金字塔型，职能部门之间或区域部门之间缺乏有效的沟通与协调。这种松散的供应链成员合作关系既不能提升支持企业的竞争优势，又不能对链上的企业进行有效的约束，供应链的成员之间时常存在利益冲突，竞争局限在产品数量和质量的低层面上，阻碍了供应链的运作和管理。虽然当时一些企业在内部一些职能部门采用了MRP/MRPⅡ，由于缺乏统一化、集成化的管理，最终形成“信息孤岛”，无法在供应链上实现标准化，无法形成完整的信息流。

2. 供应链管理的初级阶段

20世纪80—90年代初是供应链管理的初级阶段。此时，企业的竞争重点已转向了生产效率，企业内部也在进行组织结构的重组和业务流程的变革，职能部门由过去的分散化向集中化转变，信息技术开始大量应用，企业内部逐渐实现了信息集成，各级沟通方式得到极大改善，信息通路更加畅通。1989年，斯特文思(Stevens)提出了供应链管理的概念，认为其是一种集成的思想，包括企业内部集成和企业外部集成。在这期间，与供应链相关的各个企业(部门)之间的合作非常重要。同时，在不断地实践中，企业也逐渐意识到最大的机会存在于企业之外。为获得更多的利润和市场份额，企业开始尝试打破企业间的界限，与上下游的供应商和分销商分享生产和销售信息。但此时的供应链运作仍局限在企业内部，仅有的企业间合作也是本着自身利益最大化的原则，而不是追求供应链的整体最优。相互冲突的运营目标使得供应链上的企业冲突不断，整条链的效率低下，供应链的增值性根本无法体现出来。

3. 供应链管理的形成阶段

20 世纪 90 年代初到 20 世纪末，供应链管理开始飞速地发展，理论研究突飞猛进，企业中的实践应用也日益增多，成功的例子屡见不鲜。在经济全球化的竞争环境下，企业越来越注重客户和市场，以及在全球范围内取得规模经济和范围经济，以此降低成本、提高产品和服务的竞争力。供应链管理及 ERP 系统的应用，帮助企业实现了业务和信息的高度集成，增强了生存能力和获利能力，使得其在全球范围内的竞争更具优势。因特网和电子商务及其相关技术的出现和发展，又为供应链管理的进一步发展提供了新的契机，企业可以将各种新技术和管理手段，如高级计划排程系统(APS)、知识管理系统(KM)、数据挖掘技术(DM)、供应链决策系统(SCS)、顾客关系管理系统(CRM)等融入内部管理当中，更加注重合作伙伴关系的建立及供应链运作的协调，使供应链管理实现了新的飞跃。

4. 供应链管理的成熟和全面发展阶段

21 世纪初期是供应链管理全面发展的时期。电子商务的发展将会极大地改变供应链管理的深度和广度，彻底改变供应链中物流、信息流和资金流的交互方式和实现手段。企业将会对原有技术的扩展和应用，积极采用新的管理技术，更加紧密地实现与供应链上各成员的协同运作，以达到充分利用资源、降低成本、提高产品和服务的目的，最终实现在全球范围内的竞争优势。

5. 其他观点

有别于上述的萌芽→初级→形成→成熟和全面发展的历程，有学者认为供应链管理的发展经历了 5 个阶段，认为 20 世纪 60 年代之前虽然没有供应链管理的概念，但企业对物流中仓储和运输的管理已经提上日程，都较为重视存货控制和运输效率，显示了朴素的供应链管理思想。表 9-5 则总结了自供应链管理兴起之后所经历的 5 个发展时期，以及每个阶段的管理重点和对应的组织设计。

表 9-5　供应链管理的发展阶段

供应链管理阶段	管理的重点	组织设计
仓储和运输 (第一阶段　1960 年之前)	经营业绩	物流部门分散 物流部门之间少有联系 几乎没有物流管理部门
	对销售和营销的支持	
	仓储	
	存货控制	
	运输的效率	
全面成本管理 (第二阶段　1960—1980)	集中物流	物流部门集中 物流管理职能部门权利加大 开始应用计算机
	全面成本管理	
	优化作业流程	
	客户服务	
	将物流作为一种竞争优势	

续表

供应链管理阶段	管理的重点	组织设计
物流管理的集成 (第三阶段 1980—1990)	物流计划	物流部门的扩张 供应链规划 对全面质量管理的支持 物流管理部门的扩张
	供应链战略	
	企业职能的集成	
	渠道内各运营部门的集成	
供应链管理 (第四阶段 1990—2000)	从战略的高度看供应链	交易伙伴网络，垂直一体化 市场共同革命 标杆法以及重组 供应链全面质量管理矩阵
	外部网络技术的应用	
	渠道内联盟的增长	
	协作以影响渠道的竞争力	
供应链管理 (第五阶段 2000年至今)	供应链管理中因特网的使用	基于网络的多供应链交易 整个组织的灵活性和规模性
	低成本分享所有数据库	
	供应链管理的协同效应	

资料来源：David F. Ross，Introduction to E-supply Chain Management，ST. LUICE PRESS，2003.

单元9.3 供应链的构建

为了提高供应链管理的绩效，建立一个高效精简的供应链是极为重要的。供应链的构建虽然在针对不同行业时方法会有所不同，但是一般而言需要遵守特定的构建原则，目前供应链的构建方法主要有基于产品的构建方法、基于成本的构建方法和基于多级优化的构建方法，本书只介绍基于产品的供应链构建方法。

9.3.1 供应链构建的原则

在供应链的设计过程中，应遵循一些基本的原则，以保证供应链的设计和重建能满足供应链管理思想得以实施和贯彻的要求。

1. 自顶向下和自底向上相结合的设计原则

在系统建模设计方法中，存在两种设计方法，即自顶向下和自底向上的方法。自顶向下的方法是从全局走向局部的方法，自底向上的方法是从局部走向全局的方法；自上而下是系统分解的过程，而自下而上则是一种集成的过程。在设计一个供应链系统时，往往是先有主管高层做出战略规划与决策，规划与决策的依据来自市场需求和企业发展规划，然后由下层部门实施决策，因此供应链的设计是自顶向下和自底向上的综合。

2. 简洁性原则

简洁性是供应链的一个重要原则，为了能使供应链具有灵活快速响应市场的能力，供应链的每个节点都应是简洁的、具有活力的、能实现业务流程的快速组合。比如供应商的选择就应以少而精的原则，通过和少数的供应商建立战略伙伴关系，减少采购成本，推动实施JIT采购法和准时生产。生产系统的设计更是应以精细思想(Lean Thinking)为指导，努力实现从精细的制造模式到精细的供应链这一目标。

3. 集优原则(互补性原则)

供应链的各个节点的选择应遵循强强联合的原则，达到实现资源外用的目的，每个企业只集中精力致力于各自核心的业务过程，就像一个独立的制造单元(独立制造岛)，这些所谓单元化企业具有自我组织、自我优化、面向目标、动态运行和充满活力的特点，能够实现供应链业务的快速重组。

4. 协调性原则

供应链业绩好坏取决于供应链合作伙伴关系是否和谐，因此建立战略伙伴关系的合作企业关系模型是实现供应链最佳效能的保证。和谐是描述系统是否形成了充分发挥系统成员和子系统的能动性、创造性及系统与环境的总体协调性。只有和谐而协调的系统才能发挥最佳的效能。

5. 动态性(不确定性)原则

不确定性在供应链中随处可见，许多学者在研究供应链运作效率时都提到不确定性问题。由于不确定性的存在，导致需求信息的扭曲。因此要预见各种不确定因素对供应链运作的影响，减少信息传递过程中的信息延迟和失真。降低安全库存总量和服务水平的提高相矛盾。增加透明性，减少不必要的中间环节，提高预测的精度和时效性对降低不确定性的影响都是极为重要的。

6. 创新性原则

创新设计是系统设计的重要原则，没有创新性思维，就不可能有创新的管理模式，因此在供应链的设计过程中，创新性是很重要的一个原则。进行创新设计，要注意几点：一是创新必须在企业总体目标和战略的指导下进行，并与战略目标保持一致；二是要从市场需求的角度出发，综合运用企业的能力和优势；三是发挥企业各类人员的创造性，集思广益，并与其他企业共同协作，发挥供应链整体优势；四是建立科学的供应链和项目评价体系及组织管理系统，进行技术经济分析和可行性论证。

7. 战略性原则

供应链的建模应有战略性观点，通过战略的观点考虑减少不确定影响。从供应链的战略管理的角度考虑，供应链建模的战略性原则还体现在供应链发展的长远规划和预见性上面，供应链的系统结构发展应和企业的战略规划保持一致，并在企业战略指导下进行。

9.3.2 供应链构建的方法

设计和运行一个有效的供应链对于每一个制造企业都是至关重要的，因为它可以获得提高用户服务水平、达到成本和服务之间的有效平衡、提高企业竞争力、提高柔性、渗透入新的市场、通过降低库存提高工作效率等好处。但是供应链也可能因为设计不当而导致浪费和失败。费舍尔(Fisher)认为供应链的设计要以产品为中心。供应链的设计首先要明白用户对企业产品的需求是什么，产品寿命周期、需求预测、产品多样性、提前期和服务的市场标准等都是影响供应链设计的重要问题。必须设计出与产品特性一致的供应链，也就是所谓的基于产品的供应链设计策略(Product-Based Supply Chain Design，PBSCD)。

1. 产品类型

不同的产品类型对供应链设计有不同的要求，高边际利润、不稳定需求的创新性产品(Innovative Products)的供应链设计就不同于低边际利润、有稳定需求的功能性产品(Functional Products)。两种不同类型产品的比较见表9-6。

表9-6 两种不同类型产品的比较(在需求上)

需求特征	功能性产品	创新性产品
产品寿命周期/年	>2	1～3
边际贡献(%)	5～20	20～60
产品多样性/种	低(每一目录10到20个)	高(每一目录上千)
预测的平均边际错误率(%)	10	40～100
平均缺货率(%)	1～2	10～40
季末降价率(%)	0	10～25
按订单生产的提前期	6个月～1年	1天～2周

由表9-6中可以看出，功能性产品一般用于满足用户的基本需求，变化很少，具有稳定的、可预测的需求和较长的寿命周期，但它们的边际利润较低。为了避免低边际利润，许多企业在式样或技术上革新以寻求消费者的购买，从而获得高的边际利润，这种革新性产品的需求一般不可预测，寿命周期也较短。正因为这两种产品的不同，才需要有不同类型的供应链去满足不同的管理需要。

2. 基于产品的供应链设计策略

当知道产品和供应链的特性后，就可以设计出与产品需求一致的供应链。设计策略见表9-7。

表9-7 供应链设计与产品类型策略矩阵

供应链	功能性产品	革新性产品
有效性供应链	匹配	不匹配
反应性供应链	不匹配	匹配

策略矩阵的4个元素代表4种可能的产品和供应链的组合，从中可以看出产品和供应链的特性，管理者可以根据它判断企业的供应链流程设计是否与产品类型一致，就是基于产品的供应链设计策略：有效性供应链流程适于功能性产品，反应性供应链流程适于革新性产品，否则就会产生问题。

9.3.3 供应链构建的步骤

1. 分析市场竞争环境

分析市场竞争环境目的在于找到针对哪些产品市场开发供应链才有效，为此，必须知道现在的产品需求是什么，产品的类型和特征是什么。分析市场特征的过程要向卖家、用户和竞争者进行调查，提出诸如“用户想要什么?”“他们在市场中的分量有多大?”之类的问题，以确认用户的需求和因卖家、用户、竞争者产生的压力。这一步骤的输出是每一类产品都按重要性排列的市场特征。同时对于市场的不确定性要有分析和评价。

2. 总结、分析企业现状

主要分析企业供需管理的现状(如果企业已经有供应链管理，则分析供应链的现状)，这一个步骤的目的不在于评价供应链设计策略的重要性和合适性，而是着重于研究供应链开发的方向，分析、找到、总结企业存在的问题及影响供应链设计的阻力等因素。

3. 分析供应链设计项目

针对存在的问题提出供应链设计项目，分析其必要性

4. 根据基于产品的供应链设计策略提出供应链设计的目标

主要目标在于获得高用户服务水平和低库存投资、低单位成本两个目标之间的平衡(这两个目标往往有冲突)，同时还应包括以下目标。

(1) 进入新市场。

(2) 开发新产品。

(3) 开发新分销渠道。

(4) 改善售后服务水平。

(5) 提高用户满意程度。

(6) 降低成本。

(7) 通过降低库存提高工作效率等。

5. 分析供应链的组成，提出组成供应链的基本框架

供应链中的成员组成分析主要包括制造工厂、设备、工艺和供应商、制造商、分销商、零售商、用户的选择及其定位，以及确定选择与评价的标准。

6. 分析和评价供应链设计的技术可能性

这不仅是某种策略或改善技术的推荐清单，而且也是开发和实现供应链管理的第一步，它在可行性分析的基础上，结合本企业的实际情况为开发供应链提出技术选择建议和支持。

7. 设计供应链，主要解决以下问题

(1) 供应链的成员组成(供应商、设备、工厂、分销中心的选择与定位、计划与控制)。

(2) 原材料的来源问题(包括供应商、流量、价格、运输等)。

(3) 生产设计(需求预测、生产什么产品、生产能力、供应给哪些分销中心、价格、生产计划、生产作业计划和跟踪控制、库存管理等)。

(4) 分销任务与能力设计(产品服务于哪些市场、运输、价格等)。

(5) 信息管理系统设计。

(6) 物流管理系统设计等。

在供应链设计中，要广泛地应用到许多工具和技术，包括归纳法、集体解决问题、流程图、模拟和设计软件等。

8. 检验供应链

供应链设计完成以后，应通过一定的方法、技术进行测试检验或试运行，如不行，返回第 4 步重新进行设计；如果没有什么问题，就可以实施供应链管理了。

单元9.4 供应链管理方法

近年来，供应链管理发展迅猛，各种各样的供应链管理方法层出不穷。虽然由于行业的不同，各种供应链管理方法的侧重点不同，但它们的实施目标都是相同的，即减少供应链的不确定性和风险，从而积极地影响库存水平、生产周期、生产过程，并最终影响对顾客的服务水平。

供应链的管理方法涉及合作伙伴选择，成本控制和流程控制等，涉及的范围很广，针对不同的情况所采取的方法有很多，常见的主要有快速响应法、有效客户响应法、准时制生产法、联合补货和预测法、关于供应链成本和绩效考核的ABC法、价值链分析法(VCA)。

9.4.1 快速响应法

快速响应(Quick Response，QR)是指由零售商与制造企业建立战略伙伴关系，利用EDI等信息技术，交换POS及补充订货等经营信息，进行多批次、小批量的连续补货配送方式，以实现缩短交付周期、减少库存、提高顾客服务水平和企业竞争力为目的的供应链管理。

知识链接

QR最早实践于美国纺织服装企业，20世纪70年代后期，美国纺织业的进口急剧增加，本土纺织业的市场占有率逐年下降。经过调查研究，发现纺织业供应链上各个企业十分注重各自经营效率的提高，但是整条供应链的效率却不尽人意。如果可以建立一个快速的响应系统，帮助纺织服装企业和零售商共享信息资源，通过合作来提高销售额，减少库存风险、缺货风险，实现顾客服务的最优水平，则可以有效地改变美国纺织业的不利局面。1985年，QR的概念开始在纺织服装行业广泛普及，其中，以Wal-Mart与服装制造企业Seminole Manufacturing Co.及面料生产企业Milliken公司合作建立的QR系统最为有名。由于Wal-Mart先驱性的努力，使得QR开始在业内广泛应用，最终帮助美国纺织业摆脱了困境，促进了QR在美国的发展，成为供应链管理的有效手段之一。

1. QR系统的建立

1）QR的初期阶段：建立垂直型QR系统

供应商与零售商在某种商品的订货业务和付款通知业务方面开展合作，充分利用零售商的POS系统，通过企业间的EDI系统发出订单和受理付款通知。这种垂直型的QR系统可以大大提高订单传递速度和准确性，加快付款受理流程，起到了节约成本的作用。

2）QR的发展阶段：制定行业统一的EDI标准和UPC商品识别码

为了更好地促进QR的发展，使其可以在其他商品和行业推广，由Wal-Mart牵头，纺织服装企业参与成立的VICS委员会制定了行业统一的EDI标准和商品识别标准，可供其他行业参考。零售商按照行业统一标准设计POS数据传输格式，通过EDI系统传送给供应商；后者在及时了解了自己的商品销售、需求动向后，可根据实际进行补货，并在发货前向零售商发送ASN(Advanced Shipping Note)，帮助零售商做好接货准备。统一的UPC商品识别码可以使零售商在接收货物的同时进行商品检验工作，通过用扫描读取器读取商品信息，与ASN进货清单进行对比，即刻判断到货与发货清单是否一致。统一的EDI标准和UPC商品识别码不仅帮助零售商降低了库存，加快了接货和检验速度，而且帮助供应商掌握商品的需求动向，从而及时地调整生产计划和采购计划，提高了生产效率。

3）QR 的成熟阶段：采用 VMI 和 CRP 库存补充方式

统一的 EDI 标准和 UPC 商品识别码极大地促进了 QR 的发展，供应商越来越积极主动的参与到流通库存的管理和控制中。供应商管理库存的 VMI 方式可以使供应商在对 POS 信息和 ASN 信息分析的基础之上，决定配送商品的种类、数量、时间和方式。有别于传统的大批量、少批次的配送，这种配送形式的特点是多批次、小批量，且发货信息预先用 ASN 传输给零售商。由于可以实现连续的库存补充，这种配送方式称为连续库存补充方式（Continuous Replenishment Program，CRP）。在这个阶段，供应链的库存水平实现了最优，双方都节约了成本，提高了商品的周转率，最终提升了企业的竞争力。

2. QR 成功的条件

QR 的成功实施，与企业利用供应链建立合作伙伴关系获得成功的现代经营意识密不可分。传统的经营方式已经成为企业发展的桎梏，积极寻找战略合作伙伴，建立分工和协作关系是企业发展的方向。转变信息保密的做法，开发和采用各种信息处理和交换技术，与合作伙伴分享信息，做到供应商管理库存，实现连续的库存补充方式，可以促进销售，减少需求预测误差，提高商品周转率，实现零售商和供应商的双赢。

简单地说，QR 成功须具备以下 5 个条件。

（1）改变传统的经营方式，革新企业的经营意识和组织。

（2）开发和应用现代信息处理技术。

（3）与供应链相关方建立战略伙伴关系。

（4）改变传统的对企业商业信息保密的做法。

（5）供应方必须缩短生产周期和缩减商品库存。

3. QR 战略的再造

要实现对顾客需求的快速反应，企业必须从多个环节入手，着重改善整个供应体系。尤其应对供应链能力进行整合规划，要大力开发其能力。

（1）回顾供应商选择的标准，查明哪些方面需要改进，以及是否需要清除水平很差的供应商。

（2）确定选择供应商的标准，以使企业在产品生产和关联关系的管理上获得能力。

（3）对供应商的资格进行审查，建立信息跟踪和回报的体系。

（4）通过与供应商的日常联系、供应商俱乐部、技术训练、讨论会等形式收集反馈意见。

（5）供应商越来越多地涉入产品设计和新产品开发中。

【案例 9－2】

家乐福：从 VMI 中受益无穷

VMI 是 QR 系统的一种重要物流运作模式，也是 QR 走向高级阶段的重要标志。VMI 的核心思想在于零售商放弃商品库存控制权，而由供应商掌握供应链上的商品库存动向，即由供应商依据零售商提供的每日商品销售资料和库存情况来集中管理库存，替零售商下订单或连续补货，从而实现对顾客需求变化的快速反应。

正是看到了 VMI 的上述特殊功效，家乐福在引进 QR 系统后，一直努力寻找合适的战略伙伴以实施 VMI 计划。经过慎重挑选，家乐福最后选择了其供应商雀巢公司。就家乐福与雀巢公司的既有关系而言，双方只是单纯的买卖关系，唯一特殊的是，家乐福对雀巢来说是一个重要的零售商客户。在双方的业务往来中，家乐福具有十足的决定权，决定购买哪些产品与数量。两家公司经协商，决定由雀巢建立整个 VMI 计划的机制，总目标是增加商品的供应效率，降低家乐福的库存天数，缩短订货前置时间，以及降低双方物流作业的成本率等。

由于双方各自有独立的内部 ERP 系统，彼此并不相容，因此家乐福决定与雀巢以 EDI 连线方式来实施 VMI 计划。在 VMI 系统的经费投入上，家乐福主要负责 EDI 系统建设的花费，没有其他额外的投入；雀巢公司除了 EDI 建设外，还引进了一套 VMI 系统。经过近半年的 VMI 实际运作后，雀巢对家乐福配送中心产品的到货率由原来的 80%左右提升至 95%(超越了目标值)，家乐福配送中心对零售店铺产品到货率也由 70%提升至 90%左右，并仍在继续改善中；库存天数由原来的 25 天左右下降至 15 天以下，在订单修改方面也由 60%～70%下降至 10%以下，每日商品销售额则上升了 20%左右。总体而言，VMI 使家乐福受益无穷，极大地提升了其市场反应能力和市场竞争能力。相对家乐福的受益而言，雀巢公司也受益匪浅。最大的收获便是在与家乐福的关系改善方面。过去雀巢与家乐福只是单向买卖关系，所以家乐福要什么就给它什么，甚至是尽可能地推销产品，彼此都忽略了真正的市场需求，导致好卖的商品经常缺货，而不畅销的商品却有很多存货。这次合作使双方愿意共同解决问题，从而有利于从根本上改进供应链的整体运作效率，并使雀巢容易掌握家乐福的销售资料和库存动态，以更好地进行市场需求预测和采取有效的库存补货计划。

(资料来源：中国物流与采购网《家乐福：从 VMI 中受益无穷》. 有删改.)

思考：VMI 管理模式给家乐福提供的最大帮助是什么？

9.4.2 有效顾客响应法

ECR 是 1993 年初由食品业发起的。一些制造商、经纪人、批发商和零售商组成了有共同目标的联合业务小组，其目标是通过降低和消除供应链上的无谓浪费来提高消费者价值。

有效顾客响应(Efficient Customer Response，ECR)是指生产厂商与批发商、零售商等供应链各组成方相互协调与合作，更加快捷的并以更低的成本满足顾客需求为目的的供应链管理系统。通过对店铺商品类别、商品补充、促销和新产品开发和市场导入等 4 个核心过程的有效管理，使得参与供应链的各方必须为了提高顾客的满意度而合作，消除原有的部门、职能和企业间的摩擦和隔阂，通过供应链整体协调，保证产品流和信息流在企业内和供应链内的畅通，实现以低成本向顾客提供高价值服务的目标。

1. 应用 ECR 的基本规则

在应用 ECR 时，必须遵守以下规则。

1）低成本性

ECR 的目的是向顾客提供高价值的服务的同时实现成本的最低。只有供应链上各方的协调和合作才能保证该目的的实现。

2）双赢性

ECR 的成功实施，必然要求供应链上各合作方之间是双赢的战略伙伴关系，这要求企业从最高管理层开始，改革企业组织结构和文化，推动双赢关系的建立。

3）信息共享

ECR 要求利用 EDI 系统，实现信息的准确传递，以帮助在营销、制造和物流方面进行有效决策，在正确的时间把已实现最大附加价值的产品送达顾客手中，做到顾客满意。

4）利益分配

ECR 的实施是为了确保顾客满意，这是供应链整体效果的体现。由于供应链上各方的参与程度不同，如何在供应链范围内建立共同的成果评价体系，实现公平的利益分配是应用 ECR 的关键。

2. 构建 ECR 系统

作为一种有效的供应链管理手段，ECR 在构建时需要把营销技术、物流技术、信息技术和组织革新技术融合在一起，达到促进销售、实现产品低成本流通、企业间有效协作满足顾客需求的目的。图 9.4 显示了构造 ECR 系统所需的各种要素，以及对各要素的简要说明。

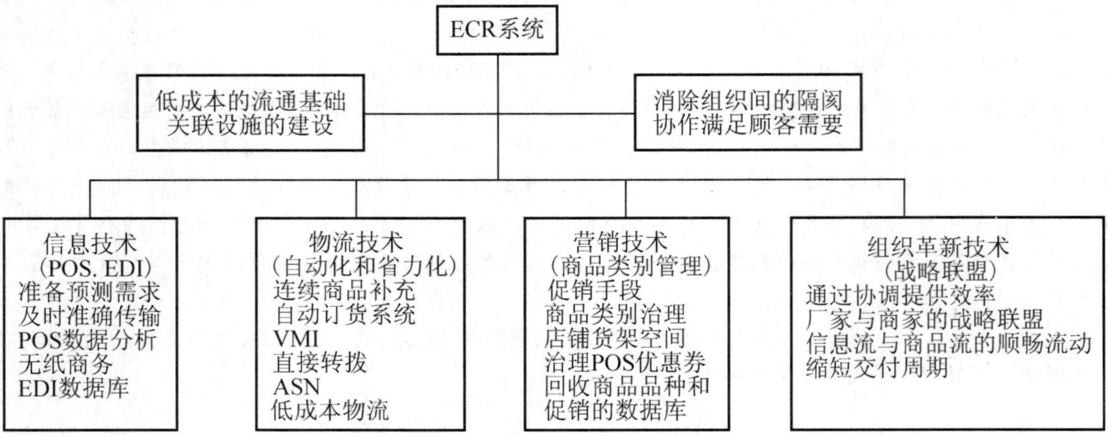

图 9.4 ECR 系统构造要素

【案例 9-3】

宝洁供应链的秘密：ECR 标准掀起争夺战火

在美国，宝洁成功的秘诀在于，信息技术投资强化了企业的核心价值，比如获取零售商销售数据，并为其店铺提供实时存货和现金流信息的零售连锁系统，其目标就是帮助零售商提高销售额，进行自动补货，减少零售商的缺货损失，同时还可为他们进一步控制库存，从而达到双赢。在中国 ECR 大会上，宝洁除了向中国的商业伙伴介绍亚洲 ECR 的最新发展状况外，还将宝洁在中国发起的一项称为 ebXML 数据交换技术试行的情况公之于众。力推 ECR(Efficient Consumer Re-sponse，高效消费者响应)就是零售商和供应商组成的一个联盟，目的是为消费者提供最低成本的产品和最好的服务。

宝洁在中国力推 ECR 缘于 1997 年其全球销售部门的重组，宝洁一改此前经由分销商向零售商供货的方式，逐渐开始向重点零售商直接供货。此次重组成立了中国宝洁客户业务发展部，从而诞生全球第一个不设销售部的公司。从此以后，宝洁与分销、零售企业的衔接，由传统的凹透镜型组织结构转型为如今的凸透镜型——宝洁将与大客户合作的客户业务发展团队中的财务、IT、物流、市场、品类管理与销售等环节的人员综合组成“联合团队”，将“后台部门”推到“前台”直接服务客户、解决问题，以项目管理的方式密切宝洁供应链中各个合作伙伴的关系，实现共赢。

(资料来源：王慧琴．宝洁中国力推 ECR 标准欲掀起供应链战火[N]. 北京：第一财经日报，2005. 有删改．)

思考：ECR 为宝洁的成功提供了哪些必要条件?

9.4.3 准时制生产法

准时制(Just in Time，JIT)生产是指在所需要的时刻，按所需要的数量生产所需要的产品(或零部件)的生产模式，其目的是加速半成品的流转，将资金的积压减少到最低的限度，从而提高企业的生产效益。广义上适用于加工车间、流程生产及重复型生产等所有生产类型。其核心是零库存和快速应对市场变化。

准时制生产是一种全方位的系统管理工程。它像一根无形的链条调度并牵动着企业的各项工作能按计划安排的进程顺利地实施，因而又称为一种拉动式的生产模式。它与大批大量生产的福特模式生产线方式有很大的不同，后者是在每一道工序一次生产一大批零件，并需将其在中间仓库或半成品库中存放一段时间，然后再运送到下一道工序；而准时制生产是以市场需求为依据，采用拉动式的生产模式，准时地组织各个环节进行生产，既不超量，也不超前，以总装配拉动总成总配，以总成拉动零件加工，以零件拉动毛坯生产，以主机厂拉动配套厂生产。在生产过程中，工序间的零件是小批量流动，甚至是单件流动的，在工序间基本上不存在积压或者完全没有堆积的半成品。

1. JIT 的特点

JIT 不仅是一种生产方式，更是一种与整个制造过程相关的哲理思想。通过不断消除供应链上各个环节中的“浪费”，即所有不增加产品价值的工作，尽可能使得各个环节变得都可预测，且易于重复执行。JIT 可以贯穿供应链的始终，包括材料运送、库存、提前期、订单数量、产品质量和设计、产量选择、工厂布局、雇员技能分级、与顾客和供应商交互的信息流等。通过多品种小批量的混合生产方式，做到高质量、低消耗，最终快速地应对市场变化。

2. JIT 的构成

JIT 也被称为看板管理，准时化和目标管理是看板管理的核心，其中准时化可以进一步分为平准化生产和看板生产，目标管理可以进一步分为消除浪费的具体措施和目标管理方法。

1）平准化生产

平准化生产指的是在一段时间内生产量维持某一固定水平，而生产人员数量保持不变，并维持低存货水平。平准化生产的好处在于借助规划使整个生产系统达到存货和处理业务量最低，使生产线变得更为迅速，整个生产系统的产量更加平稳，原材料与零部件只有在需要时才送达。

平准化生产的必要条件：重复性生产，产能超过需求，产出量必须固定，采购、营销与生产必须和谐，库存成本高而设备成本低，员工具有多种技能。

2）看板生产

看板是用于表示某工序何时需要何数量的某种物料的卡片，看板上的信息通常包括零件号码、产品名称、制造编号、容器形式、容器容量、看板编号、移送地点和零件外观等。看板管理是只对最后一道工序下达生产指令，而不进行将主生产计划按照物料清单分解到各个工序和原材料采购的方法。技术支撑体系是实现看板管理的关键所在。只有从生产过程的合理化入手，不断改进作业方法、完善生产条件才能逐步过渡到看板管理。在生产线在制品管理中，确定一个合理有效的看板数量也十分关键，而进行看板操作的员工不仅能在正常情况下进行标准化作业，还必须可以尽快解决生产过程中的各种突发问题，保障生产流程的顺畅。此外，看板管理方式中，由于完全由供应商管理库存，原材料或零部件只有在被生产线领取时才发生物料所有权转移，供应商的风险增加。因此，只有与供应商签订长期的一揽子订单，才会使供应商有参与生产的积极性。

3）消除浪费的措施

生产过程中的浪费源及消除措施见表9-8。

表9-8 生产过程中的浪费源及消除措施

生产过程中的浪费源	消除措施
过多、过早制造造成的浪费	只在需要的时候、按需要量生产所需的产品
库存的浪费	及时的库存管理方式
品质不良的浪费	生产优质产品
等待造成的浪费	通过看板很好的衔接各道生产工序
搬运造成的浪费	提高搬运效率
生产流程造成的浪费	生产过程的合理化设计
人力资源的浪费	对员工进行岗位培训，赋予其处理突发事件的职责

4）目标管理

目标管理是指生产现场的人员具有及时发现生产过程中出现的问题、查明原因、解决并加以改善的责任和能力。通过在生产线上各工序安装不同颜色的指示灯来实现部门管理。如绿色表示一切正常；黄色表示作业瓶颈，需要其他工种支持；红色表示异常，要求停止生产线，各工序协调查找原因加以改正等。这样可以有效避免残次品的出现以及大量在制品库存。

【案例9-4】

海尔的JIT采购

随着生产技术和管理水平的大幅度提高，产品的生产成本下降的空间越来越小，物流成本的降低成为企业赢利的关键。海尔物流整合了集团内分散在28个产品事业部的采购、原材料仓储配送，通过整合内部资源来获取更优的外部资源，建立起强大的供应链资源网络。供应商的结构得到根本的优化，能够参与到前端设计与开发的国际化供应商比例从整合前的不到20%提高到目前的82%，爱默生、巴斯夫等59家世界500强企业都已成为海尔的合作伙伴。海尔实行并行工程，一批跨国公司以其高科技和新技术参与海尔产品的前端设计，不但保证了海尔产品技术的领先性，增加了产品的技术含量，同时大大加快了开发速度。海尔采购订单滚动下达到供应商，一般的订单交付周期为10天，加急订单为7天。战略性物资如钢材，每个月采购一次，三个月与供应商谈判协商价格。另有一些供应商通过寄售等方式为海尔供应，即将物资存放在海尔物流中心，但在海尔使用后才结算，供应商可通过B2B网站查询寄售物资的使用情况，属于寄售订单的海尔不收取相关仓储费用。JIT采购要考虑销售的淡季和旺季问题，在旺季之前要提前预算，海尔目前一个月的预测精度可达到80%；三个月的预测精度为50%。另外，海尔的JIT采购一般不能退货，无逆向物流，不能取消订单。

思考：海尔的JIT采购包含哪些具体内容？

9.4.4 价值链分析法

1. VCA方法的含义与特征

价值链分析法(VCA)是一种寻求确定企业竞争优势的工具。企业有许多资源、能力和竞争优势，如果把企业作为一个整体来考虑，又无法识别这些竞争优势，这就必须把企业活动进行分解。通过考虑这些单个的活动本身及其相互之间的关系来确定企业的竞争优势。价值链分析法是国际知名公司麦肯锡和其他国际知名公司主要使用的方法。通过对委托者的价值链和资金状况入手，研究优势、劣势和管理(主要是财务管理)中存在的问题，从而对企业的发展提出研究报告。这种方法的特点是揭示问题方向简捷、明确，解决问题可操作性强。但价值链分析法的主要功效重点体现在优化方面，当委托者的问题由更为复杂的结构所决定，进入合理性方面时，作用成效就大大减弱了。这种方法在美国市场较有效，主要基于美国市场的发达和市场的法制环境好，而在中国落后的市场环境中就极为有限。

VCA 具有以下特征。

(1) 价值链分析法的基础是价值，各种价值活动构成价值链。价值是买方愿意为企业提供给他们的产品所支付的价格，也代表着需求的满足的实现。价值活动是企业所从事的物质上和技术上的界限分明的各项活动。它们是制造对买方有价值产品的基石。

(2) 价值活动可分为基本活动和辅助活动两种活动。基本活动涉及产品的物质及其销售、转移给买方和售后服务的各种活动。辅助活动是辅助基本活动并通过提供外购投入、技术、人力资源以及各种公司范围的职能以相互支持。

(3) 价值链揭示了总价值。价值链除包括价值活动外，还包括利润，利润是总价值与从事各种价值活动的总成本之差。

(4) 价值链的整体性。企业的价值链体现在更广泛的价值系统中。供应商拥有创造和交付企业价值链所使用的外购输入的价值链，许多产品通过渠道价值链到达买方手中，企业产品最终成为买方价值链的一部分，这些价值链都在影响企业的价值链。因此，获取并保持竞争优势不仅在理解企业自身的价值链，而且也要理解企业价值链所处的价值系统。

(5) 价值链的异质性。不同的产业具有不同的价值链。在同一产业，不同的企业的价值链也不同，这反映了它们各自的历史、战略及实施战略的途径等方面的不同，同时也代表着企业竞争优势的一种潜在来源。

2. VCA 方法的内容

1) 识别价值活动

识别价值活动要求在技术上和战略上有显著差别的多种活动相互独立。价值活动有两类：基本活动和辅助活动。

(1) 基本活动。基本活动见表 9-9。

表 9-9 基本活动

基本活动	描　　述
内部后勤	与接收、存储和分配相关联的各种活动
生产经营	与将各种投入转化为最终产品发送给买方相关联的各种活动
外部后勤	与集中、仓储和将产品发送给买方相关联的各种活动
市场营销	与提供一种买方购买产品的方式和引导他们进行购买的相关联的各种活动
服务	因购买产品而向顾客提供的、能使产品保值增值的各种服务，如安装、维修、零部件供应等

（2）辅助活动。辅助活动见表 9－10。

表 9－10　辅助活动

辅助活动	描　述
采购	购买用于企业价值链各种投入的活动
技术开发	每项价值活动都包含着技术成分，无论是技术诀窍、程序，还是在工艺设备中所体现的技术。技术开发由一定范围的各项活动组成，这些活动可以被广泛地分为改善产品和工艺。技术开发可以发生在企业中的许多部门，与产品有关的技术开发对整个价值链场起辅助作用
人力资源管理	与各种人员的招聘、培训、职员评价以及工资、福利相关联的各种活动。它不仅对单个基本辅助活动起作用，而且支配着整个价值链
企业基础设施	企业基本设施由大量活动组成，包括总体管理、计划、财务、会计、法律、政治事务和质量管理等。它与其他辅助活动不同，它不是通过单个活动而是通过整个价值链起辅助作用

2）确立活动类型

在每类基本的基本辅助活动中，都有 3 种不同类型，见表 9－11。

表 9－11　基本辅助活动的类型

活动类型	描　述
直接活动	涉及直接为买方创造价值的各种活动，例如零部件加工、安装、产品设计、销售、人员招聘等
间接活动	那些使直接活动持续进行成为可能的各种活动，如设备维修与管理、工具制造、原材料供应与储存、新产品开发等
质量保证	确证其他活动质量的各种活动，例如监督、视察、检测、核对、调整和返工等

这些活动有着完全不同的经济效果，对竞争优势的确立起着不同的作用，应该加以区分，权衡取舍，以确定核心和非核心活动。

3）分析企业的竞争优势

企业竞争优势有 3 个主要来源。

（1）价值活动本身。它是构筑竞争优势的基石，企业从事各种不同价值活动，虽然所有这些活动对企业的成功都是必须的，但是确认那些支持企业竞争地位的价值活动仍然很重要。因此，对一个企业而言，在关键价值活动的基础上建立和强化这种优势很可能获得成功。另一方面，由于价值活动已列在企业的价值链中，只要同其他企业对比，就不难发现自身竞争优势所在。

（2）价值链内部联系。价值链并不是一些独立活动的综合，而是由相互依存的活动构成的一个系统。价值活动是由价值链的内部联系联结起来的，基本活动之间，不同支持活动之间、基本活动与支持活动之间存在着联系，这些联系是某一价值活动进行的方式和成本与另一活动之间的关系，竞争优势往往来源于这些联系，如成本高昂的产品设计，严格的材料规格或严密的工艺检查也许会大大减少服务成本的支出，而使总成本下降。

（3）价值链的外部联系。联系不仅存在于企业价值链的内部，还存在于企业价值链与供应商、渠道价值链和买方价值链之间，供应商、渠道、买方的各种活动进行的方式会影响企业活动的成本或利益，反之也是如此。供应商是为企业提供某种产品或服务的，销售渠道具有企业产品流通的价值链，企业产品表示买方价值链的外购投入，因此，它们各自的活动和它们与企业的价值链间的各种联系都会为增强企业的竞争优势提供机会。

企业应对价值链的内部联系、外部联系给予高度的关注。对这些联系进行规划，既可以提供独特的成本优势，又可以此为基础将组织的产品与服务和其他组织区分开来，即可以实现差异化。而竞争者常常会仿效组织的某项活动或某个行为，但却很难抄袭到价值链之间的这些联系。

3. VCA 方法的步骤

在企业的价值活动中，并不是每一个环节都会使企业价值增值并具有竞争优势。企业作为一个整体，只有某些特定的活动或活动之间的联系是创造企业价值的关键环节。它可能来源于采购、设计、生产、人力资源管理、营销、服务等活动过程，也可能来自于价值链活动中某两个或几个活动之间的联系，或者某个活动的细分活动。对于战略环节的确定，需要估算每一项活动创造的价值及成本增量，求得每一环节的附加价值，进而确定企业价值链上的战略环节。

价值链分析的基本步骤。

第一，分析企业内部价值链，划分企业的主要价值活动。在划分过程中，关键在于确定影响各项价值活动的成本动因。成本动因主要分为两大类，一种是结构性成本动因，包括产品规模、产品的技术、范围、多样性等。另一种是执行性成本动因，包括员工责任感、质量管理、生产能力利用程度、产品设计合理程度等。通过这种可以量化的成本分析，找出自己优势的价值活动。

第二，分析外部产业价值链。企业要获得竞争优势，不能局限于内部价值链分析，还需要把企业置身于整个产业价值链，从战略高度分析、考虑是否可以利用产业链的上游、下游来帮助企业进一步降低成本，或者调整企业在整个产业价值链所处的位置。

第三，分析竞争对手价值链。在充分识别竞争对手价值链和价值活动的基础上，通过对其价值链的调查、测算和模拟，确定本企业与竞争对手相比在各价值环节的优势和劣势。通过对以上对价值链的综合分析，就可以找出企业的战略环节。

【案例 9-5】

星巴克从种子到杯子 洋为中用 供应链是王道

2012 年 12 月 12 日，总部位于美国西雅图的星巴克宣布全球第 6 个、亚洲第 1 个咖啡种植者支持中心在云南普洱正式投入运营。普洱市除了拥有普洱茶以外，又拥有了一个新的标签——咖啡。要知道，早在 5 年前，星巴克已经引进了 4 种优秀的阿拉比卡咖啡品种在云南试种，预计将在 2015 年看到 5 年不断坚持取得的成绩。

显然，对于星巴克来说，已经将中国视为“第二本土市场”。本着到 2014 年使中国成为仅次于美国的全球第 2 大市场、到 2015 年在中国大陆运营 1 500 家门店的愿景，星巴克加快构筑中国咖啡产业链和新一轮的市场拓展已经悄然启动。

自 1999 年进入中国大陆市场以来，星巴克已经在中国市场的 50 多个城市拥有 700 余家门店，并计划在 2015 年达到 1 500 家店。要完成这个目标，强化星巴克咖啡供应链的管理成为首当其冲的问题。当前中国的咖啡市场与 10 年前发生了巨大的变化。如果说 10 年前中国大部分消费者不懂喝咖啡的话，今天的中国消费者则对咖啡有了更多的选择和挑剔。目前，国际上的咖啡大品牌基本上都已经进入到中国，雀巢、麦斯威尔早已进军云南，雀巢甚至早在20世纪90年代就在云南进行深耕细作；而在终端门店市场，雀巢、麦当劳、Costa Coffee甚至中国的玩家比如华润、后谷咖啡等都相继看好中国咖啡市场的潜力。星巴克如何强化中国本土的供应链管理呢？首当其冲的是种植面积。当前普洱种植咖啡60万亩，投产面积为27万亩，产量达到3.65万吨，无论种植面积还是产量均占到中国的一半以上，星巴克成立咖啡种植者支持中心的用意不言而喻。

随着星巴克在云南建立咖啡种植者支持中心和咖啡初加工工厂，一方面使星巴克完成了全产业链的覆盖，巩固了其在中国的发展，另一方面也给云南咖啡产业带来了新的发展机遇。在连续出招，强化中国本土源头供应链管理的同时，星巴克也在继续深化终端开店的策略，双管齐下提升中国市场发展策略。

（资料来源：投资界网站《星巴克从种子到杯子 洋为中用供应链是王道》.）

思考：星巴克如何实现咖啡原料的充足供应？

实训任务

任务1：啤酒游戏的启示——啤酒与牛鞭效应

1. 任务目标

（1）培养学生在生产和配送渠道中对物流和信息流的理解与运用能力。

（2）培养学生分析供应商和零售商之间出现不同的需求信息的能力，并理解订购信息从客户到供应商出现的重大变化。

2. 案例导入

参与游戏的学生被分成5～6个决策小组，每个小组都模拟从工厂到零售商的整体供应链角色，并且各小组之间以整体供应链利润的方式来展开竞争。而每个供应链小组都包括一个零售商、批发商、分销商、工厂。在游戏开始后下游不知道上游将要下订单的数量。上游下订单后，下游将有两周的运输延迟和两周的生产延迟。游戏结果就是最终根据总库存成本＋滞发成本的综合成本最低的原则评选出胜利一方。

3. 任务完成

1）完成步骤

（1）将学生分成5～6组，每组5～10人。

（2）从上游渠道(工厂)接收啤酒并放到自己目前的库存中，并将在途中的啤酒从两周的距离变为一周的距离。

（3）下游生意伙伴收到的订单上的项目记录在记录表上。

（4）想办法从现有库存中满足客户需求(如果没有足够的库存，未完成的订单就变成滞发订单，并且在库存允许的时候必须补发，剩下未完成的需求将作为自己当前的滞发量)，并记录好期末库存或滞发量。

（5）寄出上周的订单，将上周的订单需求转移到供应商来模拟一周时间的过去。工厂则根据生产需求并从原材料库存中予以供应。

（6）向自己的供应商下订单(“工厂”则下生产需求)并做好记录。

（7）在各组推荐的基础上，选定学生在全班进行交流。

2）检查标准

游戏的思路是将整个渠道的总库存和滞发订货的成本最小化。可以将滞发成本设定为1元/个，库存成本为0.5元/个，从而计算每个供应链小组的总成本，量化以后就可以看出哪个供应链小组最具有成本优势和竞争力了。

每个环节(除了零售商以外)到下一个(下游)环节都会有两个星期的运输延迟，也就是说，这个星期发运的货物会在两个星期后抵达。同样，每一个环节在处理上一个(上游)环节的订单时也会有延时。工厂通过“生产需求”安排生产。即在接受订单后3个星期，才能生产出啤酒满足需求。因此，每次决策时，都要考虑到3周乃至4周的物流供应情况。本周的一些微小订单误差，经过数周的累积，经过提前期因素的影响将会在未来几周内大大放大。

这就是传说中“牛鞭效应”的一个现象——供应链中下游消费者的需求轻微变动导致上游企业生产、经营安排剧烈波动的效果。现实中，比较普遍的是消费者首先在需求上出现微小调整，随后零售商、批发商、分销商的订单、库存量相继出现波动，而且会沿供应链回溯波动幅度越来越大，“牛鞭效应”越来越明显。

任务2：双汇火腿肠“瘦肉精”事件(一条供应链上的故事)

1. 任务目标

(1) 培养学生运用网络进行案例讨论和分析的能力。

(2) 结合网上资源，培养学生分析供应链管理中采购管理的趋势的能力，并分析该企业供应链中出现的问题。

2. 案例导入

央视新闻频道播出《每周质量报告》3·15特别行动——《“健美猪”真相》，节目曝光了“养猪户添加违禁药‘瘦肉精’，监管部门收钱放行，经纪人联络其中，下游厂家有意收购”的乱象。在河南孟州市、沁阳市、温县和获嘉县等地，用“瘦肉精”喂出来的“健美猪”，钻过当地养殖环节的监管漏洞，进入贩运环节。每头猪花两元钱左右就能买到号称“通行证”的检疫合格等三大证明，再花上100元打点河南省省界的检查站，便可以一路绿灯送到南京一些定点屠宰场，无需检测“瘦肉精”，每头猪交10元钱就能得到一张“动物产品检疫合格证明”。有了这张证明，用“瘦肉精”喂出来的所谓“健美猪”就能堂而皇之地进入南京市场销售。

3. 任务完成

1）完成步骤

(1) 按照已经分好的组，共5～6组，上网搜寻双汇“瘦肉精”事件始末。

(2) 各组分析出双汇的猪肉供应路径是什么，并制表分析。

(3) 各组对双汇的供应商策略做出评定，完成整理表和分析表。

(4) 以小组形式撰写调研报告。各组上交的分析报告必须有附录，附录内容包括网上资料来源。

(5) 在各组推荐的基础上，选定学生在全班进行交流。谈谈对网上查找分析的心得体会，对这次任务工作的评价(包括成功经验和不足之处)。

2）检查标准

检查标准	考评标准	分 值	实际得分
双汇猪肉供应商的路径	名下主要供应商的名称和背景		
	主要供货商之下的二级供货商的名称和背景		
	双汇的供应商策略		
	供应链中出现的问题，为何监管不到位		

模块小结

供应链是生产及流通过程中，涉及将产品或服务提供给最终用户所形成的网链结构。供应链中包含物流、信息流和资金流，主要有网状和链状两种结构，可分为推式和拉式，反应型和有效型等类型。供应链管理涉及供应、生产作业、物流和需求 4 个领域。供应链管理是以同步化、集成化生产计划为指导，以各种技术为支持，尤其以 Internet/Intranet 为依托，围绕供应、生产作业、物流(主要指制造过程)、需求来实施的。供应链管理的目标在于提高客户服务水平和降低总的交易成本，并且寻求两个目标之间的平衡。供应链的构建需要遵循简洁性原则、集优原则、协调性原则、创新性原则、动态性原则、战略性原则及自下而上和自上而下相结合的原则。根据需求特性不同，产品一般分为创新性和功能性两类，供应链策略需要把创新性产品和反应型供应链结合，功能性产品和有效型供应链结合才可匹配。供应链管理的方法主要有快速反应方法，有效客户反应方法，准时制方法等，此外还有关于供应链成本和绩效考核的 ABC 法和 VCA 法等。

模块 10

了解现代物流管理创新

LIAOJIE XIANDAI WULIU GUANLI CHUANGXIN

【技能目标】

（1）具有对物流企业现有物流模式完善、改进的能力。
（2）具有对物流企业现有物流模式革新的能力。

【知识目标】

（1）领会逆向物流的内涵。
（2）认识电子商务物流与传统物流的区别。
（3）了解第四方物流的相关理论。
（4）了解绿色物流的相关理论。
（5）了解应急物流的相关理论。

【工作任务】

随着通达物流河南分公司业务的发展，公司原有的物流模式已经越来越不能满足日益扩张的市场需要，对现有物流模式进行创新已经迫在眉睫，公司的3个创业元老，肖洋、王琳和赵宁坐在一起商议如何对现有物流模式进行创新，以期突破公司发展的瓶颈。作为公司高薪聘请的物流管理专员，你被要求提供以下解决方案备选。

(1) 电子商务物流创新方案。

(2) 第四方物流改革方案。

(3) 逆向物流整合方案。

(4) 应急物流备选方案。

单元10.1 电子商务物流

10.1.1 电子商务物流的含义

电子商务物流，也称为互联网物流，是指企业利用Internet等现代化信息传递技术和处理工具，来完成物流过程的协调、控制和管理，实现从网络前端到最终客户端的所有中间过程服务。物流的主要特点是前端服务与后端服务的集成。前端服务包括咨询服务、网站设计与管理、客户集成方案实施等。后端服务主要有6类业务：订单管理、仓储配送、运输与交付、退货管理、客户服务和数据管理与分析等。目前，许多经销商都面临着如何将前端的客户管理与后端的库存管理、仓储管理、运输管理相结合的问题。

10.1.2 电子商务物流的优势

电子商务物流不同于传统物流(表10-1)，由于大量运用互联网技术作为通信手段，具有比传统物流业务范围广、运输频率高、交付速度快等优势。

表10-1 传统物流与电子物流的区别

区别项目	传统物流	电子商务物流
业务推动力	物质财富	IT技术
业务范围	单项物流服务	综合物流服务
通信手段	传真、电话	互联网、IT技术
仓储	集中分布	分散分布
包装	批量包装	个别包装
运输频率	低	高
交付速度	慢	快
IT技术应用	少	多
订单	少	多

企业利用互联网等进行综合物流活动，可以产生以下几方面优势。

1. 可强化企业内部及与外部的联系

通过企业物流的电子商务化，不仅可以强化企业各个部门之间的联系，使企业各部门间相互协调、良好地运作；还可加强企业与供应商、企业与顾客，甚至与政府公共部门之间的联系与沟通，加强彼此之间的合作，形成长期稳定的合作伙伴关系。

2. 可使供应链上成员间的联系更紧密

通过电子商务技术作为技术支撑，使得供应链上的成员企业能够实时获取并处理外部信息与链上信息，从而提高整个供应链对客户需求的快速有效反应能力，实现供应链各环节即时出售、即时制造、即时供应。即通过供应链各成员企业的优化组合，使需求信息获取与随后做出的反应尽量接近实时及最终客户，将客户需求的提前期减少到最低限度，从而获取市场竞争时间与空间优势。通过建立成员企业间战略合作伙伴关系，可以充分运用对方的专业优势与核心能力，使不同成员的核心能力优势相互融合，共生出更强的整体核心能力与竞争优势。

3. 可大幅降低沟通成本和顾客支持成本

传统物流的通信手段主要有电话、传真等，传统的利用EDI技术的供应链管理方法，存在着建立和维持EDI系统费用大、用户数目有限的局限性，而电子商务物流大量应用互联网技术，互联网具有公开标准、使用方便、超低成本、标准图形用户界面等特点，使得利用互联网的供应链管理方法具有低成本、实时动态性和顾客推动的特征。因此可以大幅降低沟通成本，拥有庞大且迅速发展的用户群。

4. 可扩展市场，进一步开发新的销售渠道

电子商务技术的进一步应用不仅可以实现对现代物流管理的辅佐与完善，充分利用电子商务的优势，还可以给物流业务领域开拓出新的经营思路，创造新的商机。

5. 可满足不同层次顾客需要

通过互联网的联系与交互作用，推动企业应用基于订货的生产方式(BTO)，以便加强与顾客的联系满足不同层次顾客的需要。

由于认识到电子商务物流将会带来的市场机遇，许多提供传统运输、储存服务的企业纷纷涉足电子商务物流业务解决方案开发的市场，更有一些新进入物流领域的物流服务提供商看好这一领域的发展潜力，参与到这一市场竞争中，如图10.1所示。

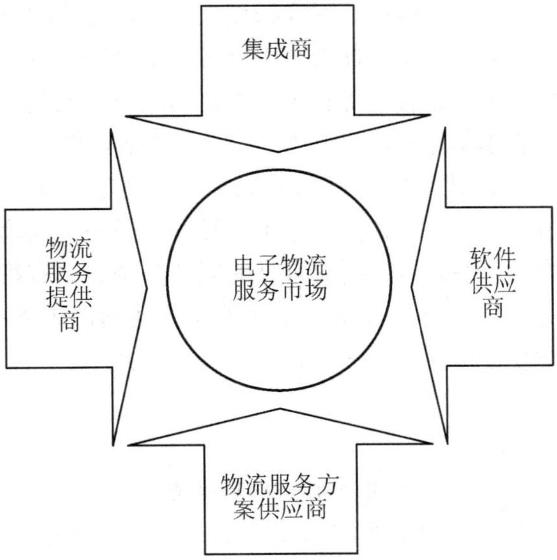

图10.1 电子商务物流的市场参与者

10.1.3 物流的电子商务化

物流的电子商务化一般来说主要涉及 3 部分的内容。

1. 物流需求企业的电子商务化

物流管理具有很强的专业性，但物流过程的处理方法和实施路径却有很大的相似性，80%的物流执行程序有较强的相似。通过技术手段，设计出企业物流管理系统，再通过一定方式提供给物流需求对象使用，以提高传统商务或传统企业的物流管理技术水平。物流需求企业利用该技术，录入生产、销售等与物流环节相关的参数，系统即可自动给出专家型的、有针对性的企业物流管理方案，供企业参考。若企业有关计划或情况发生了变化，则相应地对系统进行调整或升级，实现物流管理方案的修正。在电子商务时代，物流系统必须要有良好的信息处理和传输系统，才能提供最佳的信息服务，赢得顾客的信赖。

【案例 10－1】

Wal-Mart 的电子商务化

Wal-Mart 把零售店商品的进货和库存管理的职能转移给供应方(生产厂家)，由生产厂家对 Wal-Mart 的流通库存进行管理和控制，即采用生产厂家管理的库存方式(VMI)。Wal-Mart 让供应方与之共同管理营运 Wal-Mart 的流通中心。在流通中心保管的商品所有权属于供应方。供应方对 POS 信息和 ASN 信息进行分析，把握商品的销售和 Wal-Mart 的库存方向。在此基础上，决定什么时间，把什么类型商品，以什么方式向什么店铺发货。发货的信息预先以 ASN 形式传送给 Wal-Mart，以多频度小数量进行连续库存补充，即采用连续补充库存方式(CRP)。由于采用 VMI 和 CRP，供应方不仅能减少本企业的库存，还能减少 Wal-Mart 的库存，实现整个供应链的库存水平最小化。另外，对 Wal-Mart 来说，省去了商品进货的业务，节约了成本，同时能集中精力于销售活动。并且，事先能得知供应方的商品促销计划和商品生产计划，能够以较低的价格进货。这些为 Wal-Mart 进行价格竞争提供了条件。

思考：电子商务化对物流管理起着什么样的作用?

2. 物流服务企业的电子商务化

由于物流涉及的环节众多、地域广、时间跨度大，如何提高物流效率、降低物流成本及提高全过程的信息反馈，成为物流企业能否吸引顾客并最终获利的关键。物流企业应通过技术手段，建立管理与信息系统，整合内部资源，提高物流自身的效率和管理水平。国内物流服务企业由于长期以来受制于信息技术“瓶颈”，使得数据管理与货物监控工作无法快速实施，物流效率受到很大影响。建立物流信息系统，提供高速、及时、准确、全面的物流信息，是物流企业获得竞争优势的必要条件。电子商务物流服务提供商在运作时应注意：要加大物流业务市场的宣传力度，在市场上树立自己的服务品牌；要有行业市场侧重；应根据客户规模的大小提供不同的个性化解决方案；要注重同其他物流服务提供商、IT 技术提供商建立业务往来，形成战略合作伙伴关系从而赢得更多的机会。

【案例 10－2】

苹果公司的 EDI 网络建设

人们认为在电脑业的制造和设计方面，苹果公司之所以能处于全球领先水平，EDI 是一个关键的因素。苹果公司选择摩托罗拉(Motorola)公司作为 EDI 调试的贸易伙伴，首先，摩托罗拉是苹果公司具有战略意义的贸易伙伴。它是苹果公司一种关键部件的供货商，这种选择符合苹果公司实施EDI的短期目标。第二，摩托罗拉所供应的产品是标准化的产品，很适合用EDI处理，而且产品的交易量和交易金额都很大。第三，摩托罗拉在本国采用X12标准。因此在选用EDI标准时不需要进行改动或另搞一套。第四，尽管苹果公司实施EDI的长期目标不仅限于本国范围，而是要国际化，但为了尽量减少通信和标准问题所产生的麻烦，选择一个国内调试对象比较有利。

思考：苹果公司对EDI实施公司的选择过程，体现了哪些特点？

3. 基于Internet的物流信息与商务平台的建立与使用

通过在Internet上建设物流信息商务平台的方式，使物流需求方可以通过此平台提交物流需求，物流服务商也可借此平台进行低成本的全球网络营销。这样，物流需求方在选择物流服务商时，有更大范围的挑选余地，减少盲目性与随机性，同时也可大幅度降低物流企业的营销宣传费用，提高物流与相关资源的利用程度。除了公共的物流信息与商务平台之外，物流供求双方在长期合作、相互信任的基础上，也可通过互联网，实现信息的共享与及时传递，可以保证快速反应系统、ECR系统、持续补货系统及供应商管理存货系统等先进的管理方法技术的实施。

总之，物流信息化是实现电子商务的基础，开发物流信息系统可通过以下几种途径：一是组织技术力量开发我国的物流平台；二是利用国外企业的物流信息平台，将其汉化。无论采取哪种方式，都要走市场化道路，不能过分依赖国外，政府要在宏观方面进行引导和推动，政府管理部门可组织相关软件开发商、物流企业、部分生产、销售企业共同开发。也可采用技术招标的方式，由软件开发公司竞标设计开发，经专家鉴定后，政府有关部门推广使用。如果是物流服务企业自行开发，则要考虑整个物流系统的连接及与其他物流信息系统和生产或销售企业的信息系统的接口问题，形成开放性、多功能的物流信息系统。发展电子商务物流是缩短我国与发达国家物流业差距，参与国际市场竞争的需要，对物流企业来说既是机遇，又是挑战。

单元10.2 第四方物流

在我国蓬勃发展的物流领域，正当第三方物流(3PL)成为企业日益关注的焦点之时，第四方物流(Forth Party Logistics，4PL或FPL)也引起了业界的关注。国内第一家第四方物流公司——广州安得供应链技术有限公司已于2002年11月1日正式成立。另外，2002年海尔集团物流有限公司与寰宇空港物流签订北京首都机场的物流合作项目协议，也标志着海尔物流也进入第四方物流领域。中铁快运也把发展第四方物流作为企业的发展战略。由于“第四方物流”是个外来词，加之国内学术与实践界对其理解上的不同，造成许多从事或准备开展第四方物流的企业感到无所适从。那么，到底什么是4PL？怎样才能成为4PL提供商呢？

10.2.1 第四方物流的产生

为了最大限度地实现外筹物流的利益，必须有一方来管理和第三方提供商的关系。但是，谁充当管理者的角色更适合呢？是货主、第三方还是其他中介机构？

在美国，许多利用第三方提供商协助管理其物流运作的公司取得了满意的效果。戴姆勒—克莱斯勒公司指出，利用第三方提供商，使他们得以在销售急剧增长期间既对规模实现了控制，又削减了成本。该公司的供应链在1994年和1995年虽经严格测试，但销售额增加60%时，公司的预测和物流能力还是达到了极限。公司为发展做了准备，但来势之快致使预测出现困难。Caliber物流公司提供的方案解决了这些问题，同时，它们节约了公司在进货运输方面的费用。

对3PL提供商的能力做出乐观估计的公司并非只此一家。基于众多第三方实现的财务利益，其他主要公司对3PL提供商也感觉良好，增加了外筹的利用。比如，最大的3PL提供商Ryder综合物流公司，在不到5年的时间，其收入从10亿美元增至18亿美元。另一出众的物流公司GATX，客户现在超过600多家，并宣称年收入达3亿美元，年增长率保持在5%～10%之间。

尽管有这些上佳表现，仍有客户怀疑3PL提供商在改进他们的物流与供应链绩效上会有所突破。在当今的供应链竞争时代，客户对服务期望值不断提高，且在互联网和基于Web的技术以及企业集成技术的推动下越发明显。这些技术带来了前所未有的改善，也驱使服务欲望的进一步膨胀，使得企业重新评估自己的供应链战略。

传统上，企业试图通过优化库存与运输、利用地方服务代理商及第三方物流服务提供商，来满足客户服务需求的增长。这些方法在过去的成功有目共睹，但在今天的市场，客户需要得到包括电子采购、订单处理能力、充分的供应链可见性、虚拟库存管理以及必不可少的集成技术在内的、实质性增加的服务水平。

通过对获得这些技术并提高技能来满足新的期望方面所需大量投资的权衡，使得不少企业在服务水平有保证的情况下，努力寻求其他可能的选择。作为一项潜在选择，许多企业转向第三方外筹。但一些企业经常发现第三方物流服务提供商缺乏当前所需的综合技能、集成技术、战略和全球扩展能力，难以满足它们的要求。为改变此窘境，某些第三方物流服务提供商正采取步骤，通过与出色的服务提供商联盟，来提高它们的技能。其中的最佳形式是和领先的咨询公司、技术提供商结盟。

在1998年美国物流管理协会的年度会议“世纪之交的商业问题：第三方提供商的前景”中，肯定了联盟的趋向。在问及公司目前的联盟类型时，参加第三方讨论的公司谈及了和主要的咨询公司及技术提供商的联盟。随着联盟与团队关系不断发展壮大，一种新的外筹选择开始出现。企业正向单一的组织外筹其整个供应链流程，由它们评估、设计、制定及运作全面的供应链集成方案，所以，一种尚有争议的管理第三方物流服务的新模式正初显端倪，这就是4PL。

10.2.2 第四方物流概述

1. 第四方物流的定义

安德森咨询公司首先提出了所谓的4PL的概念，甚至注册了该术语的商标，将第四方物流定义为：“一个调配和管理组织自身的及具有互补性的服务提供商的资源、能力与技术，来提供全面的供应链解决方案的供应链集成商。”它不是物流的利益方，而是通过拥有的信息技术、整合能力及其他资源提供一套完整的供应链解决方案，以此获取一定的利润。它是帮助企业实现降低成本和有效整合资源，并且依靠优秀的第三方物流供应商、技术供应商、管理咨询以及其他增值服务商，为客户提供独特的和广泛的供应链解决方案。虽然4PL术语归安德森公司所有，但其他咨询公司开始以“领先的物流提供商”或“总承包商”的名称提供类似的服务。第四方物流可以通过整个供应链的影响力，提供综合的供应链解决方案，也为其顾客带来更大的价值。关于第四方物流的概念，在国外物流业界存在不少异议，所以，第四方物流的发展前景如何，尚待理论完善与实践检验。

2. 第四方物流的特点

1）提供综合的供应链解决方案

通过提供了一个综合性供应链解决方案，以有效地适应需方多样化和复杂的需求，集中所有资源为客户完美地解决问题。

（1）供应链再建。通过供应链的参与者将供应链规划与实施同步进行，或利用独立的供应链参与者之间的合作提高规模和总量。供应链再建改变了供应链管理的传统模式，将商贸战略与供应链战略连成一线，创造性地重新设计了参与者之间的供应链，使之达到一体化标准。

（2）功能转化。主要是销售和操作规划、配送管理、物资采购、客户响应以及供应链技术等，通过战略调整、流程再造、整体性改变管理和技术，使客户间的供应链运作一体化。

（3）业务流程再造。将客户与供应商信息和技术系统一体化，把人的因素和业务规范有机结合起来，使整个供应链规划和业务流程能够有效地贯彻实施。

（4）实施第四方物流。开展多功能、多流程的供应链业务，其范围远远超出传统外包运输管理和仓储运作的物流服务。企业可以把整条供应链全权交给第四方物流运作，第四方物流可为供应链功能或流程的全部提供完整的服务。

2）通过影响整个供应链来获得价值

第四方物流与类似外包的供应链的区别在于：第四方物流能够为整条供应链的客户带来利益。

（1）利润增长。第四方物流的利润增长将取决于服务质量的提高、实用性的增加和物流成本的降低。由于第四方物流关注的是整条供应链，而非仓储或运输单方面的效益，因此其为客户及自身带来的综合效益会出现惊人进展。

（2）运营成本降低。可以利用运作效率提高、流程增加和采购成本降低实现，即通过整条供应链外包功能以达到节约的目的。流程一体化、供应链规划的改善和实施将使运营成本和产品销售成本降低。

（3）工作成本降低。采用现代信息技术、科学的管理流程和标准化管理，使存货和现金流转次数减少而可望得到占总成本30%的工作成本的降低。

（4）提高资产利用率。客户通过第四方物流减少了固定资产占用和提高了资产利用率，使得客户通过投资研究设计、产品开发、销售与市场拓展等方面获得经济效益的提高。

第四方物流成功地影响着大批的服务者(第三方物流、网络工程、电子商务、运输企业等)及客户的能力和供应链中的伙伴。它作为客户间的连接点，通过合作或联盟提供多样化服务。第四方物流的优点是可以迅速、高质量、低成本地完成各种服务。不少人认为第四方物流由于难以获得委托者的信任而只是一个设想，但随着社会经济的不断发展，第四方物流将会得到广泛的运用。

10.2.3 第四方物流的实践

这里描述的4PL提供商不再只是一个理论概念，安德森咨询公司在欧洲已有两次成功的4PL运作。为了管理在欧洲维修部件的物流业务，安德森咨询公司和菲亚特的一个子公司合资成立了新的物流公司，进行与备件管理有关的计划、采购、库存、配送、运输及客户支持等作业。其中，安德森咨询公司占20%的股份，提供管理人员、信息技术及运作管理与重组方面的专业技术。该子公司占80%的股份，投入位于6个国家的仓库、775名雇员和资本，并负责运作管理。七年多的回报达6 700万美元，节约额中2/3左右来自运作成本的降低，还有20%来自库存管理，15%来自货运成本，新物流公司履行订货的准确率达到了90%甚至更高水平。

在另一项称为“连接2020”的4PL运作中，安德森咨询公司承担了管理的任务。“连接2020”是英国公用水事业中最大的泰晤士公用水事业有限公司的一个子公司，其建立是为公用事业提供物流与采购服务。它把全部服务外包给安德森咨询公司进行管理并成立了一个运作部门ACTV。ACTV每年的营运费是1 500万美元，包括采购、订货管理、库存管理和配送管理。数据结果显示，供应链成本降低10%，库存成本减少40%，供货延迟成本下降70%。

安德森公司确定了3种可能的4PL模式，在欧洲的运作属于其中的方案集成商模式。

（1）协助提高者，即4PL为3PL工作，并提供3PL缺少的技术与战略技能。

（2）方案集成商，即4PL为货主服务，是和所有3PL提供商及其他提供商联系的中心。

（3）产业革新者，4PL通过对同步与协作的关注，为众多的产业成员运作着供应链。

10.2.4 成为第四方物流企业需具备的条件

第四方物流的前景非常诱人，但是成为第四方物流的门槛也很高。美国和欧洲的经验表明，要想进入第四方物流领域，企业必须在一个或者几个领域内具有很强的能力，并且能通过战略合作伙伴关系进入其他领域。成为第四方物流应具备以下一些前提条件。

（1）世界水平的供应链策略制定、业务流程再造、技术集成和人力资源管理能力。

（2）在集成供应链技术和外包能力方面处于领先地位。

（3）在业务流程管理和外包的实施方面有一大批富有经验的供应链管理专业人员。

（4）能够同时管理多个不同的供应商，具有良好的关系管理和组织能力。

（5）全球化的地域覆盖能力和支持能力。

（6）对组织变革问题的深刻理解和管理能力。

第四方物流不仅控制和管理特定的物流服务，而且对整个物流过程提出策划方案，并且通过电子商务将这个过程集成起来。预测表明，作为能与顾客的制造、市场及分销数据进行全面、在线连接的一个战略伙伴，第四方物流与第三方物流一样，将来会广泛的应用。

10.2.5 我国第四方物流的发展

中国第四方物流发展较晚，中国的第四方物流公司被称为物流咨询公司(第四方物流是安德森的专用名词)，虽然名称有别，但所提供的服务都是第四方物流的服务范围。

2009年3月以前，中国物流咨询公司在互联网搜索中都很少见到，但在2009年3月以后，各种冠以物流咨询公司的企业如雨后春笋般涌现出来。出现这种状况的原因主要在于国家出台的十大产业振兴规划，其中物流产业振兴规划作为唯一的服务业规划被提上日程，随后，全国各地的物流园区规划和设计风起云涌，因此，各个物流咨询公司都有做物流园区规划的业务范围。

目前，我国第三方物流企业或脱胎于传统物流企业或来源于国外独资和合资企业，而且还处于转型发展时期，短期内不能成为整合物流资源的“有领导力量的物流提供商”。而第四方物流的发展必须在第三方物流行业高度发达和企业供应链业务外包极为流行的基础之上才能够真正发展起来。因此，真正成为第四方物流企业的角色是缺位的，我国发展第四方物流任重而道远。

单元 10.3 逆向物流

随着人们环保意识的增强，环保法规约束力度的加大，逆向物流的经济价值逐步显现，自 20 世纪 90 年代末以来，逆向物流逐渐受到国外物流学者和企业管理者的重视。国外许多知名企业把逆向物流战略作为强化其竞争优势，增加顾客价值，提高其供应链整体绩效的重要手段。据有关资料显示，1999 年美国的逆向物流成本约占物流成本的 5%，到 2001 年，逆向物流成本所占比例翻了一番，大约为 10%。对逆向物流的有效管理，不仅能保护环境、为企业带来明显的经济效益，而且还能强化企业的竞争优势，提高供应链的整体绩效。因此，逆向物流业务呈现快速增长的态势。

10.3.1 逆向物流的概念及其构成

1. 逆向物流的概念

逆向物流(Reverse Logistics)又称为反向物流，指物品从供应链下游向上游的运动所引发的物流活动。

逆向物流的内涵可以从逆向物流的对象、流动目的和活动构成等方面来说明。

(1) 从流动对象看，逆向物流是产品、产品运输容器、包装材料及相关信息，从它们的最终目的地沿供应链渠道的“反向”流动过程。

(2) 从流动的目的看，逆向物流是为了重新获得废弃产品或有缺陷产品的使用价值，或者对最终废弃物进行正确处置。

(3) 从物流活动构成看，为实现逆向物流的目的，逆向物流应该包括对产品或包装物的回收、重用、翻新、改制、再生循环和垃圾填埋等形式。

尽管逆向物流涉及的范围较广，但最主要的流动还是废、次产品及包装材料从顾客、零售店向分销商或生产制造商的逆向流动。企业必须设计一个逆向物流系统，以保证这些废、次品的回收，并保证它们的使用价值得以恢复。

2. 逆向物流的构成

逆向物流由退货逆向物流和回收逆向物流两部分组成(如图 10.2 所示)。

退货逆向物流是指下游顾客将不符合订单要求的产品退回给上游供应商，其流程与常规产品流向正好相反。回收逆向物流是指将最终顾客所持有的废旧物品回收到供应链上各节点

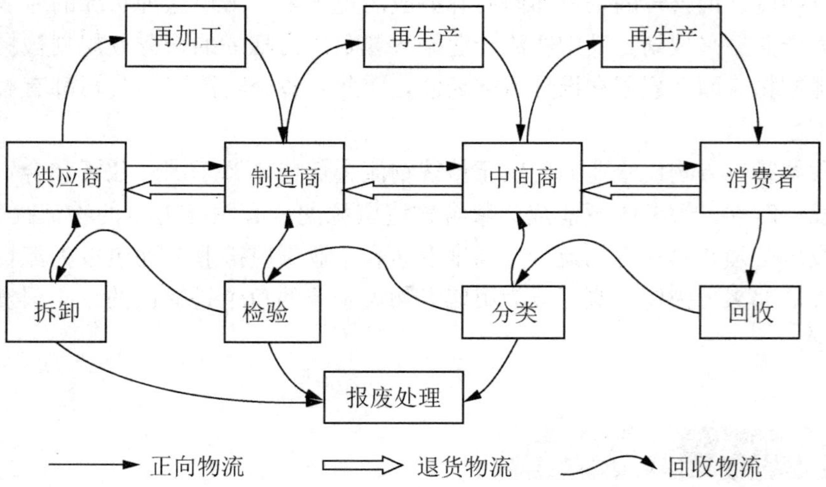

图 10.2 物流系统示意图

企业，它包括五种物品流：直接再售产品流(回收→检验→配送)，再加工产品流(回收→检验→再加工)，再加工零部件流(回收→检验→分拆→再加工)，报废产品流(回收→检验→处理)，报废零部件流(回收→检验→分拆→处理)。

回收逆向物流主要包括以下几个环节。

1) 回收

回收是将顾客所持有的产品通过有偿或无偿的方式返回销售方。这里的销售方可能是供应链上的任何一个节点，如来自顾客的产品可能返回到上游的供应商、制造商，也可能是下游的配送商、零售商。如可口可乐公司采用的饮料瓶回收措施，大大节省了再加工饮料瓶所需要的时间，从而也降低了产品成本，赢得了更多的顾客。

2) 检验与处理决策

该环节是对回收品的功能进行测试分析，并根据产品结构特点以及产品和各零部件的性能确定可行的处理方案，包括直接再销售、再加工后销售、分拆后零部件再利用和产品或零部件报废处理等。然后，对各方案进行成本效益分析，确定最优成本方案。

3) 分拆

按产品结构的特点将产品分拆成零部件。这包含对可再用的零部件的重新利用问题。通过分拆，可以将可再用的零部件与不可再用的零部件完全分开，以使这些可再用的零部件发挥更大的作用。

4) 再加工

对回收产品或分拆后的零部件进行加工，以恢复其价值。再加工对于回收物流来说是很重要的一个步骤。这关系到这些回收产品或分拆后的零部件能否发挥其功用。这对于恢复它们的价值也是至关重要的。

5) 报废处理

对那些没有经济价值或严重危害环境的回收品或零部件，通过机械处理、地下掩埋或焚烧等方式进行销毁。西方国家对环保要求越来越高，而后两种方式会对环境带来一些不利影响，如土地占用、污染空气等。因此，目前西方国家主要采取机械处理方式。

【案例 10－3】

2013 年上半年我国召回 139 万辆汽车

记者依据国家质检总局官方网站公布的数据统计，今年以来至昨日，共有 38 家汽车企业向国家质检总局备案了有安全隐患车型的召回计划，拟定召回约 139 万件缺陷汽车产品。

其中国内汽车界最著名的召回事件当属大众 DSG 故障召回。大众汽车（中国）销售有限公司、一汽大众汽车有限公司、上海大众汽车有限公司因变速箱内机电单元的电子故障或者油压不足，可能导致动力输出中断。3 月 16 日，国家质检总局要求大众实施召回，成为新条例实施以来首例“强制”召回。也是中国汽车史上里程碑式的召回。

此前，大众虽然在北美、台湾地区开始了召回计划，但在大陆的处理方式则只是延长质保，拒不召回。此后，大众自 4 月 2 日起，召回 38 万余辆缺陷汽车，免费为召回范围内的车辆更换改进的变速箱机电单元，并免费为用户升级最新的控制软件，以消除安全隐患。

（资料来源：汪志，等．今年上半年我国召回 139 万辆汽车[N]．长江商报，2013.）

思考：上述汽车召回的案例中，都包含了哪些回收逆向物流环节？

10.3.2 逆向物流在国外的发展现状

在公众的环保意识日益增强，环保法规约束力被不断加大的背景下，实施逆向物流计划，能使生产者承担产品废弃后的回收利用责任，并能促使生产者更加关注其产品设计和使用阶段的环境友好性。20 世纪末，逆向物流引起了美国物流专家的重视。

目前，许多国际知名的 IT 企业已将逆向物流战略作为强化其竞争优势的主要手段。例如，Sun Microsystems 拥有国际零部件翻修中心，来自亚洲或拉丁美洲的零件经过翻新，可以达到最新设计的要求；HP 公司也经常采用翻新或改制的零件，以不同的方式再销售其产品；Thomson 家用电器公司委托第三方物流企业，将可回收的零部件运往墨西哥进行翻新。

据专家预测，随着废弃物处置费用的增加以及环境法规约束力度的加大，逆向物流将在企业战略规划中发挥日益重要的作用。当然，逆向物流持续发展的另一个重要内因还在于，逆向物流系统能使企业获得可观的经济效益和社会效益。

10.3.3 逆向物流的作用

逆向物流能够为企业及其供应链带来经济价值和环境效益，企业实施逆向物流，不仅有利于保护环境，而且更能为企业及其供应链创造经济价值，增强竞争优势。逆向物流的作用主要体现在以下几个方面。

1. 降低原料成本，增加企业效益

减少物料耗费，提高物料利用率是企业成本管理的重点，也是企业增效的重要手段。然而，传统管理模式的物料管理仅仅局限于企业内部物料，不重视企业外部废旧产品及其物料的有效利用，造成大量可再用性资源的闲置和浪费。由于废旧产品的回购价格低、来源充足，对这些产品回购加工可以大幅度降低企业的物料成本。某些产品回收利用计划具有赢利前景，如有些零部件经过拆卸、拼修、翻新、改制等逆向物流活动，重新获得使用价值后，可直接进入产品生产过程或在二级市场再销售。在汽车、飞机的零部件制造业及电子产品制造业，使用翻新零部件已成为一种趋势。例如，美国宇航局重新利用改制与翻新的零部件，使飞机制造费用节省了40%～60%。在美国的地毯行业，很多大公司积极开展地毯回收计划，就是为了用低成本的回收尼龙代替昂贵的原材料，因为地毯中的1/3～1/2是纤维，而纤维中有60%是尼龙。随着资源供求矛盾的突出，逆向物流的优越性将越来越显著。

2. 提高服务价值和竞争力

(1) 企业实施逆向物流计划，可以作为一种提高企业市场占有率的营销策略。例如，美国的地毯行业最主要的客户群是建筑商和设计人员，而他们要求提高地毯产品中可回收成分的比率和地毯的可回收性。

(2) 企业拥有良好的逆向物流系统，能增加顾客价值、提高企业的竞争优势。例如，客户选中某改制品，就可享受较低的价格，从而降低购买成本；客户可以通过逆向物流系统方便、及时地退回不满意的产品，从而降低退货的运输成本和处理时间；制造商可通过自己的逆向物流系统，承担更多的产品回收处理责任，从而减轻下游客户或销售商的回收处理责任。

(3) 良好的逆向物流系统还能帮助企业分析产品退货率分布情况，为产品的改进设计提供反馈信息，提高产品竞争力。

3. 改善环境，塑造企业形象

随着人们生活水平和文化素质的提高，环境意识日益增强，消费观念发生了巨大变化，顾客对环境的期望越来越高。企业的环境业绩已成为评价企业运营绩效的重要指标。为了改善企业的环境行为，提高企业在公众中的形象，许多企业纷纷采取逆向物流战略，以减少产品对环境的污染及资源的消耗。另外，由于不可再生资源的稀缺及对环境污染日益加重，很多工业化国家或地区都制订了环境法规，为企业的环境行为规定了约束标准，环境业绩已成为评价企业经营绩效的重要指标。例如，荷兰政府规定，汽车制造商必须将汽车使用的可回收材料比例提高到86%；欧盟规定生产商必须将至少45%的包装材料回收利用。这使得企业用于回收处理的费用逐年增加。而企业实施逆向物流战略，能减少最终废弃物的排放量，从而相应降低处理费用，同时还可改善企业在公众中的形象。另外，市场的全球化及国际绿色壁垒的形成，也迫使企业寻求更加环境友好的经营方式。逆向物流正是这样一种保护环境、降低资源消耗的可持续发展策略，因此有助于提升企业的国际竞争能力。

【案例10-4】

办公家具回收

Deskmax公司采用一种与众不同的方法来处理返品。当它们安置新的家具时，它们也同时参与旧家具的移除。但是Deskmax的工作不仅限于此，它还关心顾客的其他需求。当一个顾客重新装修他的办公室时，他也常常会升级地板和电子设备。因此公司开始扩展其服务，如还从事电子设备的拆除，并且许多顾客都愿意为此付钱。另外，Deskmax还让顾客确认，其坏损的硬盘是捐献给非盈利机构，还是进行销毁。基本上可以说，公司已把返品管理看作是一个可以利用的新商业机会。公司在这个行业的经验和其扩展服务成为公司强大的卖点。它通过电子设备的再营销、再循环或者处理，提高了Deskmax公司的收入，并创立了一项新的盈利业务。

思考：逆向物流对企业的特殊作用有哪些？

10.3.4 逆向物流存在的问题

尽管逆向物流能给企业带来经济效益和社会效益，但在具体运作逆向物流业务时，可能会遇到以下问题。

1. 风险逐级放大效应加大

逆向物流虽然能使下游客户减少或规避经营风险，但由于采取宽松的回收策略而加大了自身的风险，即风险由下游往上游转移。另外，供应链也存在需求信息逐级放大效应，即“牛鞭”效应，致使上游所获信息严重失真。上述两方面因素共同作用，导致供应链的风险逐级放大效应更加明显。解决这一问题可采取如下方法：一是削弱“牛鞭”效应，主要方法包括信息共享、压缩提前期、多批次小批量配送、延迟化策略、零部件标准化等；二是建立契约式合作的战略伙伴关系，供需双方通过共享契约确定逆向物流成本(包括风险所带来的损失)及收益分配比例，实现风险共担、利益共享。

2. 经济利益与环境效益的矛盾

由于环保法规的约束，企业必须通过产品回收减少产品对环境的危害，以达到国家的环保标准。然而，产品回收却不一定能带来经济利益，甚至造成亏损。为了解决这一矛盾，可以采取政府或行业协会补贴的方式促使企业运作逆向物流业务，如美国、荷兰等国都采取这种方式。

3. 回收品业务与常规品业务相冲突

回收品业务流程包括逆向物流和正向物流的部分，其中正向物流部分与常规品业务流程重叠。在紧急的情况下，这两种业务在加工、库存、配送等环节都可能会相互冲突，企业为了确保常规品业务正常运作，不得不放弃回收品业务。为此，许多企业采取两种产品业务流程分离的办法，以提高回收品业务的运作效率。

除此之外，运作逆向物流业务对企业的生产能力、物流技术、信息技术、人员素质、组织结构等方面提出了更高的要求，且需要企业投入大量的人力、物力、财力。因此，企业实施逆向物流战略时必须慎重，绝不能草率行事。在决策时，企业应对产品回收的成本、经济效益、环境效益作周密分析论证，同时要考虑到实施过程中可能存在的问题。另外，逆向物流业务是由供应链上各企业共同运作的，因而企业要与供应链上其他企业充分协商，并结合整个供应链的业务能力集体做出决策。总之，在实施逆向物流战略时，只有做到科学决策、周密计划、精心组织，企业才有可能实现其预期的战略目标。

【案例 10-5】

家电行业逆向物流现状

我国家电逆向物流这一块仍属空白，目前仍处于无组织自发从事的状态，很少有家电制造企业主动承担此项业务，我们迫切地需要发展家电行业逆向物流、构建家电行业逆向物流网络。

家电逆向物流网络设计就是要确定家电产品逆向物流渠道的结构，包括回收中心、再加工制造厂、仓储点、家电企业、填埋点等节点的数量和位置以及产品在各个设施之间的运输方案，还涉及重新制造设施的定位、规模及回收产品费用的计算。在具体计算和决策时，必须考虑投资、运输、处理和库存费用等。

思考：对于我国家电行业而言，逆向物流应如何开展?

10.3.5 逆向物流管理策略初探

环境效益与经济利益的结合是企业实施逆向物流的总体目标，但是在具体运作时，会遇到供应链上的风险分担、经济利益与环境效益相矛盾、逆向物流与正向物流相冲突等问题，因此必须采取有效的管理策略。

1. 分层次实施逆向物流目标

逆向物流追求不同层次的目标：资源缩减→重复利用→再生循环→废弃处置。逆向物流首先强调产品生命周期的资源缩减，即通过环境友好的产品设计，使原料消耗和废弃物排放量最小化，使正向物流和逆向物流活动量最低化。其次是重复使用，物流管理者应尽量使产品零部件以材料本身的形态被多次重复利用，这就要求改变传统的单向物流方式，以便处理双向的物品流动。再生循环是经过物理或化学处理后，使废弃材料再资源化的过程。相对于重复利用，再生循环需要一定的投资和资源。例如，城市的再循环材料搜集网络和运输网络，其运行、维护的代价是很昂贵的。“废弃处置”是最后的选择，可采用焚烧或填埋，焚烧处置能使某些形态的能量得以恢复，应该优先采用，但对大气有污染。

2. 从供应链的范围构建企业逆向物流系统

由前面分析可知，逆向物流并不等于废品回收，它涉及企业的原材料供应、生产、销售和售后服务等各环节，因而不能作为一个孤立的过程来考虑，企业要实施逆向物流，还必须与供应链上的其他企业合作。另外，企业采取宽松的退货策略，将使下游客户的风险转向企业自身，由于供应链存在“牛鞭”效应，上游企业所获的信息将出现严重失真。为了实现风险共担、利益共享，企业必须与供应链上的其他企业共享信息，建立战略合作伙伴关系。也就是说，企业必须从供应链的范围来构建逆向物流系统。

3. 正向物流与逆向物流一体化

逆向物流也需要经过运输、加工、库存和配送等环节，这可能会与企业的正向物流环节相冲突。大多数企业很关心管理物流的正向部分，对管理逆向物流的投入很有限，当两者发生冲突时，常常会放弃逆向物流。要有效地管理逆向物流，就必须统一规划正向物流与逆向物流，考虑货物的双向流动。通过建立一体化的信息系统，对退货进行跟踪，测定处理时间，评价卖方业绩，以便与供应商更好地协作，压缩处理时间。对回收的零部件处理越快，给企业带来的利益就越多。

逆向物流不仅强调对废弃物的回收作用，更强调通过资源缩减、翻新、改制和再生循环等方式，实现节约资源、保护环境和增强竞争力等目标，因而是企业管理战略的重要组成部分。然而，仅仅关注逆向物流的末端结果或将它作为一个孤立的过程来考虑是远远不够的。企业要实施逆向物流战略，还必须与供应链上的其他企业合作，也就是说，必须从供应链的范围来构建企业的逆向物流系统。

单元 10.4 应急物流

应急物流是指以提供重大自然灾害、突发性公共卫生事件及公共安全事件等突发性事件所需应急物资为目的，以追求时间效益最大化和灾害损失最小化为目标的特种物流活动。应急物流与普通物流一样，由流体、载体、流向、流量、流程、流速等要素构成，具有空间效用、时间效用和形质效用。普通物流强调物流的效率，又强调物流的效益，而应急物流由于其自身的特殊性，在许多情况下是通过物流效率的实现来完成其效益的实现。

10.4.1 应急物流的产生

尽管当今世界科技高度发达，但突发性自然灾害、公共卫生事件、决策失误、恐怖主义、地区性军事冲突等仍时有发生，这些事件有的难以预测和预报，有的即使可以预报，但由于预报时间与发生时间相隔太短，应对的物资、人员、资金难以实现其时间效应和空间效应。

从宏观层面上看，从我国唐山大地震到美国“9·11”事件，从“SARS”“禽流感”到近年频发的矿难，人们在突发事件面前表现出的被动，均暴露出现有应急机制、法律法规、物资准备等多方面的不足。而我国属于自然灾害高发国家，公共卫生设施、国家处理突发公共事件的经验等方面均存在诸多亟待改进的地方，急需对应急物流的内涵、规律、机制、实现途径等进行研究。

从微观层面来看，一方面企业决策所需的信息不完备以及决策者的素质限制等原因，任何决策者都无法确保所有决策均正确无误，另一方面，因道路建设等使货物在途时间延长、交货期延长，因信息传递错误而导致货到而不能及时提取等也会产生应急需求，企业迫切需要制定预案，对不可抗拒的和人为造成的紧急状况进行有效地防范，将应对成本降到最低。

归纳起来应急物流产生的主要原因可以分为以下几类。

1. 自然灾害

天有不测风云，人有旦夕祸福，洪灾、台风、矿难、水污染、雪灾及地震等自然灾害频繁发生，其产生的应急物流需求每年给社会造成的额外物流成本目前无法估计，应是中国支出的最大的应急物流成本。

2. 决策失误

由于决策所需的信息不完备及决策者的素质限制等原因，决策者一旦决策错误，就会造成物资上的损失，这些损失往往在物流系统中体现出来。

3. 国际环境复杂

随着中国的强大，中国的国际环境变得更加复杂，2006 年中国的外贸依存度已经达到 65%。从国外到中国的海上、陆上和空中物流通道常常受到战争的威胁和干扰，这给中国经济的发展增加了很多风险。只要中国进一步强大，这种风险就会加剧。因此，建立中国的国际应急物流体系具有重大的战略意义。

4. 消费者权益保护

为了保护消费者的权益，消费者向商家退货现在更加自由和方便，汽车、家电等产品如果有质量问题，厂商必须召回。一旦发生这样的召回事件，其应急物流成本一定会吞噬掉产品的销售利润。为了保护消费者权益，厂商必须建立处理紧急退货、召回等事件的应急物流系统。

10.4.2 应急物流的地位与作用

实践表明，为了减弱突发公共事件带来的负面影响和损害，就必须要在尽量短的时间内，以最简洁的流程、最快捷的方式为应对行动供应物资，而执行这一任务的便是应急物流。充分认清应急物流的地位作用，对于今后研究和建设应急物流，满足应对突发公共事件对物资的需求，具有重要的意义。应急物流的地位与作用主要体现在以下几个方面。

1. 应急物流是国家安全保障系统的重要力量

社会在发展过程中总难免发生一些突发公共事件。突发公共事件发生时，短时间内需要大量物资应急，因此，救灾的胜负不仅取决于现场救援力量，也依赖于应急物流能力。

从社会作用层面上讲，应急物流主体功能包括：快速抢救受灾物资和各类设施、设备以减弱损失；及时补充物资，维系抢险救灾活动顺利进行；快速供应物资，帮助灾区重建；稳定民心，维护社会经济秩序安定等 4 个方面。

从宏观上讲，应急物流直接关系着国家社会和谐稳定和国防安全巩固，与国家、各级政府息息相关。

从微观上讲，应急物流关系着百姓安康、生活幸福，与个人和群体利益也紧密相连。

2. 应急物流为应急管理提供强大的物资支撑

应急管理理论认为，突发事件可分为潜伏期、发展期、爆发期和痊愈期 4 个阶段。应急物流在突发事件潜伏期做好各种准备，发展期启动，在爆发期和痊愈期真正运作，体现价值。在应急行动中，大致可分为实施抢救的现场救援活动和实施物资保障的物流活动，国家实力不会自动地转化为抗灾救灾实力，应急物资必须经过包装加工、组配、储存、前送、分发等多个环节，通过物流这种桥梁作用，才能为现场救援提供不间断的物资供应。

应对社会突发公共事件，是人流、物流、信息流针对事件的性质与特点，在事发地点有效匹配而形成抗灾减灾能力，这种能力是人流、物流、信息流有效结合的外在表现。物流同人流、信息流处于一个层面，是保障现场救援正常进行的必要条件，尽管应急物流是因突发公共事件引发的现场救援而存在，但并不说明它是现场救援的附属，相反，它同现场救援是应急处置不可分割的两个方面，贯穿应急处置的全过程。

3. 应急物流是做好应对准备的重点建设工程

历次应对社会突发公共事件的经验表明，人们应时刻保持忧患意识，居安思危，警钟长鸣。只有这样，当洪水、地震等突发事件来临时，人们才能从容应对，争取主动。

应急物流要具有系统集成、整体优化的理念，将有力促进现场救援的物资保障要素高度集成、环节衔接流畅、集约性能显著。在应急处置中，物流为有效应对社会突发公共事件提供物资基础和现实条件。

【案例 10-6】

人民日报：改善应急物流 提升救援效率

我国对突发性事件的应对工作高度重视，应急管理在工作机制、法律法规和预案体系等方面不断完善，救援人员和队伍建设日益专业化、系统化，通信传递与风险评估的科技水平明显提升，国家战略应急物资保障与中央救灾物资储备库建设力度进一步加大。然而，相对于技术与信息化程度更高、防灾减灾经验更为丰富的国家，我国应急物流在某些更为细化的规划和运作层面还有一定提升空间。

加强和改善应急物流，需要充分认识其本质和特点。应急物流的本质是在尽量短的时间内以高效的流程、有效的方式为应急管理的其他工作提供强有力的物资支撑。区别于常规物流活动仅追求经济效率和效果，应急物流强调以救援效益为先，主要体现在时间效益最大化和事件损失最小化两方面。本着“救人为先，生命为本”的理念，从汶川地震到芦山地震，我国应急物流经验不断丰富，体系更趋成熟，应急速度、能力、秩序等方面都有显著提升。同时，也应重视解决应急物流工作中重复遇到的问题和挑战。

思考：应急物流的特点和作用是什么？

10.4.3 应急物流的概念和特点

1. 应急物流的概念

应急物流实际上是指突发事件发生时对物资、人员、资金等需求进行紧急保障的一种特殊物流活动。应急物流在许多情况下是通过物流效率的实现来完成其物流效益的实现，在某些情况下，甚至会变为纯消费行为，只考虑物流效率的实现。

2. 应急物流的特点

应急物流就其本质而言，是指在危机发生时进行紧急保障的一种特殊物流活动。与一般性物流活动相比，应急物流更凸显了以下主要特征。

1）时效性

由突发事件引发的应急物流，最突出特征就是物流活动的时效性。由于应急物流要求的高时效性，所以一般物流运行机制难以满足应急状态下的物流需要。时间就是安全，时间就是生命。应急物流应遵循特事特办原则，尽量压缩一般物流的中间环节，使整个流程更为紧凑，物流机构更加精干，物流行为也将表现出浓厚的非常规色彩。

2）非预见性

由于突发事件涉及面广、破坏力大、突发性强，导致事件持续时间、影响范围、强度大小等因素变得宛如一团迷雾难以预见，也使应急物流内容随之变得事先难以确定。当然这种非预见性也是相对的，随着科技的进步，原先不可预测或难以预测的灾害等，将逐渐变得可以预测。

3）需求的急迫性和多样性

突发事件发生时，短时间内需要大量物资，从救灾专用设备、医疗设备、通信设备到生活用品等几乎无所不包；同时，往往伴随着物流环境恶化，如道路被洪水或山体滑坡阻断、通信线路中断等，除了需要及时配齐所需物品，还要求将物品及时送达，这对应急物流系统是严峻考验。

4）军地物流的共同参与性

应急物流是在特殊条件下发生的物流活动，在应急作战状态下，军队物流实际上也是一种特殊应急物流。军队物流历来是国家应急物流体系的主导力量，应急物流与军队物流在本质特性和物流要求方面具有相通性，在建设与发展模式上，二者更可以相互影响、相互促进。对于重大灾害处理，尤其是在运作应急物流时，应积极把握军队与地方相结合的特点，军民团结，并肩战斗。

5）应急物流供应的弱经济性

应急物流最突出的特点就是“急”，这也使得物流成本急剧增加，如果依然运用常态物流理念，按部就班地进行，必将难以满足紧急的物流需求。在重大险情或事故处理过程中，经济效益将不再作为物流活动中心目标考虑，应急物流将呈现明显弱经济性，甚至在某些情况下成为一种纯消费性行为。

10.4.4 应急物流系统的运行条件分析

应急物流系统的运行条件是指为了保证在突发事件发生后，应急物流系统能够高效运转，完成系统的各项功能，实现系统的目标，整个社会的行政制度、公共政策、法律制度和技术支持设施所应具备的条件。

1. 监测预警机制

监测与预警是一切应急事件救援、处置、处理的基础，各级职能部门应根据国家有关法律法规认真收集、归纳、整理、分析相关信息，并将有关信息上请下达，形成联动。对早期发现的、影响可能较大的潜在隐患，以及可能发生的灾害性突发事件，应通过主管领导或管理部门会同卫生、防疫、地质、气象、消防、防洪、环保等有关专家进行风险预测评估，提供预警意见，及早采取应对措施。

2. 全民动员机制

应急物流中的全民动员机制可通过传媒和通信告知民众受灾时间、地点，受灾种类、范围，赈灾困难情况，工作进展，民众参与赈灾的方式、途径等。

3. 政府协调机制

紧急状态下处理突发性事件的关键在于政府职能的有效发挥，主要包括：对各种国际资源、国内资源的有效协调、组织和调用；及时地提出解决应急事件的处理意见、措施或预案；组织筹措、调拨应急物资、应急救灾款项；根据需要紧急动员相关单位生产应急抢险救灾物资；采取一切措施和办法协调、疏导或消除不利于应急物资保障的人为因素和非人为障碍。

4. 法律保障机制

法律保障对应对处理重大自然灾害、突发性公共卫生事件及安全事件有着至关重要的作用，它可以规范个人、社团和政府部门在非常时期法律赋予的权利、职责和应尽的义务。

5. “绿色通道”机制

为了保证应急物资的顺利送达，可在重大灾害发生及救灾赈灾时期，建立地区间的、国家间的“绿色通道”机制，即建立并开通一条或者多条应急保障专用通道或程序，在必要时可以给予应急物资优先通过权，这样可有效简化作业周期和提高速度，从而提高应急物流效率，缩短应急物流作业时间，最大限度地减少生命财产损失。

6. 应急报告与信息公布机制

突发事件的应急报告是决策机关掌握突发事件发生、发展信息的重要渠道，而以实事求是、科学的态度公布突发事件的信息，是政府对社会、公众负责任的体现，有利于缓解社会的紧张氛围。信息的及时收集和传递是应急物流保障，也是有效救灾的重要手段。

7. 应急基金储备机制

应急物流活动中的资金流是不可忽视的管理环节，对于我国目前的经济建设发展需求来说，突发事件的侵袭会对地区甚至全国造成各方面不利影响。应急基金的筹措和管理无论方式如何，法制化、规范化和经常化是十分重要的。

8. 应急物流系统的技术支持平台

建立应急物资信息系统或数据仓库、应急物流运载工具信息系统或数据仓库、应急物流预案数据库，构筑应急运输方案自动生成的应急物资运输调度平台，以及基于 GPS、GIS 的应急物资运输监控平台。

10.4.5 应急物流体系的构建

应急物流体系的建设内容可分别从信息流、资金流、物流和工作流等方面来着手。

1. 应急物流的保障机制

建立应急物流保障机制的目的在于使应急物流的流体充裕、载体畅通、流向正确、流量理想、流程简洁、流速快捷，使应急物资能快速、及时、准确地到达事发地。

各级政府应在应急物流保障机制中起到领导和协调作用，从中央政府到地方自上而下建立专门的管理机构，分工明确协调和管理应急物资的储存和运输，以实现对应急物流的高效运作。政府应不断完善与自然灾害相关的法律，积极借鉴国外先进经验，出台新的法律和法规，以保障灾后社会秩序的稳定，并强制性地动员全民参与到救灾中去；同时，规定政府有权在灾害发生时，无条件征用土地、交通运输设施、相关商用和民用建筑，为救灾工作提供时间和空间上的便利，保障救灾物资畅通无阻地运抵事发地。

2. 应急物流技术支持平台的构建

应急物流技术支持平台的构建是发挥处理机构职能的基础和关键。应急物流技术平台包括通信平台、信息平台、电子商务技术平台，应急物流技术包括应急物流包装技术、装卸运输技术和物资养护技术等。应急物流包装技术、装卸运输技术和物资养护技术要充分体现简洁、快速稳妥、实用、方便的原则。通过应急物流技术支持平台的构建，有效地缩短应急物资的采购和供应时间。

此外，针对不同的突发事件的性质，还必须有相应的专业技术人员队伍来参与和指导，保证应急物流的运作过程安全高效、有序地进行。

3. 救灾款项的调拨和筹集

救灾款项的筹集是应急物资采购等应急物流关键环节的前提条件。灾难发生前，各级政府应当制定相关救灾款项的筹集和调拨办法，并储备一定的资金以备突发性灾害时使用。灾害发生时应当动用一切力量，通过各种途径筹集救灾款项；同时，应当成立专门的监督部门，督察救灾款的使用情况，保障款项用到实处。救灾款主要来自政府的直接拨款，也可以通过企业捐助和个人捐款的方式筹集。

4. 应急物资的采购

应急物资一般用于防止灾害的蔓延和灾后重建工作，也包括灾区民众基本生活物资的及时补充。它的采购量一般相当大，时间上要求比较高。在进行应急物资采购时，应当开辟多种渠道，主要面向国内企业，必要时通过海外市场采购，保证物资的质量。

5. 应急物资的储备

众所周知，世界各个国家和地区都很重视粮食的储备，主要是应对突发性的饥荒等灾害。应急物资的储备关键在于储存仓库的合理布局、修建的数量和容量、物资的种类、长期和中期的储备量及储备物资的合理维护和有效管理。

针对常见的各种自然灾害对救灾物资的要求，应当在灾害发生前做好各种物资的储备。大量的有效物资储备可以大大压缩从灾害发生到救灾完成的间隔时间，减少采购和运输量，大大减少相关成本。我国应急物资的储备工作与西方发达国家具有相当的差距，近些年才加大了储备力度。2003 年的非典型性肺炎反映了我国在医疗物资储备方面的许多不足。因此，应当根据各地区频发灾害的实际情况，储备救灾物资，关键是要合理，过多的储备会浪费大量人力物力，但是，过少的物资很可能会使灾害变成灾难。

6. 应急物资的运输与配送

应急物资对于物资的流动速度要求比较高，通常选择运输途径时节约运输成本的原则已不重要，有效压缩应急物资的运输时间则是关键。应根据物资的价值、数量和对运输条件的要求，选择合适的运输方式，尽量实现直达运输和联合运输。在灾难发生时，可以考虑开辟一定的绿色通道，保证物资的畅通，比如可以简化海关检验检疫的手续和实行优先运输等。如果时间允许，可以采取相关的辅助或优化措施，以节约物流成本。民用应急物资应该给予和军事物资同等的优先待遇，保障应急物流的畅通、高效运作。

7. 应急物流中心的建立

突发性的自然灾害一般扩展比较迅速，通常是区域性的。为了使各类物资能够在最短的时间送达灾区和救灾机构中去，应该充分做好物资的有效调配工作。因此，合理设置物流中心就显得尤为必要，在物流中心可以将物资进行分拣、包装，甚至简单的加工，将救灾物资有效的分类，在最短的时间内配送到目的地。

应急物流中心具有相当的特殊性，专门建设应急物流中心将占用大量的成本，一般地，各级政府灾害管理机构应当根据实际情况制定所辖地区的一些物流中心作为备用应急物流中心，在灾害发生时，或者预知灾害时，可以将一些大型的区域物流中心暂时作为应急物流中心进行物资的中转。

综上所述，应急物流在我国尚属一个新兴概念，应急物流作为现代物流的一个重要分支，涉及许多学科，应当从战略的角度出发，不断研究其发展规律、特性和运作模式，使其日趋完善。近年来我国各级政府高度重视应急管理及应急物流问题。《国家中长期科学和技术发展规划纲要(2006—2020 年)》《国家突发公共事件总体应急预案》和《国务院关于全面加强应急管理工作的意见》中都提到了加强各类应急资源管理的内容，明确指出：要建立国家、地方和基层单位应急资源储备制度，加强对储备物资的动态管理，保证及时补充和更新。合理规划建设国家重要应急物资储备库，按照分级负责的原则，加强地方应急物资储备库建设。应急物流成功运作的关键是加强政府在应急物流组织保障体系中的作用，必须建立以政府为主的应急物流管理体制和应急物流保障体系，加强应急物流信息保障系统和交通运输保障体系的建设。作为一种特殊物流，应急物流系统的建立、完善是一个循序渐进的过程。

实训任务

任务 1：逆向物流整合方案

1. 任务目标

利用所学逆向物流相关知识，结合企业现有物流模式进行资源整合。

2. 任务完成

1）完成步骤

（1）指导老师给出通达物流公司河南分公司现有物流模式的背景资料，以学习小组为单位，由组长分工协调，进行资料搜集整理，并开展研讨。

（2）研讨结束后以学习小组为单位提交整合方案，要求至少涉及逆向物流五个模块“返品处理→再制造→再营销→再循环→垃圾处理”中一项的整合改进，越多越好。

（3）各学习小组发言人进行陈述并答疑。

（4）指导老师对各小组方案进行点评和总结。

2）检查标准

逆向物流整合方案检查标准表

检查标准	考评标准	分　值	实际得分
背景资料分析	准确定位背景资料中现有物流模式的弊端	20	
研讨过程	思路开阔，积极参与	10	
研讨方案	方案逻辑严谨，设计合理，可操作性强	50	
陈述答疑	陈述条理清晰，答疑无明显漏洞	20	

任务 2：电子商务物流创新方案

1. 任务目标

利用所学电子商务相关知识，结合企业现有物流模式进行创新。

2. 任务完成

1）完成步骤

（1）指导老师给出通达物流公司河南分公司现有物流模式的背景资料，以学习小组为单位，由组长分工协调，进行资料搜集整理，并开展研讨。

（2）研讨结束后以学习小组为单位提交创新方案，重点在于 ERP 系统的构建和应用。

（3）各学习小组发言人进行陈述并答疑。

（4）指导老师对各小组方案进行点评和总结。

2）检查标准

电子商务物流创新方案检查标准表

检查标准	考评标准	分 值	实际得分
背景资料分析	准确定位背景资料中现有物流模式的弊端	20	
研讨过程	思路开阔，积极参与	10	
研讨方案	ERP 系统构建及应用的可行性、性价比	50	
陈述答疑	陈述条理清晰，答疑无明显漏洞	20	

模块小结

电子商务物流是企业利用 Internet 等现代化信息传递技术和处理工具，来完成物流过程的协调、控制和管理，实现从网络前端到最终客户端的所有中间过程的服务。电子商务物流具有比传统物流业务范围广、运输频率高、交付速度快等优势。通过物流的电子商务化，可强化企业内部及与外部的联系，使供应链上成员间的联系更紧密，可大幅降低沟通成本和顾客支持成本，可扩展市场，满足不同层次顾客需要。

第四方物流是一个调配和管理组织自身的及具有互补性的服务提供商的资源、能力与技术，来提供全面的供应链解决方案的供应链集成商。第四方物流的前景非常诱人，但是成为第四方物流的门槛也很高。中国第四方物流发展较晚，必须统筹规划和循序渐进。

逆向物流指物品从供应链下游向上游的运动所引发的物流活动。尽管逆向物流主要是指物品的逆向流动，但同时又伴随着信息流、资金流、价值流和商务流，它与正向物流无缝对接而成为整个物流系统的有机组成部分。逆向物流由退货逆向物流和回收逆向物流两部分组成。

应急物流是指针对可能出现的突发事件已做好预案，并在事件发生时能够迅速付诸实施的物流活动。应急物流特征有时效性、非预见性、需求的急迫性和多样性、军地物流的共同参与性、应急物流供应的弱经济性等。

参考文献

[1] 鲍吉龙，江锦祥. 物流信息技术[M]. 北京：机械工业出版社，2007.
[2] 王椒荣. 物流信息技术[M]. 北京：机械工业出版社，2007.
[3] 黄利伟. 我国农产品冷链物流发展的问题与对策研究[D]. 中国农业科学院，2007.
[4] 王惠霞. 物流管理基础[M]. 北京：科学出版社，2007.
[5] 鲁楠，张继肖. 企业物流管理[M]. 大连：大连理工大学出版社，2008.
[6] 沈美莉，陈孟建. 现代物流基础[M]. 北京：清华大学出版社，2008.
[7] 洪志杰. 物流设施设备[M]. 广州：广东经济出版社，2008.
[8] 范钦满. 物流设施与设备[M]. 南京：东南大学出版社，2008.
[9] 高春津，杨从亚. 物流信息技术[M]. 天津：天津大学出版社，2008.
[10] 曾剑. 物流管理基础[M]. 北京：机械工业出版社，2008.
[11] 黄中鼎. 国际物流与货运代理[M]. 北京：高等教育出版社，2008.
[12] 刘敏. 现代物流管理基础[M]. 北京：电子工业出版社，2009.
[13] 刘廷新. 物流设施与设备[M]. 北京：高等教育出版社，2009.
[14] 惠献波. 企业物流管理[M]. 上海：上海交通大学出版社，2009.
[15] 董宏达. 生产企业物流[M]. 北京：清华大学出版社，2009.
[16] 王忠伟，庞燕. 供应链管理教程[M]. 北京：中国物资出版社，2009.
[17] 龚欣. 我国第四方物流的发展研究[D]. 北京邮电大学，2009.
[18] 赵义来. 我国制造企业物流成本管理研究[D]. 燕山大学，2009.
[19] 翁心刚. 物流管理基础[M]. 北京：中国物资出版社，2009.
[20] 梁军. 仓储管理[M]. 杭州：浙江大学出版社，2009.
[21] 李蔚田. 物流管理基础[M]. 北京：北京大学出版社，2010.
[22] 马士华，林勇. 供应链管理[M]. 北京：机械工业出版社，2010.
[23] 阎子刚，赵继新. 供应链管理[M]. 北京：机械工业出版社，2010.
[24] 付平德. 供应链管理[M]. 北京：机械工业出版社，2010.
[25] 崔介何. 物流学概论[M]. 北京：北京大学出版社，2010.
[26] 沈小平，聂伟，卢少平. 物流学导论[M]. 武汉：华中科技大学出版社，2010.
[27] 魏葵. 物流管理学概论[M]. 北京：清华大学出版社，2010.
[28] 张旭辉，杨勇攀. 第三方物流[M]. 北京：北京大学出版社，2010.
[29] 柴庆春. 国际物流管理[M]. 北京：北京大学出版社，2011.
[30] 刘小卉. 国际货运代理[M]. 上海：上海财经大学出版社，2011.
[31] 霍红，刘莉. 物流管理学[M]. 北京：高等教育出版社，2011.
[32] 彭欣. 物流学[M]. 北京：科学出版社，2011.
[33] 吴健. 现代物流与供应链管理[M]. 北京：清华大学出版社，2011.
[34] 喻丽辉. 现代物流基础[M]. 北京：清华大学出版社，2011.
[35] 吴凤英. 供应链管理第三方物流研究[J]. 哈尔滨：现代经济信息，2011.
[36] 张潜. 我国企业物流管理中存在的问题及对策研究[J]. 长沙：企业家天地，2011.
[37] 骆宏. 供应链系统下的企业物流管理研究[J]. 哈尔滨：对外经贸，2012.
[38] 张中强. 物流系统规划与设计[M]. 北京：清华大学出版社，2012.
[39] 朱春春. 基于竞争力的营销供应链物流管理研究[J]. 襄樊：物流技术，2012.

[40] 徐剑，王哲，余维田. 物流学[M]. 北京：机械工业出版社，2012.
[41] 顾东晓，章蕾. 物流学概论[M]. 北京：清华大学出版社，2012.
[42] 朱延军. 中小企业的物流管理研究[D]. 大连海事大学，2012.
[43] 李玉霞. C市烟草公司物流管理创新研究[D]. 南昌大学，2012.
[44] 陈忠仁. 仓储物流管理系统的设计与实现[D]. 吉林大学，2012.
[45] 周启蕾. 物流学概论[M]. 北京：清华大学出版社，2013.
[46] 王志鹏. 浅谈中小企业的物流管理问题[J]. 哈尔滨：黑龙江科技信息，2013.
[47] 吴健. 电子商务物流管理[M]. 北京：清华大学出版社，2013.
[48] 朱海鹏. 配送业务处理[M]. 北京：清华大学出版社，2013.

北京大学出版社第六事业部高职高专财经类系列规划教材

序号	书　名	书　号	版　次	主　编	定　价
1	采购管理实务（第2版）	978-7-301-17917-8	2-1	李方峻	30.00
2	采购实务	978-7-301-19314-3	1-2	罗振华，等	33.00
3	采购与仓储管理实务	978-7-301-23053-4	1-1	耿波	34.00
4	采购与供应管理实务	978-7-301-19968-8	1-2	熊伟，等	36.00
5	采购作业与管理实务	978-7-301-22035-1	1-1	李陶然	30.00
6	仓储管理技术	978-7-301-17522-4	1-2	王冬	26.00
7	仓储管理实务	978-7-301-18612-1	1-2	李怀湘	30.00
8	仓储配送技术与实务	978-7-301-22673-5	1-1	张建奇	38.00
9	仓储与配送管理	978-7-81117-995-8	1-4	吉亮	38.00
10	仓储与配送管理实务（第2版）	978-7-301-24597-2	2-1	李陶然	37.00
11	仓储与配送管理实训教程	978-7-81117-886-9	1-2	杨叶勇	24.00
12	仓储与配送管理项目式教程	978-7-301-20656-0	1-1	王瑜	38.00
13	第三方物流综合运营	978-7-301-21213-4	1-2	施学良	32.00
14	电子商务物流基础与实训（第2版）	978-7-301-24034-2	2-1	邓之宏	33.00
15	供应链管理	978-7-301-20639-3	1-2	杨华	33.00
16	进出口商品通关	978-7-301-23079-4	1-1	王巾，佘雪锋	25.00
17	企业物流管理	978-7-81117-804-3	1-4	傅莉萍	32.00
18	物流案例与实训（第2版）	978-7-301-24372-5	2-1	申纲领	35.00
19	物流成本管理	978-7-301-20880-9	1-1	傅莉萍，罗春华	28.00
20	物流经济地理	978-7-301-21963-8	1-2	葛颖波，等	29.00
21	物流商品养护技术	978-7-301-22771-8	1-2	李燕东	25.00
22	物流设施与设备	978-7-301-22823-4	1-1	傅莉萍，涂华斌	28.00
23	物流市场调研	978-7-81117-805-0	1-3	覃逢，等	22.00
24	物流市场营销	978-7-301-21249-3	1-2	张勤	36.00
25	物流信息技术与应用（第2版）	978-7-301-24080-9	2-2	谢金龙，等	34.00
26	物流信息系统	978-7-81117-827-2	1-2	傅莉萍	40.00
27	物流信息系统案例与实训	978-7-81117-830-2	1-1	傅莉萍	26.00
28	物流营销管理	978-7-81117-949-1	1-2	李小叶	36.00
29	物流运输管理（第2版）	978-7-301-24971-0	2-1	申纲领	35.00
30	物流运输实务	978-7-301-20286-9	1-3	黄河	40.00
31	物流专业英语	978-7-5655-0210-1	1-2	仲颖，尹新	24.00
32	现代生产运作管理实务	978-7-301-17980-2	1-2	李陶然	39.00
33	现代物流基础	978-7-301-23501-0	1-1	张建奇	32.00
34	运输管理实务	978-7-301-22824-1	1-1	黄友文	32.00
35	现代物流概论	978-7-81117-803-6	1-2	傅莉萍	40.00
36	现代物流管理	978-7-301-17374-9	1-2	申纲领	30.00
37	新编仓储与配送实务	978-7-301-23594-2	1-1	傅莉萍	32.00
38	药品物流基础	978-7-301-22863-0	1-1	钟秀英	30.00
39	运输管理项目式教程（第2版）	978-7-301-24241-4	1-1	钮立新	32.00
40	运输组织与管理项目式教程	978-7-301-21946-1	1-1	苏玲利	26.00
41	物流基础理论与技能	978-7-301-25697-8	1-1	周晓利	33.00
42	生产型企业物流运营实务	978-7-301-24159-2	1-1	陈鸿雁	38.00

如您需要更多教学资源如电子课件、电子样章、习题答案等，请登录北京大学出版社第六事业部官网 www.pup6.cn 搜索下载。

如您需要浏览更多专业教材，请扫下面的二维码，关注北京大学出版社第六事业部官方微信（微信号：pup6book），随时查询专业教材、浏览教材目录、内容简介等信息，并可在线申请纸质样书用于教学。

感谢您使用我们的教材，欢迎您随时与我们联系，我们将及时做好全方位的服务。联系方式：010-62750667，851085153@qq.com，pup_6@163.com，lihu80@163.com，欢迎来电来信。客户服务 QQ 号：851085153，欢迎随时咨询。